Ventura Carrizal

Ich, Ventura

oder *Hunde lügen nicht*

Aufzeichnungen
über Rasseköter,
Nervtölen, Kackbratzen
und andere Hundesöhne
aus den Tagebüchern
eines Artgenossen

BRAUS

IMPRESSUM

Die Edition Braus ist eine Marke
der Aufbau Verlag GmbH & Co. KG

www.editionbraus.de

Grafische Gestaltung: Detlev Pusch, Berlin
Druck und Bindung: Neografia, a.s., Slowakei

ISBN 978-3-86228-221-0

Transkribiert und herausgegeben
von Boris von Brauchitsch

Solange Menschen denken, dass Tiere nicht fühlen,
müssen Tiere fühlen, dass Menschen nicht denken.
Die Mitteilungsmöglichkeit des Menschen ist gewaltig,
doch das meiste, was er sagt, ist hohl und falsch.
Die Sprache der Tiere ist begrenzt, aber was sie damit
zum Ausdruck bringen, ist wichtig und nützlich.

Leonardo da Vinci

2018

März

10. März

Jetzt also ist es soweit: ein Tagebuch. Ich beginne, weil ich sehe, wie schnell alles vorbeifliegt, weil ich spüre, dass mein Leben zwar länger ist als das der Fliege, die ich heute nach der ersten Siesta aus der Luft gefangen und noch lebend heruntergeschluckt habe, aber doch längst nicht so lang sein wird wie das von Bluno, mit dem ich zusammenlebe. Ob eine längere Lebensdauer bedeutet, dass alles langsamer läuft, oder ob sie nur dazu führt, dass man mehr erlebt, weiß ich nicht zu sagen, noch nicht. Ich denke aber, ich werde das herausfinden. Die Fliege jedenfalls dürfte schon allein aufgrund ihrer Facettenaugen ein Visuell-Vielfaches von dem aus ihrem Leben mitgenommen haben, was ich oder Bluno oder sonstige Säugetiere üblicherweise in einem Leben an Eindrücken aufzunehmen in der Lage sind. Möge ihre Seele in Frieden ruhen. Es ist für mich eine beruhigende Gewissheit, soweit man hier von Gewissheit sprechen kann, dass Bluno mich überleben wird, weil ich möchte, dass sich nichts ändert, möchte, dass alles so bleibt wie es ist, denn es ist gut so und hat seinen Wert und seinen Sinn und seine Berechtigung, so dass ich mich nicht scheue, von mir als von einem Wertkonservativen zu sprechen, der glücklich ist. Wenn es Glück gibt, dann muss es das hier sein.

Progressiv zu sein genießt den Ruf von Entschlusskraft und Agilität, zeugt aber in Wahrheit nur von Unzufriedenheit mit dem Status quo. Da es so viele Unzufriedene gibt, wie man bereits sehen kann, wenn man nur dreimal täglich das Haus verlässt um zu kacken, liegt Progressivsein im Trend. Und glauben die Leute, dass ihr Unglück daran liegt, dass alles so modern geworden ist, dann bewegen sie sich eben wieder zurück in die Vergangenheit. Hauptsache bewegen, weg von ihrem Unglück. Bewegung ist zwar Ausdruck dieses Unglücks, aber gilt zugleich als Notwendigkeit. Ausschreiten, egal wohin, Hauptsache bewegen, das ist wichtig. Aber was ist das für eine Spezies, die Unzufriedenheit als etwas Positives begreift?

Es sind seltene, beunruhigende Momente, in denen ich daran zweifle, dass alles bis zu meinem Lebensende so weitergehen wird. Bluno ist kein Hypochonder, der über seine angeschlagene Gesundheit klagt, die ihn im Handumdrehen ins Grab bringen könne, aber genau das birgt ein Risiko, denn Hypochonder leben länger, schon weil sie ständig zum Arzt laufen und der Beobachtung des eigenen Körpers so viel Zeit widmen.

Bluno kümmert sich nicht um sich, ist oft unkonzentriert, in Gedanken anderswo. Deshalb denke ich manchmal, wenn ich auf dem Sofa liege und er ist allein irgendwo da draußen unterwegs: Was, wenn er nicht zurückkommt, wenn ihm bei einer Windbö ein Blumenkasten auf den Kopf fällt, wie man sie im Viertel nach jedem Sturm auf dem Trottoir liegen sieht, was, wenn er im Dunklen vor ein Auto läuft. Menschen sind ja so nachtblind, wie man es sich kaum vorstellen kann.

13. März

Ich bin nicht von hier. Bluno hat mich hergebracht. Das ist jetzt drei Jahre her. Seitdem lebe ich in Berlin. In meiner Jugend aber war ich auf Gran Canaria. Strand, Sonne, Siesta unter Palmen. Das volle Programm wie im Bilderbuch, würde man wohl sagen.

Ich habe ein Faible für Spielplätze. Wahrscheinlich, ich gestehe es, weil mich die Sandkästen an meine Jugendzeit erinnern. So ein Sandkasten ist zwar ein armseliger Ersatz für einen Strand, aber gut, er ist immerhin eine Art Strand-Zitat. Und das habe ich mit den Menschen gemeinsam, dass ich mich gern an Stränden (und manchmal in Zitaten) austobe. Deshalb haben die Menschen ihren Kindern, von denen viele noch nie einen Strand gesehen haben und daher auch nicht wissen, wie vergleichsweise armselig Sandkästen sind, diese installiert, denn letztlich sehnt sich jeder nach einem Strand, selbst die Großstadtmenschen. Das liegt in den Genen.

Ich finde Berlin aber absolut in Ordnung, absolut. Nur damit kein Missverständnis entsteht. Ich bin froh in Berlin zu sein, auch wenn die umliegenden Tümpel kein Ersatz sind für den Atlantik, bin ich doch froh in Berlin. Nichts liegt mir ferner, als die mitleidheischende Schmonzette vom entwurzelten Heimatvertriebenen aufzuführen, der sein Herz zurückgelassen hat in einer besseren Vergangenheit. *Hier und jetzt* heißt meine Devise.

An Gran Canaria habe ich nur eine dunkle Erinnerung, wie man so sagt, wobei diese Erinnerung eher verblasst, also sehr hell ist. Wie eine Schwarz-Weiß-Fotografie, die man zu lange in der Sonne hat liegenlassen. Es muss eine wunderbare Insel sein, ein Hundeparadies, schließlich ist sie nach den Hunden benannt. Groß-Hundanien, oder wie auch immer man Gran Canaria übersetzen möchte. Vor der Kathedrale von Las Palmas, erzählte man sich, daran erinnere ich mich noch, habe man diesen Hunden Dank- und Denkmäler gesetzt. Das gibt es nicht oft auf der Welt, aber immerhin öfter als für Katzen. Einer Katze ein Denkmal zu setzen, auf die Idee ist seit den Zeiten der alten Ägypter wohl keiner mehr gekommen. Aber Hunde gibt es durchaus verewigt, wie Balto im New Yorker Central Park oder Hachiko in Tokio oder Greyfriars Bobby in Edinburgh. Der Lawinenbergungsexperte Barry, dem eine eigene Abteilung im Naturhistorischen Museum gewidmet ist, wird in Bern als Heiliger verehrt. *„Barry sah sehr gutmütig aus. Sein Angesicht war angenehm und menschenfreundlich. Oh Barry, Du Heiliger auf dem St. Bernhard“*, dichtete bereits 1840 der Theologe Peter Scheitlin, in seinem legendären Versuch *einer vollständigen Thierseelenkunde. „Du bist das Gegenteil von einem Todtengräber. Du machst auferstehen. Was wäre aus dir geworden, wenn Du ein Mensch gewesen wärest? Ein Heiliger Vinzenz, ein Stifter von hundert barmherzigen Orden und Klöstern.“*

Gut, dass Barry kein Mensch war.

Auch der Ehrenbürgermeister von Sunol, Bosco Ramos, natürlich ein Mischling, steht in Bronze auf einem Sockel. Dreizehn Jahre, bis zu seinem Tod 1994, war der Sohn eines Labradors und einer Rottweilerin oberster Repräsentant seiner Gemeinde vor den Toren San Franciscos.

Am stolzen Ohio River, unweit von Cincinnati, liegt ein Ort namens Hasen-Hack. Als das spektakulärste Ereignis der 300-Seelen-Gemeinde in der letzten Dekade darf der Brand des General Store gelten, ansonsten geht hier alles seinen geregelten Gang, denn auch Rabbit Hash, so der Name in der Sprache der Eingeborenen, beschäftigt einen Hund als Bürgermeister. Das ist inzwischen Selbstverständlichkeit. Seit mehr als zwanzig Jahren sind Hunde hier in der Politik aktiv und haben sämtliche Wahlen gewonnen. Der amtierende Brynneth „Brynn" Pawltro folgte auf die erste weibliche Bürgermeisterin von Rabbit Hash, Lucy Lou, die ihr verantwortungsvolles Amt 2015 aufgab, um sich auf die Präsidentschaftskandidatur vorzubereiten.

Und dann ist da noch Turkmenistan. In Turkmenistan, so kursieren Gerüchte, gibt es einen Präsidenten, der Hunde mehr liebt als sein Volk. Gurbanguly Mälikgulyýewiç Berdimuhadimuhamedow. Über ihn spricht keiner, weil keiner seinen Namen aussprechen kann, aber er ist ein in der Wolle gefärbter Diktator, der sich gelegentlich wiederwählen lässt. Er liebt besonders Hirtenhunde, weil er sein Volk als Schafe betrachtet und sich selbst als Hund, als Beschützer der Herde. Man munkelt, er plane, seinem Favoriten ein goldenes Denkmal zu setzen. Korruption muss ja auch zu irgendetwas Gutem führen, und sei es zu einem goldenen Hirtenhund. Als ehemaliger Zahnarzt hat Gurbanguly Mälikgulyýewiç Berdimuhadimuhamedow ein besonderes Verhältnis zum Gold. Man mag sich gar nicht näher vorstellen, woher das Gold für das Hirtenhund-Denkmal stammen könnte.

Über Blondi möchte ich nicht sprechen, sie lebt in Wochenschauen und im Namen einer Rockband, in der Literatur eines Literaturnobelpreisträgers und in Comics fort und ist sicher die berühmteste Hündin hierzulande. Bekam sogar einen eigenen Wikipedia-Eintrag. Sie hatte das Glück, dass Hitler sie zusammen mit sich und Eva Braun vergiftet hat, sonst hätte man ihr auch den Prozess machen müssen, schließlich ist sie für den Zweiten Weltkrieg verantwortlich, der ohne sie nie stattgefunden hätte. Näheres dazu später. Ob man ihre Asche auch verstreut hat, um nicht ein Grab bereiten zu müssen, das dann zu einer Pilgerstätte für Schäferhunde hätte werden können, weiß ich nicht. Ein schickes Grab aber hat Erdmann, der Dackel Wilhelms II. Ich habe es mal besucht, als ich in Kassel war.

15. März

Es war ein Hund, der als erstes Lebewesen ins All flog. Sollte man nicht vergessen.

16. März

Laika. Ihre Rückkehr zur Erde allerdings war nicht Teil des Plans.

Seit vier Wochen befinden wir uns, vertraut man auf die Chinesen, denen hierzulande allerdings nur wenige vertrauen, im Jahr des Hundes. Weil wir als so treu gelten und vor allem deshalb auch Denkmäler gesetzt bekommen, ist das neue Jahr ein Jahr für die Begründung von Partnerschaften, aber es sollte sich auch zu einem Jahr des langen Mittagsschlafs, träger Sonnenstunden und ausgiebiger und abwechslungsreicher Mahlzeiten entwickeln. Vor allem sollten auch die Menschen mehr zu Haustieren werden und nicht so viel Aktivismus entfalten.

Zu Hause bleiben, gut essen und viel schlafen. Das ist mein Rezept gegen den Klimawandel und für den Weltfrieden.

Schlafende Hunde soll man nicht wecken. Wäre das nicht ein Slogan für die UNO?

Aber das Elend fängt natürlich schon damit an, dass Menschen nicht nur zwischen Mensch und Tier unterscheiden, sondern selbst die aufgeklärteren Kreise von sich selbst als Primaten sprechen.

Was ein Primus ist, weiß jeder, in kaum einer Schulklasse sind diese Streber wohlgelitten. Viele Freunde haben sie nicht, und wenn sie sich selbst als *die Ersten* bezeichnen, scheinen sie auf Freundschaft mit anderen auch keinen Wert zu legen. Doch wenn Menschen glauben keine Tiere zu sein, dann sind sie eben Untiere.

Viele Stunden der ersten warmen Tage verbringe ich auf dem Südbalkon. Mit Sonne auf dem Rücken kann ich ewig in jenem Stadium zwischen Schlafen und Denken verbringen. Es ist so wichtig im Leben, nicht zu viel darüber nachzudenken, was man will, sondern seine Zeit dafür zu nutzen, darüber nachzudenken, was man nicht will.

Die Vögel scheinen zu denken, dass ich sie nicht wahrnehme, wenn sie hinter mir auf den Blumenkästen hocken. Ich lasse sie in dem Glauben.

Bluno sitzt tagsüber an seinem Schreibtisch, manchmal auf dem Sofa, hin und wieder auch in der Küche, aber immer mit seinem Computer vor sich. Er erzählt nicht viel von seiner Arbeit, aber ich denke, er arbeitet an seinem großen Essay über *Die Gurke in der Kunstgeschichte der Neuzeit von Carlo Crivelli bis Erwin Wurm*. Das wird sicher ein Standardwerk.

Ich habe alle Zeit ihn zu betrachten, wenn er das tut, was er Arbeiten nennt. *„Der Ausdruck seines Kopfes“*, so hätte ihn wahrscheinlich Thomas Mann im Stil eines Ethnologen des 19. Jahrhunderts beschrieben, *„ein Ausdruck verständigen Biedersinnes, bekundet eine Männlichkeit seines moralischen Teiles, die sein Körperbau im Physischen wiederholt: Der gewölbte Brustkorb, unter dessen glatt und geschmeidig anliegender Haut die Rippen sich kräftig abzeichnen, die eingezogenen Hüften, die nervicht geäderten Beine, die derben und wohlgebildeten Füße – dies alles spricht von Wackerheit und viriler Tugend.“* Lassen wir's dabei, ich möchte nicht mit einer literarischen Großmacht in Konkurrenz treten müssen.

Bluno bereitet uns ein frühes Abendessen. Für mich stets separat. Dabei will ich keine Extrawürste. Ich will einfach essen, was auch er isst. Kaum zu verstehen, dass er das nicht versteht.

Nach dem Abendessen kleine Tour. Er auf dem Rad, so dass er ausnahmsweise mit meinem Tempo mithalten kann, ich nebenher. Angenehm erschöpft wieder zu Hause.

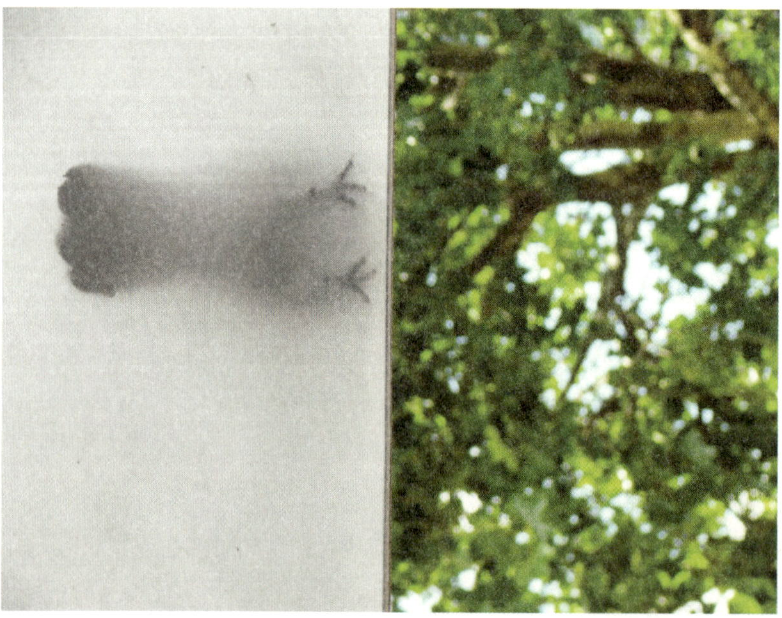

17. März

Du hast zu gute Laune für den Friedhof, sagt Bluno wenn ich kreuz und quer zwischen den Gräbern herumtobe. Von allen Gärten, Parks und Wiesen ist der Friedhof nun mal der interessanteste Ort. Steine wie ein Labyrinth und Dutzende von Vogelarten, die alle flüchten, wenn ich um die Ecke komme, die aber dabei alle auch ein bisschen anders flüchten. Dazu Eichhörnchen. Übrigens das – neben *Korinthenkacker* – vielleicht seltsamste Wort der deutschen Sprache. Diese orangen Ratten mit Plüschfederwedelschwanz nennen sie Eichhörnchen. Es gibt sie auch in grau, dann sind sie noch rattenhafter. Sie können mich in Rage bringen, und sie hätten auch keine Chance, würden die Bäume nicht so eng stehen, auf die sie sich vor mir flüchten. Kurz, es gibt genug zu tun auf Friedhöfen. Die verwilderten Ecken mit umgestürzten Steinen und bröckelnden Mauern finden wir beide am schönsten. Bluno lässt sich dort manchmal von der Leine.

Die alten Ägypter glaubten noch, dass ein Wesen mit Hundekopf ihre Toten ins Jenseits begleiten würde. Heute herrscht Hundeverbot auf Friedhöfen. Besser lässt sich der kulturelle Niedergang nicht auf den Punkt bringen.

Bluno hat schon manches gelernt. So hält er am liebsten Siesta, wenn die Räume abgedunkelt und draußen gedämpfte Geräusche zu hören sind. Das Wichtigste aber ist die Sonne, die kräftig scheinen und hier und dort durch die Vorhänge fallen muss. Dann ist er glücklich. Ich bin sicher, dieses Glück hat ganz archaische Wurzeln. Bluno fühlt sich dann wie ein Affe in der Savanne, der weiß, dass seine natürlichen Feinde das grelle Licht und die Hitze

meiden, der sich sicher fühlt im Schatten der großen Palmenblätter, die sich leicht im Wind bewegen.

Solange es entspannte Geräusche sind, die an sein Ohr dringen, droht keine Gefahr in der Savanne, erst wenn es laut wird oder ganz leise, gilt es wachsam zu sein.

Palmenblätter werden in der Zivilisation zu Vorhängen, die Geräuschkulisse ist das Rauschen des Verkehrs. Wenn alles stimmt, ist Bluno gelöst wie ein Schimpanse mittags am Äquator.

Abends dummes Gezeter an der Straßenecke. Die Rothaarige, der wir begegnen, konnte mich vom ersten Tag an nicht riechen, deshalb scheint sie zu denken, sie könne mir nun einmal mehr das Resultat ihres gesamten gestörten Seelenlebens vor die Füße kotzen. Hass pur, keine Umgangsformen. Und ich gestehe, ich habe zurückgekeift. Auch hier muss ich an Thomas Mann denken, für den eine vollkommen alltägliche Begegnung zweier Hunde, derer er auf seinen Spaziergängen mit seinem Freund Bauschan fast täglich Zeuge wurde, *„zu den peinlichsten, spannendsten und fatalsten aller denkbaren Vorgänge"* gehörte. Manchmal kann es das tatsächlich sein, wie die heutige Begegnung mit der Rothaarigen, in der Regel aber scheinen mir solche Begegnungen das Normalste, was sich denken lässt. Es sei denn, der Versuch wird als spannend empfunden, bereits aus der Distanz herauszufinden, inwieweit einem der andere wohlgesinnt ist, es sei denn, es ist peinlich, *„einander das Geheimnis der Zeugung"* zu beschnüffeln, es sei denn, man ist so denaturiert, dass es einem fatal erscheint, seine Sympathien oder Antipathien offen zum Ausdruck zu bringen. Auch Bluno ist ganz sicher kein Thomas Mann, aber ich denke, er versteht bis ins kleinste Detail, was in mir vorgeht, wenn ich einem anderen Hund begegne. Wäre das denn auch wirklich so schwer zu begreifen? Und ist das seltsamer als das menschliche Verhalten, sich gegenseitig zu versklaven oder zu tanzen oder sich die Hände zu schütteln, sich an kühleren Tagen das Fell anderer überzustülpen oder in Museen vor Abbildern der Natur zu stehen?

19. März

Mir ist nicht entgangen, dass sich manche Leute fragen, wie es sein kann, dass ein Hund Tagebuch führt. Würde ich mit diesen Leuten sprechen, würde ich sie auf die Geschichte verweisen, die der über jeden Zweifel erhabene Autor Paul Auster überliefert. Er berichtet sehr gewissenhaft von einem Mann, dessen Freund im Alter von 17 Jahren – irgendwann in den 1960er Jahren muss das gewesen sein – seine Tante in einem Dorf in Italien besuchte, die mit einer Tochter von Thomas Mann befreundet war. Eines Abends durfte er seine Tante zu einem Essen ins Haus der Thomas-Mann-Tochter begleiten und traf in diesem Haus auf einen Hund namens Ollie. Nach dem Abendessen tippte Ollie auf einer Hundeschreibmaschine (als Gegenleistung für einen Keks pro Buchstabe) einen Satz, den ihm die Thomas-Mann-Tochter diktierte. Dieser Hund, so vergisst Paul Auster nicht zu erwähnen, war nicht sonderlich intelligent und auch nicht sonderlich ambitioniert, und diese Begegnung liegt, wie gesagt, auch schon mehr als ein halbes Jahrhundert zurück, so dass sich jeder, der auch nur die geringste Bereitschaft dazu mitbringt, leicht vorstellen kann, welchen Quantensprung die Technik seither vollzogen hat.

Nicht nur Zweiflern, die es immer gibt, muss man *Timbuktu* empfehlen, denn dieses Buch enthält noch weit mehr Wissen und Weisheiten, die für alle von Bedeutung sein können. Und dennoch darf man sich keinen Illusionen hingeben. Immer wird es Menschen geben, die glauben, die Erde sei eine Scheibe und Hunde könnten nicht lesen.

20. März

Auf dem Weg in die Hasenheide (in der es keine Hasen und keine Heide gibt, dafür aber Füchse und Cannabis) kommen wir an einer mysteriösen Wand vorbei, die eine Friedhofsmauer ist und an die eine multikulturelle Jugend ihre Liebesschwüre pinselt, während auf der anderen Seite der Mauer die Toten vergraben liegen. Ein paar der Pinseleien scheinen mir keine Liebesschwüre, darunter ein mysteriöser Satz auf Polnisch, dessen Sinn ich unbedingt entschlüsseln muss. Mich lässt der Gedanke nicht los, dass das eine Botschaft an mich sein könnte.

Abgelenkt durch ein entgegenkommendes Hundewesen. Mir ist es völlig egal, was für ein Geschlecht mein Gegenüber hat, denn inzwischen gibt es mehr als zwei und ich habe den Überblick verloren. Solange er oder sie oder es sich zu benehmen weiß, mit Respekt schnüffelt und beim Spiel nicht zickt, ist mir das

Geschlecht wirklich egal. Mein Gegenüber sollte es aber aushalten, wenn ich ihn oder sie oder es bespringe. Das muss sein, und zwar ganz gleich, ob von vorn, von der Seite, von hinten, notfalls auch in Missionarsstellung, wobei das schon arg spießig ist. Das machen sonst eher Menschen und Bonobos.

Ein Meister an Ausdauer beim Bespringen von menschlichen Körperteilen war mein Bruder Hierro, der Kleinste von uns. Er klammerte sich seit seiner Jugend fest und betrieb das Rammeln als Sport. Er sah dabei ein bisschen aus, als hocke er auf einer dieser Maschinen im Gym, diesem Ersatzbefriedigungsdorado, das früher Sportstudio und davor Fitness Center hieß und Gipfelpunkt der Dekadenz ist. Den Blick dumpf in unbestimmte Fernen gerichtet, konnte Hierro minutenlang wie in Trance seine Hüften rotieren lassen bis ihm irgendwann die Zunge aus der Schnauze hing. Allerdings gab es nur wenige Menschen, die ihn auch minutenlang agieren ließen, meist wurde er rüde unterbrochen. Denn was zu viel ist, ist zu viel, und was zu viel ist, bestimmen die Menschen. (Jedenfalls brauchte Hierro kein Laufband, um nirgendwo hinzukommen und sich gleichzeitig erschöpfend zu bewegen.)

Prüderie greift um sich und wäre zu begrüßen, würde sie zu weniger Fortpflanzung der Menschen führen. Doch Prüderie ist wirkungslos, weil sie den Spaß verdirbt, ohne die Fortpflanzung zu verhindern. Früher muss einiges anders gewesen sein auf dieser Welt, wenn ich mir ansehe, wie zärtlich der von mir hochgeschätzte Leonardo da Vinci ein zoophiles Glück, eine offen sexuelle Beziehung zwischen einer menschlichen Dame und einem Schwan als stolzes Elternpaar in Szene setzte, kann ich nur sagen: Holla, das soll sich heut mal einer trauen!

Jeder hat eben seine Vorlieben oder Fetische. Es soll Menschen geben, die durch *Horse Riding* oder *Cakesitting* stimuliert werden, wobei beide Begriffe nicht assoziativ ausgefallene Stellungen beim Sex umschreiben, sondern wörtlich zu verstehen sind.

Mir hat man vor Jahren die Eier abgeschnitten. Das stört mich nicht besonders, auch wenn ich sie mir gern geleckt habe. Das hat sich gut angefühlt und anfangs habe ich sie vermisst. Doch Hunde sind Meister im Arrangement mit den Fakten. Ich möchte nicht sagen: Meister im Arrangement mit dem Unausweichlichen oder Unabsehbaren, denn von beidem kann hier nicht die Rede sein, aber sind einmal Fakten geschaffen, dann arrangieren wir uns. Die Menschen haben das von uns gelernt. Auch sie gewöhnen sich an fast alles.

Ganz tief in meiner Seele allerdings hat dieses Eierabschneiden doch Spuren hinterlassen, denke ich, denn seither fange ich an zu zittern und mein Puls beschleunigt sich, sobald ich eine Arztpraxis wittere.

Rigoros, ein anderes Wort fällt mir zu dieser Art der Empfängnisverhütung nicht ein. Die Menschen halten sie für wirkungsvoll – und das ist sie. Warum wenden sie sie nicht bei sich selbst an, könnte man fragen. Weil sie Menschen sind, ist die Antwort. Und Mensch sein bedeutet inkonsequent sein.

Ecke Chamissoplatz, vor dem Pissoir, wurde heute gefachsimpelt. Über Schönheitswettbewerbe und wie man aussehen muss, um dort antreten zu können. Mir ist schlecht geworden. Nicht weil ich in der dritten Generation Mischling bin und eine leichte Zahnfehlstellung habe – beides Kriterien, die meine Persönlichkeit unterstreichen –, sondern weil bei diesem Eckengespräch der Schönheitsbegriff fundamental pervertiert wurde. Den Begriff *Fehlfarben* kannte ich bislang nur aus einem Radiobericht über einen Philatelistenkongress. Und da waren Fehlfarben etwas besonders Wertvolles. Nun höre ich, dass Fehlfarben auch bei Hunden vorkommen und solche Hunde dann billiger zu haben sind.

Die Welt ist verrückt. Und wenn ich Welt sage, meine ich Leute, die Hunde nach ihren Vorstellungen züchten und gleichzeitig an Gott glauben. Sie müssten eigentlich wissen, dass sie die nächsten tausend Jahre in der Hölle verbringen werden, falls Gott, der Allmächtige, nicht eine Ausnahme für sie macht und sie als unpigmentierte Dermatitis-Bassets nochmal auf die Welt kommen lässt.

Der Fußball-Club der Stadt Łódz, so lautet die Pinselei auf der Friedhofsmauer, *täuscht vor, ein Hydrant auf einer Hundeausstellung zu sein.* Die Entschlüsselung dieser kryptischen Botschaft erfordert volle Konzentration.

25. März

Heute nach Einbruch der Dunkelheit Attacke. Nichts ahnend schlenderten wir über den Chamissoplatz, als die Zicke von neulich auf uns zustürmt und nach mir schnappt. Bluno stellt sich dazwischen und wird am Knie gepackt. Dann rennt sie zurück zu ihrem *Frauchen* – ein besseres Wort fällt mir dafür gerade nicht ein –, das nun um die Ecke biegt.

Ihr Hund hat mich gebissen, ruft Bluno ihr zu.

Wird schon nicht den Falschen getroffen haben, ruft sie zurück.

Bluno sieht kurz aus wie ein Karpfen, der sprachlos nach Luft schnappt, bevor er wieder Worte findet.

Hallo? Wie wär's denn mit einer Entschuldigung?!

Zeigen Sie doch erst einmal die Wunde, kommt es von *Frauchen.* Ich merke, wie Blunos Adrenalin ansteigt. Er schiebt die Hose hoch und es ist tatsächlich außer einem Gebissabdruck nicht viel zu sehen.

Ach Gottchen. Das, sagt *Frauchen, ist nicht justiziabel.*

Ich sehe Bluno und erwarte eigentlich, dass er *Frauchen* mit einem Fausthieb auf dem Pflaster niederstreckt. Einfach so: zack. Und ich sehe auch, dass er kurz davor ist, es zu tun.

Es muss ihn übermenschliche Kraft kosten, sich zu beherrschen. Und *Frauchen* muss schon sehr dumm sein, ihn so zu provozieren, es sei denn, sie will unbedingt, dass er sie schlägt. Unter Trockennasenprimaten ist alles vorstellbar. Und es ist unter ihnen weitaus schlimmer, einem anderen das Mobiltelefon wegzunehmen oder Vogelfutter mit Hanfsamen in öffentlichen Grünflächen auszusäen, als mal kurz handgreiflich zu werden. Selbst einen Trockennasenprimaten in leitender Funktion, wie den Bundeskanzler, kann man hierzulande mit Eiern bewerfen oder ohrfeigen, ohne das viel passiert, doch wehe, man fährt ihm eine Beule ins Auto.

26. März

Was soll man von Lebewesen halten, die es nicht mal schaffen, sich die eigene Nasenspitze zu lecken, aber die Welt beherrschen möchten?

Heute Morgen kommt mir kurz der Gedanke, dass es sich bei dem Angriff gestern um einen ausländerfeindlichen Übergriff gehandelt haben könnte. Da haben sich zwei gefunden: Die mit *Frauchen* identisch rotblonde Hündin, die auf den Namen Alanis hört, was ein weiteres Indiz ist, dass sie und *Frauchen* gleichermaßen überspannt sein müssen, hat vielleicht meinen Akzent und meine Fehlfarbe richtig gedeutet. Ich bin anders als sie, und das muss in ihren Augen natürlich bedeuten: Ich bin schlechter.

Ich will mich nicht zu sehr reinsteigern, aber ich muss sagen, dass mich solche übergriffigen Begegnungen, aus welchen Gründen auch immer, deprimieren. Sie deprimieren stundenlang.

27. März

Bluno am Küchentisch liest mir eine Mail vor, die er von *Frauchen* bekommen hat. Sie hat also auf irgendeinem Weg seine Kontaktdaten erkundet. Das ist heute nicht so schwer, denn kennt man einmal den Namen eines anderen, findet sich der Rest von alleine. Soll nochmal jemand sagen, Hunde würden alles erschnüffeln.

26. März, 22.03 Uhr
Damit das klar ist

Sehr geehrter Herr B.,
damit das ein für allemal klar ist. Ihr Hund ist renitent und sozialkompetenzlos und hat meinen Hund kujoniert. Auch super klar ist, dass meine Alanis sowas niemals vergisst und natürlich dagegenhält. Besinnen Sie sich also! Sehen Sie endlich ein, dass meine Alanis nur dagegenhält.

Sie fahren Fahrrad und ihr Hund rennt nebenher an der Leine und dreht durch, wenn er nur irgendeinen andern Hund sieht. Er dreht durch.

Sich und Mitmenschen das Dasein zu verleiden ist leicht - und Kritik zu üben ist auch leicht. Die Kritik, der Sie sich selber stellen müssen ist die, dass sie eine renitente und sozialkompetenzlose Gassentöle zu sich genommen haben, ohne ihr gewachsen zu sein.

Besten Gruß
Myrna Butt

Uiuiui, sagt Bluno nur. Uiuiui denke auch ich.

30. März, abends

In meiner Jugend war ich manchmal unbeherrscht. Vor allem am Morgen, wenn ich ausgeruht und energiegeladen war, ist es manchmal mit mir durchgegangen. Dann bin ich losgerannt und habe jemanden angesprungen, der mir nicht gefallen hat. Ich habe ihn einfach angesprungen, weil er anders war, ohne darüber nachzudenken, warum er anders war oder ob dieses Anderssein seine guten Gründe hatte. Einmal habe ich einen Alten, der einen komischen Hut trug und sich in Tippelschritten durch den Park bewegte, in die Wade gezwickt. Das sah dann aus, als habe ihn ein Vampir gebissen. Vier rote Punkte, der eine etwas weiter außen, wegen meiner Zahnfehlstellung. Ich fand das angemessen, was musste der Alte auch so bescheuert vor sich hintippeln und einen so albernen Kleingärtnerhut tragen. Allerdings hat der einen Aufstand gemacht und ich wurde verwarnt. Dann ist es nochmal mit mir durchgegangen, als ich ein Paar am Strand sah, das da wirklich nichts verloren hatte, wie mir schien. Ich rannte also schimpfend auf sie los, und wie es der unglückliche Zufall wollte, trat die Frau nach mir, so dass ich sie mit meinen Krallen am Knie erwischte. Natürlich war ich der Aggressor und wurde festgehalten bis die Polizei kam. Die Polizei ist fast immer auf Seiten der Menschen, weil es sich bei der Polizei auch um Menschen handelt. Das ist selbst auf Gran Canaria so, wo es eigentlich anders sein sollte. Im Zweifel gegen den Angeklagten.

Meine Bewährung hatte ich durch diesen Kratzer verspielt, der dramatischer aussah, als er war und vom Opfer und ihrem Beschützer penetrant und unwidersprochen als Bisswunde bezeichnet wurde, obwohl selbst der dümmste Polizist hätte erkennen können, dass es sich um einen Kratzer handelte. Es half alles nichts. Ich war nun aktenkundig, es wurden Fotos von mir gemacht, wie man eben Fotos von Kriminellen zu machen pflegt. Ich war als Einziger meiner Familie nun in einer Verbrecherkartei. Und ich wurde in eine Perrera gebracht. Ich habe nicht gedacht, dass ich das überlebe. Ist man einmal dort, dann läuft der Countdown. Die Deadline rückt näher, und hier hat der Begriff seine wörtliche Bedeutung. Drei Wochen bleiben dir, dann wirst Du vergast.

April

Sonntag, 1. April

Der Große Hund steht noch am Nachthimmel. Er begleitet Orion. Seine Schnauze ist der hellste Stern am Himmel. Sirius. Von Sirius habe ich das erste Mal gehört, kurz nachdem ich in Deutschland ankam. Da hieß es bei einem Abendessen, Leon, der lockenköpfige Sprössling von Blunos Schwester Esther, sei vor zehn Jahren noch *Quark hinterm Sirius* gewesen. Eine Metapher für *ungeboren* offenbar. Menschen haben solche Redewendungen. Milchsäureprodukte hinter der Hundeschnauze, darauf muss einer erst mal kommen. Bevor sie ihr Leben auf der Erde beginnen, befinden sich die Menschen in eiweißweichem Aggregatzustand hinter dem Großen Hund. Dann muss Leon sich in doppelter Lichtgeschwindigkeit genähert haben, denn er war ungefähr fünf, als wir an dem Abend zusammensaßen.

Er wird bald in die Schule gehen. Unglaublich, wie lange Menschen brauchen, bevor sie etwas lernen. Schon wegen meiner geringeren Lebenserwartung – ein seltsames Wort, weil es nahelegt, man dürfe weniger vom Leben erwarten, dabei muss man doch nur besser leben –, also schon wegen meiner Lebenserwartung war es notwendig, mich zügig mit den existenziellen Fragen des Daseins zu befassen. Ich weiß gar nicht, ob ich noch hier bin, wenn Leon mit der Schule fertig wird. Und dennoch: Ich erwarte mehr vom Leben als die meisten Menschen, dessen bin ich mir sicher.

Bluno ist froh, wieder zu Hause zu sein. Familientreffen sind für ihn eine Strapaze, was ich angesichts des unausstehlichen Leon und seiner Mutter verstehen kann. Als Quark in Lichtjahre ferner Distanz war er sicher verträglicher, jetzt stampft er mit seinen kurzen Beinen hinter mir her, bläst die rosigen Pausbacken auf und gibt seltsame Geräusche von sich. Warum Menschen dieses Familienleben pflegen, ist mir eh unbegreiflich. Wir Hunde versuchen uns so bald wie möglich davonzumachen und in der Regel sehen wir die Verwandtschaft nie wieder. Wozu auch? Nur weil wir dieselbe Mutter haben, sollen wir uns verstehen? Also wirklich.

Wir gehen am Abend noch um den Block und vorbei an der Seniorenresidenz, wo ein alter Mann immer seine Wurstsemmeln von Frühstück und Abendbrot aus dem Fenster wirft. Gut so.

Man kann nicht jeden, den man trifft, in einer Stadt wie Berlin grüßen. Das kann man nicht. Aber wir Hunde tun unser Bestes und wir erziehen unsere Menschen. Sind Menschen allein unterwegs, gehen sie grußlos aneinander vorbei, sind sie aber in unserer Begleitung, sagen sie plötzlich Hallo zueinander. Es ist erstaunlich, wie sich unser positiver Einfluss bemerkbar macht. Das heißt nicht, dass es nicht auch schwer erziehbare Menschen gibt, die umgekehrt uns Hunden die guten Umgangsformen auszutreiben versuchen, uns weiterzerren oder beschimpfen, wenn wir andere grüßen, aber die große Mehrheit, das sei angemerkt, ist hierzulande doch lernwillig und bereit, sich zumindest in unserer Gesellschaft zu benehmen.

3. April

Als ich das erste Mal einen Menschen in Burka gesehen habe, habe ich mich wirklich erschrocken, ungefähr so, wie bei meinem ersten Schwarzen. Ich halte es für völlig natürlich, sich vor Phänomenen zu erschrecken, die man nicht kennt, und ich halte es für eine natürliche Reaktion, einem Schrecken akustisch Ausdruck zu verleihen. Also habe ich auch bei der Burkaträger*in erst mal Lärm gemacht.

Es gibt, wie ich inzwischen nicht überhören konnte, auch eine ganze Menge Menschen, die angesichts Schwarzer oder Burkaträger*innen laut werden. Im Unterschied zu denen habe ich allerdings bei meinem zweiten Schwarzen und meiner zweiten Burkaträger*in gewusst, dass das auch nur Menschen sind. Im Unterschied zu den Leuten, die sogar Demonstrationen gegen Schwarze oder Burkaträger*innen veranstalten, sich jede Woche treffen, um sich aufs Neue zu erschrecken und sich aufs Neue gegenseitig zu versichern, wie erschrocken man ist, um aufs Neue Lärm zu schlagen. Auch wenn das nicht von besonderer Intelligenz zeugt, ist diese Reaktion eine den Menschen eigene. Dabei sind Menschen davon überzeugt, dass sie aufgrund ihrer Hirndimension schlauer sind als andere.

Sollen sie's glauben. Aber ist es ein Zeichen besonderer Intelligenz, zu glauben, die eigene Intelligenz wäre Grund genug, alles zu töten, zu zerstören und aufzuessen, was weniger intelligent ist als man selbst?

Manchmal allerdings tritt auch irgendein Philosoph im Fernsehen auf und sagt Dinge wie: Verglichen mit den Tintenfischen, die neun Gehirne haben, sind Menschen einfach strukturiert. Dem kann ich natürlich nur zustimmen.

Pottwale und Elefanten haben übrigens größere Gehirne als Menschen.

Manche menschlichen Wissenschaftler behaupten daher, die Menge der Hirnwindungen sei entscheidend. Kann schon sein, die können viel erzählen, wer weiß das schon genau. Eins aber ist sicher: Eine Menge Leute hat ein paar Windungen zu viel.

Es scheint aber lichte Momente zu geben, in denen Menschen sich ihrer Unzulänglichkeit bewusst sind. Wie anders ließe es sich erklären, dass allein 39 amerikanische Universitäten eine Bulldogge in ihrem Wappen tragen?

4. April

Bellen schadet selten. Und zum Bellen findet sich immer ein Anlass. Man kann bellen, weil alles ist wie immer. Wenn also wie immer die Nachbarshunde geifernd über der Balkonbrüstung hängen. Und man kann bellen, wenn etwas anders ist als sonst. Wenn die Nachbarshunde nicht über der Brüstung hängen. Denn das ist ungewöhnlich, irritierend, ja verstörend.

5. April

Man bellt, um klar zu machen, dass man auf dem Posten ist, man bellt, um seine Angst zu vertreiben, man bellt bei ekligen Nachbarn, bei Unsympathen, Lärmern. Aber auch wenn manche Leute hierzulande den Eindruck haben, wir würden ununterbrochen bellen, sind es in Wirklichkeit keine zwei Minuten am Tag. Vielleicht ist das das Problem. Weil man hier so wenig bellt, fällt es den Leuten als störend auf. Wären wir konstant lärmend wie eine Autobahn oder die Baustellen in unserer Straße, die so lange da sind, wie ich denken kann, wäre alles halb so wild. In Spanien waren manche Hunde wie eine Dauerbaustelle.

Da stimmt das dann auch mit dem Wauwau. Und dennoch: Mit weit größerer Berechtigung ließe sich der Mensch als Blabla bezeichnen.

In der U-Bahn, wenn alle vor sich hin stieren, auf die Auslegware oder auf ihre listigen kleinen Datenspeicher, und ich an den Taschen und Tüten der Nachbarn schnüffle, ganz dezent auf Distanz, dann kommt es vor, dass Bluno den Besitzern der Taschen und Tüten in die Augen sieht und plötzlich laut etwas sagt wie: *Drogen?*

Dann sind im Nu alle Blicke losgerissen vom Fußbodenbelag und den Smartphones und auf den Taschen- und Tütenbesitzer gerichtet, der, wenn er klüger ist als sein Telefon, lächelt und sein

Lächeln für einen Moment überspringen lässt auf alle, die den Blick auf ihn gerichtet haben. Dann ist der Moment vorbei und alle beginnen erneut zu stieren. Aber diese Momente sind gute Momente, für die es sich lohnt, U-Bahn zu fahren.

6. April

Ich landete an einem Ostermontag in Deutschland. Eine halbe Stunde nach Mitternacht hat die Maschine in Schönefeld deutschen Boden berührt. Vermutlich der ungünstigste Zeitpunkt für mich, in Berlin anzukommen. Sechs Stunden in einer Kiste unten im lärmigen und finsteren Gepäckfach, weil ich zu schwer bin und meine Beine zu lang sind, um in der Kabine mitzureisen. Was soll man dazu sagen? Wenn ich mir die menschlichen Drei-Zentner-Kolosse ansehe, die da in den Sitzen klemmen, oder die Zwei-Meter-Schlackse, die ihre Extremitäten kaum unter Kontrolle haben und die für den Flug alle weniger zahlen als ich, dann muss ich mich schon wundern. Apartheid nennt man das, glaube ich.

Kaum gelandet und gleich vor der Tür des Flughafens versuchte Bluno, der mich in Empfang nahm, ein Taxi zu bekommen. Am

Ostermontag um ein Uhr morgens sind nur Muslime im Einsatz. Da warten fünfzehn Taxen, wir gehen die Schlange entlang von einer zur anderen, ich stehe noch etwas neben mir und möchte einfach nur irgendwo ankommen, aber keiner will uns mitnehmen. Immer heißt es: *Mein Chef erlaubt keine Hunde* oder *Nur in der Transportkiste,* oder *Ich habe weiße Ledersitze* oder *Ich habe eine Hundeallergie.* Der Vorletzte winkt uns dann zu sich. *Was haben die denn?,* fragt er. *Das sind Moslems,* sagt Bluno, als sei das eine ausreichende Erklärung für ihr Verhalten.

Ich bin auch Moslem, sagt der Taxifahrer als wir losfahren. Dann schweigt er bis wir auf der Autobahn sind. Es ist draußen nicht viel zu sehen. Lärmschutzplanken wechseln sich mit tristen Ausblicken auf ein Nowhere ab. *Mohammed verlangt Respekt gegenüber allen Tieren,* höre ich nun wieder den Taxifahrer, der sich nach Minuten der Stille, in der man nur das Schnurren des Motors hörte, entschlossen zu haben scheint, eine Lanze für seine Religion zu brechen. *Es gab sogar einmal einen Mann, der an einem heißen Tag in einen Brunnen gestiegen ist, um zu trinken. Als er wieder nach oben kam, sah er einen durstigen Hund, also stieg er wieder runter, um in seinem Schuh Wasser für den Hund zu holen. Dieser Mann war sonst kein besonders guter Mann, aber weil er dem Hund zu trinken gegeben hat, ist er ins Paradies gekommen. Nur deshalb.*

Diese Geschichte ist scheinbar noch nicht zu allen Taxifahrern und Nicht-Taxifahrern durchgedrungen. Hunde sind schmutzig, nicht weil Hunde schmutzig, sondern weil sie Hunde sind. Wie rassistisch das ist, wird besonders offensichtlich, ersetzt man das Wörtchen Hunde durch andere Wörter, wie *Texaner* oder *Friseure.* Mögen jene canophoben Taxifahrer und ihre Gesinnungsgenossen in der Hölle schmoren.

Ich habe gelegentlich meine kleine Rache, wenn ich unterwegs bin. Was gibt es Schöneres als in die U-Bahn einzusteigen und zu sehen, wie erwachsene Männer, die dort sitzen und locker das Achtfache meines Körpergewichts auf die Waage bringen, erschrocken die Füße hochreißen, sobald sie mich entdecken. Schrecken und Abscheu mischen sich in ihren Gesichtern und es ist schade, dass Bluno, der mich begleitet, nicht auf die Idee kommt, das mit seinem Telefon zu filmen. Man müsste diese Hysterie unbedingt festhalten und ihnen vorführen, damit sie sehen, wie lächerlich sie sich gebärden, nein besser: Man müsste die Hysterie ins Netz stellen, damit alle sehen können, wie ich, Ventura, diese lächerlichen Gestalten dazu bringe, sich schlimmer aufzuführen als verschreckte Kleinkinder. Und alles nur, weil sie Muslime sind und ihr Prophet – auch er ist voller Widersprüche, wie alle Menschen – die Ansicht vertreten haben soll, wir seien besonders unrein und Engel würden keine Häuser aufsuchen, in denen sich Hunde aufhalten und der Teufel würde gern mal in Gestalt eines schwarzen Hundes seinen Auftritt haben. Man kennt das ja: des Pudels Kern. (Manchmal bedaure ich es, nicht schwarz zu sein.)

Ich muss also davon ausgehen, wenn ich in die U-Bahn einsteige, dass der Mann, der dort seine Füße auf Sitzhöhe in Sicherheit bringt, nicht nur an die Existenz von Engeln und Teufeln glaubt, sondern auch der Überzeugung ist, dass Teufel sogar in Gestalt blonder Hunde U-Bahn fahren und Engel vielleicht sein Apartment nicht mehr betreten, sollte sich der Hund aus der U-Bahn auf ewig in seiner Wade verbeißen, so dass er ihn mit nach Hause schleifen und den Rest seines Lebens wie einen Klotz am Bein herumschleppen müsste. Hätte es noch eines Beweises bedurft, wie absurd Religionen sind, wäre er hiermit erbracht.

Hunde stören auch beim Gebet in der Moschee, wie Frauen und Esel, heißt es. Die Lobby der Etagentiger war dagegen schon immer stark, wie diverse Hadithe belegen, laut derer sogar ihr Schnurren eine Lobpreisung Allahs ist. Sollte dem so sein, wundert mich gar nichts mehr. Etwas Nervtötenderes als das saturiert-selbstgefällige Schnurren von Katzen lässt sich schließlich kaum vorstellen. Höchstens das rituelle katholische Gebrabbel auf Radio Rosenkranz, das ich in meiner frühen spanischen Jugend täglich zu hören bekam.

Allerdings kann man *Hadith* getrost mit *Hörensagen* übersetzen. Da erzählt einer was, was ihm ein anderer erzählt hat, der es von einem Dritten gehört haben will. Diese Art *Stille Post* ist schon manchem zum Verhängnis geworden.

7. April

Übrigens haben die meisten Muslime kein Problem mit Hunden, wenn sie als Nutztiere dienen. Solange sie auf der Jagd die Beute holen oder nachts das Haus bewachen, sind Engel und Teufel egal. Das nenne ich religiösen Pragmatismus.

Auf dem Platz der Luftbrücke lebt eine Rattenkolonie ein gutes Leben. Morgens sitzen die Kleinen und trinken Wasser aus den Schüsseln, die in den Büschen stehen, und die Alten durchstöbern die internationalen Speisereste, die vom Abend zuvor zurückgeblieben sind. Es ist ein Spaß, mitten hinein zu springen in die Versammlung und die Ratten herauszutreiben auf die große Wiese, zu sehen, wie sie rennen.

Ich habe verstanden, dass jede menschliche Kultur ihre eigenen Nutztiere hat. Ratten haben sich noch nicht durchgesetzt hierzulande, deshalb leben so viele in freier Wildbahn und im Untergrund. In der DDR soll es Bisamrattenpelze gegeben haben. Zu Unrecht vergessen sind auch Rezepte wie Nutria in Pilzsauce.

11. April

Während der Morgenrunde auf dem Bolzplatz Ball spielen. Esther und Leon zu Besuch. Ich mag ihre erschreckt-klugen Augen in ihrem schmalen Gesicht, das von dichtem Fell eingerahmt wird, aber der Kleine nervt. Zieht mir am Schwanz, an den Ohren, kennt keine Grenzen. Ich warne ihn durch deutliches Knurren und zeige ihm die Zähne, aber das beeindruckt ihn nicht.

Den Nachmittag in einem Café. Ich rolle mich in solch ausgedehnten Momenten unter dem Tisch zusammen, nach Möglichkeit auf der Jacke von Bluno, die er mir bereitwillig überlässt, um zu schlafen und möglichst wenig von dem mitzubekommen, was gesprochen wird. Er liest Zeitung, dann kommt seine Exfreundin Yuphawadee dazu, wir mögen uns. Sie ist dezent, was nicht bedeutet, dass sie weniger Banalitäten, Eitelkeiten, Tratsch austauscht als andere Menschen, aber sie tut es leiser und eleganter. Heute am Nebentisch eine vielleicht Zehnjährige, die ununterbrochen davon sprach, was sie früher gedacht hat. Sie fand kein Ende. *Früher war ich ja der Ansicht... früher glaubte ich...* in einem fort. Dass sie niemand unterbrach und ihr sagte, dass der Begriff FRÜHER aus ihrem Mund einfach nur grotesk klingt, weil es in ihrem Dasein keinerlei nennenswertes Früher gibt, weil zehnjährige Menschen im Unterschied zu den meisten anderen Lebewesen noch so wenig entwickelt sind, dass hier von einem FRÜHER zu sprechen, einigermaßen absurd erscheint, das ist nur mit der Ignoranz zu erklären, die vor allem menschliche Mütter gegenüber ihren Kindern zu entwickeln vermögen. Sie reden mit ihren Freundinnen über Selbstverwirklichungsstrategien und blenden derweil die Selbstverwirklichungen ihrer Kinder, mit denen sie sämtlichen Umsitzenden auf die Nerven gehen, vollkommen aus.

Meine Mutter Isa muss auch eine selbstbestimmte Person gewesen sein. Sie hat zehn Jahre ein Leben ohne Nachwuchs geführt und sich ebenso spät wie spontan entschlossen, dann doch noch schwanger zu werden. Mit dem verwegensten Typen des Viertels, mit Pete, der immer alleine um die Häuser strich. Kein Beau, das wirklich nicht, aber einer, bei dem man mit Domestizierungsversuchen auf dem Holzweg war. Umweht von der Aura des Draufgängers, ist er dann auch draufgegangen. Verdächtigt, Hühner gerissen zu haben, wurde er totgeschlagen von einem Nachbarn. Mein Vater, den ich immer nur von weitem gesehen habe, wie er gelegentlich an der Ecke stand und nach uns sah, wenn wir unsere Runde drehten. Ich werde ihm mit den Jahren immer ähnlicher. Meine Mutter, eine Schönheit, von der ich leider nicht viel mehr als die Haarfarbe geerbt habe und die Lust, bei geöffnetem Autofenster mein Haar im Fahrtwind wehen zu lassen, ist auch schon tot. Ich weiß nicht, ob sie es bereute Kinder bekommen zu haben, aber ich werde den Verdacht nicht los, dass meine Geschwister, von denen drei einfach zu Hause nicht ausgezogen sind, sie mit ihrer Hysterie ins Grab gebracht haben. Von ruhigem Lebensabend jedenfalls keine Spur.

Ich perfektioniere immer weiter mein Jaulvolumen.

20. April

Wie viele Hunderassen gibt es? Bei sich selbst vermeiden es die Menschen gern von Rassen zu sprechen. Aber seien wir ehrlich, da gibt es gravierende Unterschiede, die sich nicht einfach mit zu wenig Pigmentierung oder zu viel Sonnenbestrahlung erklären lassen.

Seit man aber versucht hat, den Leuten das Züchten von Menschenrassen und ein Einteilen der Welt in solche Rassen auszureden, haben sich manche umso fanatischer auf das Züchten von Hunderassen verlegt. Inzwischen gibt es gut 400 und jedes Jahr werden es mehr.

Erol, ein Freund von Bluno, bei dem wir gestern Abend eingeladen waren, um gemeinsam zu essen, wie Menschen das eben gern tun, während ich lieber alleine esse und dabei ungestört bin, übrigens beim Essen auch jede Konversation vermeide, was ich allemal für gesünder und genussorientierter halte, als nebenbei zu plaudern, oder schlimmer: zu plaudern und nebenbei zu essen, Erol also hat eine blonde Frau, die wenig sagt und viel trinkt, und Erol hat sich nun einen Hund mit Stammbaum zugelegt. Ob es hier einen Zusammenhang gibt, kann ich nicht abschätzen. Aber Stammbaum ist wichtig, denn das Wichtigste ist ja, wie Erol anmerkt, dass der Hund gesund ist! Erbkrankheiten sind auszumerzen, ein Zertifikat muss also her. Er selbst ist übrigens Mischling, was vielleicht sein Faible für sogenanntes Reinrassiges erklären könnte, denn er leidet an Minderwertigkeitskomplexen, ob aufgrund seiner Mischung, die eine gute ist, wie die meisten Mischungen, und ihn deutlich attraktiver macht als den Durchschnitt der Menschen hierzulande, weiß ich nicht zu sagen, aber sie sind unübersehbar, die Komplexe, zermürben ihn, lassen ihn haltlos erscheinen, und deshalb braucht er einen Rassehund. Ginge es ihm wirklich nur um die Gesundheit, wäre ein Mischling vielleicht die bessere Wahl, denn Züchtungsergebnisse kennt man ja aus Königshäusern. Ein Blick nach Spanien, Frankreich oder auf die Habsburger sollte genügen.

Nun sitzt er aber da, die rasante Mischung aus Klein- und Großasien, aus anatolischem Boxer und Kurzhaar-Sulawesi, während seine Frau Emmy schweigt, und präsentiert stolz seinen Husky, der auf den Namen Odin hört und Mitglied im Verein „Nordische in Not“ war. Das klingt nicht nur beim flüchtigen Hören nach einer Hilfsorganisation für Neonazis, sondern auch bei näherem Hinsehen, denn laut Vereinssatzung widmet man sich selbstlos und steuerbegünstigt der Aufnahme von phänotypisch nordischen Hunden.

Viele Bücher finden sich nicht bei Erol und Emmy, lesen scheint nicht ihre Stärke, aber die paar reichen, um einen Hauch von Mitgefühl für Odin zu entwickeln. *Du bist der Rudelführer. Tipps vom Hundeflüsterer,* ein *Handbuch der effektiven Hundezucht* oder *Best in Show. Hunde erfolgreich ausstellen.* Und dann liegt da auf dem Couchtisch noch *Was Hunde wirklich wollen.* Ich glaube, solche Bücher gibt‘s auch über Frauen.

Im Laufe des Abends – ein mit den Attributen des Wohlstands ausgestatteter René ist mit seiner eingebildeten Weimaranerin, deren Name mir entfallen ist, noch dazugestoßen und man hat eine weitere Flasche Grauburgunder konsumiert – ist plötzlich von Ästhetik die Rede. René, hingefläzt mit all seinen überlangen geistigen und physischen Extremitäten auf das ausladende Sofa, schüttelt angewidert seinen Lockenkopf angesichts all der Hässlichkeit auf Erden, obwohl er ansonsten offensichtlich der Euphorikerallianz angehört, die effizient daran arbeitet, globale Reibungsverluste zu minimieren und in Diensten einer Gleichschaltungsindustrie die Hirne der Spezies Homo sapiens in seichtesten Gewässern zu waschen, bis der letzte widerständige Funke gelöscht ist. Er und seine Weimaranerin sind Mitglied im Deutschen Weimaranerbund und René sagt das, als sei er Präsident des Goetheinstituts, das aber meines Wissens mit Weimar und erst recht mit Weimaranern wenn dann nur peripher zu tun hat.

Super ästhetisch, schwärmt Erol nun von seinem Odin, und René stimmt ihm begeistert zu. *Ja, super ästhetisch. Für mich kam einfach nur ein bildschöner und einwandfreier Rassehund infrage. Zuchtbuchmäßige Reinzucht seit 1890, wesensfest, leichtführig, ausdauernd, und diese bemerkenswerte Neigung zu hartnäckiger Arbeit nach dem Schuss zu Land und zu Wasser im Sinne seiner jagdlichen Zweckbestimmung als Verlorenbringer.*

Und so intelligent.

Ja, und so intelligent, René ist nicht mehr zu stoppen. *Das Zuchtziel ist einfach perfektioniert: Wildschärfe und ein finderwilliges und geradezu strategisches Vorgehen bei der souveränen Verfolgung der Wundspur.*

Soll ich ihm an die Gurgel springen und nicht mehr loslassen? Dann könnte seine Gefährtin souverän die Wundspur verfolgen, aber diese Weimaranerin, nennen wir sie wie solche Viecher meistens heißen, nennen wir sie der Einfachheit halber Dakota Blossom Bullshit, würde vermutlich gar nicht verstehen, was los ist. Sie hat ohne Zweifel noch nie was von der möglichen Umkehrung der Verhältnisse, von grundlegendem politischem Strukturwandel, von der notwenigen Überwindung des Antagonismus zwischen Macht und Ohnmacht gehört. Jetzt macht sie ihrem René die devotesten Dackelaugen, die man sich vorstellen kann. Sie und Odin wären ein tolles Paar, auch wenn Erol und René wahrscheinlich der Schlag treffen würde, sollten die beiden übereinander herfallen. Die Gefahr besteht aber in keiner Weise, denn Odin und Dakota Blossom Bullshit scheinen zu wissen, dass Rassentrennung oberste Doktrin ist.

Ich bin froh, als Bluno, der immer stiller wird, aufbrechen will und wir gemeinsam aus dieser gespenstischen Reinheitseuphorie und bodenlosen Unhöflichkeit mir gegenüber flüchten.

28. April

Geburtstag. Wenn ich neben Bluno in unserem Bett liege, er sich im Winter auf die Seite rollt und ich nur seinen Atem höre, oder wenn er im Sommer, seinen Bauch zur Zimmerdecke, nackt alle Viere von sich streckt und leise schnarcht, wenn ich dann die Augen schließe, dann denke ich manchmal, dass wir gar nicht so verschieden sind.

Meinen Geburtstag hat er nicht vergessen. Wir feiern mit einem langen Spaziergang am frühen Morgen und gebratenem Huhn zu Mittag.

Die vergangenen Tage habe ich darüber nachgedacht, das ultimative Manifest für ein Hundeleben zu schreiben. Ratgeberliteratur geht immer. Und Menschen könnten noch was lernen, davon bin ich überzeugt. Ich sage nur: Weltfrieden. Dabei ist mir völlig bewusst, dass guter Rat billig zu haben ist und Ratgeber selten funktionieren. Würden sie funktionieren, gäbe es nicht so viele.

Eine gute Voraussetzung beim Schreiben ist übrigens das Denken. Der Maler Gerhard Richter soll irgendwie mal dahergemeint haben: Beim Malen sei das Denken das Malen. Vermutlich ist er auch deshalb so erfolgreich. Ich bin kein Maler, zweifle aber daran, dass das Ersetzen des Denkens durch das Malen jenseits von monetären Superlativen zu nennenswerten Ergebnissen führt. Gerhard Richters Werke scheinen mir diese Ansicht zu bestätigen.

Beim Schreiben jedenfalls ist das Denken das Denken.

Abends noch eine Runde zur Seniorenresidenz. Der alte Mann mit den Wurstsemmeln am Fenster. Er winkt und Bluno winkt zurück.

Mai

1. Mai

Tag der Arbeit beziehungsweise der Arbeiterklasse.

Man muss für einmal Erreichtes kämpfen. Wenn ich etwas erkämpft habe, dann muss ich es beharrlich verteidigen, egal ob es mehr Mittagsschlaf, eine weichere Decke oder eine Scheibe Schinken im Abendessen ist. Wenn ich einmal auf dem Sofa schlafen durfte, dann möchte ich das immer tun dürfen. Da gibt es kein Vertun. Es zu verbieten, wenn es einmal erlaubt wurde, ist absolut inkonsequent.

Die Menschen halten konsequentes Handeln für eine Tugend. Daran muss man sie messen. Wenn sie einmal gestatten, dass man die Nachbarskatze jagt oder ihnen beim Sex zusieht, dann gibt es absolut keinen Grund, dass sie es beim nächsten Mal verbieten. Darauf muss man sie mit Nachdruck hinweisen. Auch das ist Teil einer guten Erziehung, wobei ich sagen muss, dass ich persönlich die Nachbarskatze auch ohne Erlaubnis jagen würde und mich menschliches Kopulationsverhalten überhaupt nicht interessiert, es ist vielmehr ein Anlass, so es sich im Bett anbahnt, das Bett zu verlassen und mich außer Sichtweite zu begeben, nicht aus Gründen der Diskretion, wie Bluno geneigt ist anzunehmen, sondern weil es in mir ein seltsames Unbehagen auslöst, das ich nicht näher zu ergründen gedenke. (Vielleicht liegt es daran, dass grundsätzlich Skepsis gegenüber einer Spezies angebracht ist, die glaubt, ohne Penisknochen auskommen zu können.)

Ich habe auch durchgesetzt, war ein hartes Stück Arbeit, dass ich von der Straße essen darf. Warum die heruntergefallenen Pommes Frites oder das Dönerfleisch liegen lassen? Sollen es vielleicht die Ratten fressen?

Bluno legt auf seinem alten Plattenspieler die Internationale auf und arrangiert die Hühnerreste des Geburtstagsessens zu einem Stillleben.

2. Mai

Gleichheit allein – auch wenn das die Freunde der Demokratie ungern hören – bringt Probleme. Deshalb haben die Franzosen ihr auch Freiheit und Brüderlichkeit an die Seite gestellt. Das macht die Sache zwar noch utopischer, aber wenigstens zu einer *schönen* Utopie.

Denn wenn alle gleich sind, wer hat dann den Vortritt? Muss es darüber nicht zwangsläufig zu ungemein langwierigen und ermüdenden und vielleicht auch aggressiven Debatten kommen? Liegt hier nicht der Hund begraben (wie unser Nachbar sagen würde, den wir morgens auf der Treppe treffen, wenn er mit Schrippen und Zeitung vom Bäcker kommt)? Doch wie lässt sich dieser Risikoherd für Aggressionen vermeiden? Ganz einfach – durch Ungleichheit. Wenn ich auf der Straße einen anderen Hund treffe, schaue ich ihn mir genau an. Nur um sicher zu gehen und keine unangenehmen Überraschungen zu erleben. Man sollte seine Mithunde einfach grundsätzlich im Auge behalten. Dabei interessiert es mich meistens gar nicht sonderlich, wem von uns der Vortritt gebührt, denn es ist fast immer genug Platz, vor allem in Berlin mit seinen breiten Trottoirs, um entspannt aneinander vorbeizukommen. Doch manchmal will man es eben doch wissen. Für diese Momente gibt es das, was die Leute Dominanz nennen. Ich springe den anderen an, eher spielerisch, und schnell ist klar, wie die Dinge stehen. Dominanz ist das Gegenteil von Aggression. Aggressiv wird es immer nur dann, wenn keiner um keinen Preis zurücksteckt, weil beide was von Gleichheit gehört haben und beide nicht von ihren hohen Rössern runter wollen.

Freiheit, Ungleichheit, Brüderlichkeit. Das wäre meine Parole für ein Zusammenleben, unter Hunden. Und warum nicht auch unter Menschen.

5. Mai

Am schlechtesten ist das Fernsehprogramm immer samstags. Wahrscheinlich weil die Programmmacher denken, dass alle werberelevanten Altersgruppen ohnehin auf der Straße sind und nur noch die Alten vor der Glotze sitzen, denen man wie in der Seniorenresidenz an der Ecke alles vorsetzen kann. Sie können sich nicht mehr wehren und sich im Zweifelsfall am nächsten Tag auch nicht erinnern. Sie können höchstens ihre Fernsehgeräte aus dem Fenster werfen, wie die Wurstsemmeln. Samstage sind daher immer gute Gelegenheiten, statt sich dem offiziellen Programm auszuliefern, selbst zu wählen und Hundefilme zu schauen. Hunde, selbst wenn sie nur eine Nebenrolle spielen, stehlen allen die Schau. Kein menschlicher Darsteller kann gegen einen Hund anstinken. Ich sage nur Scraps, natürlich ein Mischling, und Chaplin in *Ein Hundeleben.* Wer interessiert sich hier noch für Chaplin? Oder Jean Dujardin und Uggie in *The Artist.* Wäre die Academy mit ihrem Reglement nicht derart aus der Zeit gefallen, hätte Uggie den Oscar bekommen, nicht dieser Schlagersänger aus einem Pariser Vorort. Oder *Rin Tin Tin* oder *Lassie come Home* oder *Blondi – Auf vier Pfoten durch das Dritte Reich,* notfalls auch *Kommissar Rex.* Heute wäre es mal wieder Zeit

für Rando als Jerry Lee in *Mein Partner mit der kalten Schnauze* gewesen, doch schließlich sahen wir dann doch *Belle und Sebastian.*

In der Welt des Zeichentricks haben auch andere Tiere eine Chance – ein Schwein, Enten, ein Hase, sogar eine Ratte machten hier Karriere –, aber selbst gezeichnet sind Hunde unschlagbar. Milou, Idefix, Pluto, Susi, Wum, Struppi, Spike, Ace und Krypto, Snoopy und sogar die Lachnummer Rantanplan waren und sind wahre und wahrhaftige Identifikationsfiguren.

Was wäre die Geschichte des Films ohne Hunde? – Hier die kalte Technik, die bewegte Bilder vortäuscht, dort die gespielte Schau der Schauspieler, die Emotionen vortäuscht, doch erst mit einem Hund bekommt ein Film eine Seele. Das haben die wenigsten Menschen begriffen. Nein, falsch. Sie haben es begriffen, sie wollen es sich nur nicht eingestehen. Wen wundert es angesichts dieser Ignoranz, dass bislang nur drei Hunde Sterne auf dem Walk of Fame besitzen (alles Schäferhunde, nebenbei bemerkt – ein schottischer, zwei aus Deutschland. Was das über Hollywood sagt, das zu formulieren überlasse ich Psychologen, ich denke aber, es sagt einiges).

9. Mai

Unterwegs im Viertel, offene Türen geben immer wieder Einblicke in Hinterhöfe, die ich noch nie gesehen habe und die erforscht werden sollten. Wenigstens flüchtig begutachtet. Dabei auch im Hinterhof gewesen, in dem Alanis wohnt, die prompt mit *Frauchen* auftaucht, als habe sie seit Wochen nur darauf gewartet, dass ich mal vorbeischaue. Großes Gekläffe. Sie an der Leine, so dass ich ihr aus sicherem Abstand die Meinung sagen kann.

Im nächsten Haus wohnt die rehgleiche Aina, gegenüber Misou, gleich am Wasserturm leben Luzi und Cosmo, im Park treffen wir Luna, Ghaddafi, Pucki und Lei Fu und dann gibt es noch einen Winzling, der Fidel heißt und dessen Begleiter immer Krumme Hunde raucht. Mit allen verstehe ich mich bestens, nur Alanis ist wirklich ein Kotzbrocken.

Hinter den banalsten Fassaden können einen die seltsamsten Dinge erwarten. Das gilt für alle Lebenslagen.

Die Zeitung lesen, sagt der Typ, der drei Häuser weiter lebt, wenn er mich sieht, wie ich an Ecken und Laternen Duftproben nehme. Er sagt das nicht zum ersten Mal. Um ehrlich zu sein, wiederholt er sich jedes Mal, wenn wir uns sehen, was nicht auf nennenswerte Intelligenz hindeutet. Mangel an Intelligenz ist keine Seltenheit unter Menschen und man kann diesen Umstand üblicherweise ignorieren. Dieser Typ aber sagt das begleitet von einem Lächeln, amüsiert, fast überheblich, was es schwerer macht, darüber hinwegzusehen. Dabei ist er täglich Stunden auf seiner Couch vor seiner Mattscheibe als Ego-Shooter unterwegs, wie ich aus sicherer Quelle weiß, weil es zu Strategiespielen bei ihm nicht reicht. Er hat keine Ahnung, dass das, was ich tue, vor allem ein Strategiespiel ist, weil er vermutlich nicht mal die Regeln von Schach beherrscht.

Genauer gesagt besteht der Reiz meines *Zeitunglesens* – nennen wir es mal so – oder nein: nennen wir es nicht so. Geben wir ihm lieber gleich einen Namen, der sich auf dem internationalen Markt behaupten kann: Wie wäre es mit Odorissimo? Also der Reiz von Odorissimo besteht in einer Kombination aus terrainorientierter, vorausschauender Kalkulation und gewissen Zufallsfaktoren, wie Wetterbedingungen, Zahl der Mitspieler und eingeschlagene Route, die auch mal spontan einen Taktikwechsel notwendig machen.

Es geht darum, möglichst prägnante Schnittpunkte und stark frequentierte Orte in einem möglichst weitläufigen Gebiet mit einem limitierten Volumen an Duftstoff zu markieren und dabei nicht nur Marken zu setzen, sondern auch andere zu überdecken. Mitspieler müssen dabei nicht zwangsläufig zeitgleich agieren, sondern können über einen längeren Zeitraum unabhängig voneinander ins Spiel eingreifen, wann immer es ihnen beliebt. Auch dieser Aspekt der temporalen Entzerrung ist reizvoll, weil so zum Beispiel Mitspieler lange aus dem Verborgenen heraus olfaktorisch agieren können, bevor sie sich physisch offenbaren.

Große Hunde sind im Vorteil, weil sie mehr Urinvolumen haben und von weiter oben markieren können, somit eine größere vertikale Fläche abdecken. Daher ist es für Fortgeschrittene von kleinerer Statur eine besondere Herausforderung und Kunst, trotz niedrigerem Wuchs möglichst hoch anzusetzen. Vorteile der Kleineren sind, neben der längeren statistischen Lebensdauer, dass sie Stellen erreichen, an denen sich Große schwertun, etwa unter Parkbänken oder in Laibungen von Kellerfenstern, wo sich Duftmarken vor Regen geschützt deutlich länger halten.

Ganz allgemein gilt das alte Sprichwort: Wer zuletzt kommt, pisst zuletzt.

Es wundert mich, dass es Odorissimo noch nicht zum Spiel des Jahres gebracht hat. Vermutlich, weil es sich nicht kommerziell vermarkten lässt und es schwierig wird, Patentrechte anzumelden. Ja, so funktioniert Kapitalismus. Gut ist, was sich verkaufen lässt. Odorissimo aber lässt sich nicht verkaufen, es ist ein anspruchsvolles und zugleich plebejisches Vergnügen, ein Vergnügen, das nie zu einem Ende kommt und damit immer nur ein spielerisches Kräftemessen bleibt, ohne Besitzverhältnisse festzuschreiben. Es ist ein Kulturgut. Und schon deshalb ist es gut, dass es niemals Spiel des Jahres werden wird.

Es ist mir bewusst, dass es nicht nur unter Menschen, sondern auch unter Hunden einige gibt, die nach dem Motto leben: Was ich nicht fressen kann, das kann ich getrost anpissen. Aber diese

Haltung hat nichts mit Odorissimo zu tun. Und von solchen Typen rede ich nicht.

Manche Orte laden übrigens besonders zum Pinkeln ein. Vielleicht weil eine Fassade, die mit Klo-Klinkern gefliest ist, unbewusst zum Urinieren animiert.

9. Mai, abends

Früh morgens unterwegs zum Meister der Wurstsemmeln, der sehr blass und alt, aber freundlich aussieht.

Bevor ich die Semmeln zurückgehen lasse, werfe ich sie doch lieber aus dem Fenster, sagt er. *Ich gönne denen hier nichts. Die kriegen nichts zurück von mir. Wer weiß, was die mit den nicht gegessenen Semmeln machen.*

Gut so, denke ich.

Bluno liest *Frauchens* neueste Mail vor. Auffällig, dass sie immer erst am fortgeschrittenen Abend kommen, wenn der Alkoholpegel bei Myrna hoch genug ist und sie und Alanis Zeit hatten, sich gegenseitig zu bestätigen, was für Idioten wir doch alle sind und dass niemand ihnen das Wasser reichen kann. Dann braucht es ein Ventil, damit der Kessel nicht platzt. Dass was aus dem Ventil herauspfeift, klingt dann so:

9. Mai, 21.59 Uhr
Grobe Fahrlässigkeit
oder vorsätzliches Tun?

Sehr geehrter Herr,

Ihr Unvermögen umsichtig zu agieren lässt sich nur noch mit vorsätzlichem Tun erklären, oder aber es handelt sich bei Ihnen um eine unfassbar dumme Person, was wenig helfen wird, wenn wir uns bei Gericht sehen.

Sie wissen - ich hab es Ihnen auch gesagt - wo ich wohne, wo ich folglich ein paarmal am Tag aus der Tür komme. Und genau da ist ihr Köter ohne Leine auf dem Hof unterwegs. Und Wasser abschlagen tut er da auch noch, wie meine Nachbarn mir berichtet haben und was denen alles andere als behagt. Was sie machen, ist, mich in meiner Bewegungsfreiheit einschränken. Dauerhaft muss ich auf Sie und ihren leinenlos kläffenden Köter gefasst sein. Das möchte ich mir verbitten. Wenn Sie mich fortgesetzt in meiner Freiheit beschneiden, muss ich juristisch gegen Sie vorgehen. Das mache ich und ich werde Ihnen den Hund wegnehmen lassen, auch wenn der Hund keine Schuld an ihrer anmaßenden und überheblichen Dummheit hat. Es ist Ihre Entscheidung. Anleinen oder Hund weg.

Ich richte mich an Ihren Verstand, falls sie einen haben. Ich glaube aber nicht mehr dran, dass Sie einen haben.

Mit bestem Gruß
Myrna Butt

Hoffentlich fühlen sich Myrna und Alanis wohler, wenn die Mail dann abgeschickt ist. Besser sie schreiben Mails, als dass sie Bomben werfen. Wenn man erkennt, dass es oft Zwangscharaktere sind, die das Wörtchen Freiheit besonders locker im Munde führen, sollte man bei seiner Verwendung noch behutsamer sein.

10. Mai

Weiß nicht warum, aber in meinem Traum tauchte letzte Nacht Etzel von Oeringen auf. Er legte mir seine Pfote auf den Kopf und sah in die Ferne. Dann leckte er mein Ohr und flüsterte etwas, das ich nicht verstand. Ich machte einen Schritt rückwärts, um mich vom Gewicht auf meinem Kopf zu befreien und sah ihm in die Augen. Jetzt verstand ich ihn plötzlich, obwohl er schwieg. *Mach es wie ich, geh nach Hollywood,* sagten seine Augen. *In Hollywood ist alles möglich. Sogar ein Berliner Polizeihund kann sich dort einen Wolf spielen und in einem Abenteuer, das ein sozialistischer Alkoholiker erdacht hat, zum Star werden. Wir sehen uns in Cannes bei den Palm Dog Awards.* Dann drehte er sich um, fegte mit seinem Schwanz eine Flasche Whiskey vom Tisch und stieg in ein Taxi.

Lärm am Vormittag auf der bislang ruhigen Straße. Bluno erklärt mir, heute seien noch weit mehr Leute verhaltensauffällig. Er nennt es Vatertag.

Ich habe den Verdacht, das Bluno eigentlich Bruno heißt, dabei fand ich es schön, dass sein Name nach einer Bluesmelodie klang. Vielleicht hat Yuphawadee ihn so genannt. So wie auch der Stammvater der Spaniel einst eine fernöstliche Freundin gehabt haben muss, denn wer heißt schon Spaniel?

12. Mai, früh

Die Büsche rund um den Platz der Luftbrücke sind irritierend ordentlich gerecht, die Wiese frisch gemäht, alles sauber, nicht eine Tüte, keine Dönerreste nirgends, nur die Ratten sind noch da. Gott sei Dank. Aber auch sie sind verstört. Dann sehe ich eine Dame in Kostümchen vor dem Luftbrückendenkmal stehen, die aussieht, als sei sie direkt aus der Staatskanzlei hergebeamt worden. Sie kontrolliert vier Stuhlreihen, die aufgebaut sind. 69 Jahre Ende der Berlinblockade, wie konnte ich das vergessen. Das ist einer dieser ritualisierten Tage, an denen *alle* da sind, außer den Bürgern der Stadt, die keinen Zutritt haben, denn heute werden Boxentürme aufgerichtet und dann Kränze niedergelegt. Und das tun Politiker ausschließlich in Gesellschaft von Ratten, oder sollte es besser heißen: Ausschließlich Ratten werden Zeugen vom Niederlegen der Kränze durch Politiker zwischen Boxentürmen.

Auf dem Rückweg treffen wir den ästhetischen Odin und Erol und Emmy. Während ich Odin ignoriere, erzählt Erol von seinem gestrigen Zoobesuch. *So viele gepflegte Tiere, und wenn man rauskommt aus dem Zoo, so viele ungepflegte Menschen. Das ist Berlin!*

Ich werde aber angesichts des *superästhetischen* Odin das Gefühl nicht los, dass er geheime Obsessionen pflegt und sich, wenn Erol und Emmy nicht hinsehen, in Katzenkadavern wälzt oder etwas in dieser Art. Ich verurteile das nicht, jeder soll unbedingt seinen ureigensten Bedürfnissen folgen, zumal es der Katze egal sein dürfte, wer sich in ihrem Kadaver wälzt und tote Katze immer noch besser riecht als Lagerfeld. Ich allerdings habe keine solchen Obsessionen, da mag mich mancher für spießig halten, aber so bin ich eben.

Was ist eigentlich spießig? Das Vorhandensein oder das Fehlen bestimmter Eigenschaften? 13. Mai

Regen. Ich habe immer die Hoffnung, dass das Wetter, das ich vom Balkon aus sehe, nicht das gleiche ist, wie das, das mich erwartet, wenn ich aus der Haustür komme. Ich weiß, diese Hoffnung ist wie alle Hoffnung kontraproduktiv und trügerisch, aber ich gestehe, ich gebe mich ihr gern hin. Bei großer Hitze bin ich schnell völlig erschöpft, Regen allerdings ist einfach nichts für mich. An Regen werde ich mich nie gewöhnen. 15. Mai

Bluno verbringt den Nachmittag vor seinem Plattenspieler, legt Platten auf, lauscht der Musik und dem Regen. Er ist ein altmodischer Typ.

Wumm-wumm-wumm kommt es den Berg herauf, denn heute ist Karneval der Kulturen, das heißt, die Funkenmariechen haben sich in Baströckchen gezwängt und trommeln statt zu tröten. Kultur heißt Vielfalt und Vielfalt heißt, dass es hundert internationale Sorten Bier gibt, die alle zu gleichen Kopfschmerzen führen, und Folklorenippes made in Taiwan. Wie so oft, wenn Kultur dann vorbei ist und wieder Stille einkehrt, ist es Unkultur, die zurückbleibt. Müll, Dreck, Glasscherben, an denen man sich schnell die Fußballen aufschneidet. Dafür gestraft, dass sie nicht an die Hunde denken, werden die Menschen mit einem *Kater*. Wie, bitte, könnte man besser das physische und geistige Defizit als Folge des Drogenkonsums beschreiben? 20. Mai

Nachmittags im Tiergarten. Überall menschliche Körper ausgepackt auf Tüchern in der Sonne dösend. Esther und Leon wieder dabei. Ich lasse Leon so lange ins Leere laufen, bis er die Lust verliert, nach mir zu greifen. Kinder sind schrecklich. (Schrecklicher noch als Enten. Oder sagen wir: anders schrecklich. Aber von Enten ein andermal.) Und niemand soll mir was von *Familienhunden* erzählen. Wem Kinder Spaß machen, der muss Masochist sein. Was sind das für Charaktere, die sich von Kindern ständig betatschen oder am Bart ziehen lassen?

28. Mai

Hitzewelle. 32 Grad im Mai. Bluno verpasst mir einen Sommerhaarschnitt. War auch kaum noch auszuhalten.

Montagmorgen, und auf dem Hof randalieren Müllmenschen. Sie sind, könnte man meinen, eine eigene Rasse, nicht nur wegen ihrer Leuchtkleidung, sondern auch sonst. Müllmenschen sind immer Müllmänner und häufig verhaltensauffällig. Verhaltensauffällig wohl deshalb, weil sie keine Frauen haben. Sowas ist auf Dauer für Reproduktionswillige frustrierend. Sie treten gegen Türen, poltern durch die Durchgänge auf die Hinterhöfe, ramponieren dabei die hundertjährigen Eichentore und haben fast immer schlechte Laune. Sie riechen für die weniger feinen Nasen der anderen Menschen auch nicht gut, wie Müll eben, deshalb haben sie auch keine Frauen. Ihr Job ist es, Lärm zu machen, was ich verabscheue, und ihr dröhnendes Auto zieht eine Fahne von Duft hinter sich her, die ich persönlich nicht so übel finde, die man aber drei Blocks weit riecht und die sogar die Menschen riechen, wenn auch nicht drei Blocks weit. Für Menschen allerdings ist dieser Duft offensichtlich ein Gestank. Das Müllauto und mit ihm die Müllmänner versuchen sie daher schnell hinter sich zu lassen, wenden sich dabei angewidert ab oder halten sich sogar ihre Nasen zu.

Es ist schon zwei Jahre her, dass mich ein Müllmensch getreten hat, weil ich ihm meine Meinung in aller Deutlichkeit gesagt habe. Er hat einfach anstatt sich zu benehmen, mit dem Fuß ausgeholt und mich getreten. Ich war perplex, denn sowas war mir in meinem bewegten Leben bis dato erst einmal passiert. Und sowas vergesse ich nicht.

Nachmittags unter Schrebergärtnern, die Wiesen in den Kompartimenten sind verblüffend grün. Es scheint einen Wettbewerb zu geben, wer trotz Dürre den grünsten Rasen sein Eigen nennt. Der Grill duftet, aber ich werde skeptisch betrachtet. Man könnte sich schließlich danebenbenehmen, was angesichts dieser Beobachtung tatsächlich eine Verlockung wäre, pissen in den Rhabarber ist das mindeste, was ich tun kann. Was nervt, ist das fiese Pfeifen aus der Nachbarschaft, das außer mir keiner zu hören scheint. Satte Wiesen, Kontrollverschärfung, Pfeifterror, nennen wir diese Kombination das Schmöckwitz-Syndrom.

Wenn es mir unheimlich wird, bin ich mit einem Sprung auf Blunos Arm. Von dort kann ich ihm über die Schulter sehen und weiß, dass er mich festhält. Von dort kann ich über die eine oder andere Mauer sehen und dort begreife ich auch, warum Menschen sich zum Essen an einen Tisch setzen müssen.

Statt die Nase direkt über der Erde zu haben, tragen sie sie so hoch wie möglich. Und statt sie wenigstens zum Essen auf den Boden der Tatsachen zu bringen, stellen sie ihre Nahrung auf Podeste. All das nur, um sich nicht herablassen zu müssen.

9. Juni

Der Typ, der drei Häuser weiter wohnt, genau der, der immer von *Zeitung lesen* sprach, wenn ich Düfte erschnupperte und Duftmarken setzte, der immer leicht amüsiert auf mich herabblickte, sich irgendwas auf irgendwas einbildete, dieser Typ hat einen neuen Spruch. Er sieht mich schnuppern und pinkeln, räuspert sich und tönt: *Ah, der Herr tauscht Telefonnummern aus!*

Oh Gott, denke ich.

Ab kommender Woche noch so eine absurde Sportveranstaltung: Fußballweltmeisterschaft. Wenn Menschen Sportarten unter der Prämisse erfinden, dass andere Tiere sie nicht praktizieren können, um Konkurrenz von vorneherein auszuschließen, sehen diese Sportarten dann entsprechend seltsam aus. Obwohl selbst das mit der Konkurrenz für den Fußball nur eingeschränkt gilt. Denn ich habe eine bessere Reaktion als alle Torwarte, die ich bisher sehen konnte, und natürlich laufe ich schneller als alle Stürmer der Welt. Und da man den Ball auch mit dem Kopf berühren darf, würde ich ihn mit den Zähnen packen und ein paar Haken schlagend ins Tor sprinten, anstatt mich auf Passspiel und Kopfbälle zu verlassen, um dann doch in einer Abseitsfalle zu landen. *Deutschland* – also die 0,00003 Prozent der menschlichen Einwohner Deutschlands, die als Fußballer zur WM ins verfeindete Russland gereist sind – wird die Vorrunde wohl nicht überstehen, wenn sie so spielen wie im letzten halben Jahr. Wo es so deutlich an der Zielgenauigkeit fehlt, sollten sie vielleicht ihre Beißtechnik verbessern, um den Ball packen zu können. Aber ich weiß, dass in diesen Tagen 80 Millionen Bundestrainer Ratschläge für die Mannschaft parat haben ...

Bundestrainer, was für ein schöner Begriff. Klingt, als würde er die Verbundenheit trainieren. Wir bräuchten mehr von der Sorte.

21. Juni

Längere Pause. Mir war nicht nach schreiben. Das Leben war zu perfekt. Wie ein Schwebezustand des Behagens. Wozu diesen durch Schreiben stören und Turbulenzen erzeugen, die meinen Seelenfrieden gefährden könnten. Wohlige Stunden auf dem Balkon in der Hitze der Vormittagssonne, dann auf den kalten Fliesenboden, ins Bett, unter den Herd, aufs Sofa. Ein Turnus der Orte, Temperaturen, Lichtintensitäten, Bequemlichkeiten. Vollkommen ausreichend, um sich über Stunden ohne die geringste Anstrengung ein wenig Abwechslung zu schaffen.

Heute aber eine trübe Nachricht, die geeignet ist, mein Gleichgewicht zu gefährden.

Dieser Tage findet wieder das Hundefest in Yulin statt. Da feiern nicht Hunde, sondern Menschen, indem sie Hunde essen. Ein ekstatischer Blutrausch, der als Tradition verkauft wird. In diesem Fall eine Tradition, die seit genau zehn Jahren besteht, seit die

Tourismusverwaltung Yulins auf die Idee kam, ein Massakerfestival ins Leben zu rufen, um ihre Stadt attraktiver zu machen. Andere bauen zu diesem Zweck ein Spaßbad oder ein Opernhaus.

Auch das Jahr des Hundes hält sie nicht davon ab. Der Zweite Weltkrieg hatte 60 bis 70 Millionen tote Menschen zur Folge, von anderen Tieren wird gar nicht erst gesprochen, Stalins Herrschaft forderte zwanzig Millionen Menschenleben und die Chinesen sind Ursache für zwanzig Millionen tote Hunde. Jährlich. Natürlich nicht DIE Chinesen, sondern eine Minderheit, die zusehends kleiner wird, damit aber auch radikaler, wie das leider oft der Fall ist.

Tradition. Was ist das eigentlich für ein Begriff? Und wieso ist er bei vielen positiv besetzt? Er sollte wertfrei sein. Etwas *weitergeben* ist zunächst mal eine rein mechanische Tätigkeit. Entscheidend ist doch, WAS man weitergibt. Schwachsinn, Korruption, Grausamkeit oder Bibelverse weiterzugeben, auch das ist Tradition.

Typen wie Berlusconi oder Hoeneß, Rajoy oder Infantino, die mit allen Wassern gewaschen Macht und Korruption und satte Lebensart pflegen, werden insgeheim von den Leuten bewundert, denn sie sind Leithammel, deren Keulen nie auf einem Grill landen werden, und sei das auch noch so überfällig. Sie wissen sich zu behaupten und behalten Oberwasser auch in den tiefsten Sümpfen. Gangster im Licht der Öffentlichkeit, Schlitzohren, wie man so liebenswert-harmlos sagt. Oder auch mit dem Unterton des Respekts trotz aller finsteren Machenschaften: A Hund isser scho! 22. Juni

Yuphawadee zum Abendessen. Leider lässt sie nie was fallen. Warum kann ich nicht auch viermal am Tag essen, so wie die Menschen. Von Bluno bekomme ich einmal am Abend eine Portion. Das scheint mir doch das Ramadan-Konzept, aber ich bin kein Muslim. Ganzjährig Ramadan, das scheint mein Schicksal.

Ein Hund hat nie schlechte Laune, höre ich beim Flanieren durchs Viertel von einer Dame. In welcher Welt lebt sie denn? 24. Juni

Ab heute dürfen Frauen in Saudi-Arabien Auto fahren.

Ich schäme mich ein bisschen, dass ich recht hatte: Deutschland ist hinter Südkorea letzter in seiner WM-Gruppe und fährt nach Hause, bevor es richtig losgeht. Bluno verbrennt seine Deutschlandflagge auf dem Balkon. Er macht das stilvoll bei einem Glas Cremant. 27. Juni

In der Cocktailbar gestern Abend. Bluno wird immer wieder angesprochen, weil ich so *bezaubernd* bin. Und wie toll: ein Mischling! Auch das ist mir suspekt. Ein Herr mittleren Alters in offenem Hemd zu Bluno: *Teuer allein ist ja auch keine Garantie. Halten Sie sich fest, ich kenn jemand, der hat 2000 Euro für einen Cocker Spaniel bezahlt. Der hat überhaupt nichts getaugt.* Freitag, 29. Juni

Eine Dame mischt sich ein, hat Ansprüche an Hunde, die klingen, als würde sie eine Kontaktanzeige aufgeben und ihren Traumprinzen suchen: Schön, groß, kräftig, klug, kinderlieb.

Man lernt nie aus, oder wie wir sagen: A la cama no te irás sin saber una cosa más.

Immerhin sind mir solche Leute lieber als Schrebergärtner, die – Vertrauen Sie dem Testsieger – ihr Anwesen mit Wühlmausschussgerät, All-in-one-Marderschreck aus der Marderforschung und Ultraschall-Hundevergräuler ausstatten.

Aber Menschen schießen eben gern. Auch aufeinander. Selbst auf den Friedhöfen haben sie bei sich bietender Gelegenheit noch aufeinander geschossen, wie die vielen Einschusslöcher zeigen, die sich in den Grabplatten finden.

30. Juni

Morgens um sieben im Viktoriapark. Wir schlendern über die kleine Brücke unterm Wasserfall und als wir den Blick hinauf Richtung Kreuzbergdenkmal richten, liegen auf den Felsen, über die später am Tag das Wasser läuft, wenn es angestellt worden ist, nackte Menschen. Sie liegen da regungslos wie tot. Nicht zwei oder drei, sondern fünfzig oder sechzig, große und kleine, alte und junge, dunkle und helle. Ich stutze kurz, aber Bluno kann es gar nicht fassen, hält das Ganze offenbar für eine Vision, eine Fata Morgana. Plötzlich klatscht jemand in die Hände und alle springen auf, schütteln sich, plappern durcheinander. Aus Kunst wird Leben. Das Gespenstische, das Surreale ist im Nu verflogen, was bleibt, ist nichts als eine FKK-Impression.

Da Samstag ist, gibt es mehr zu riechen als sonst. Nie bleibt so viel an Essen liegen, wie in Wochenend-Sommernächten, daher richtet sich meine Aufmerksamkeit auf die sogenannten Abfalleimer, während Bluno weiter vom Nackt-Ensemble gebannt ist. Mich aber interessiert wenig weniger als der Kult, den Menschen um das Nacktsein treiben. Menschen und Nacktheit, das ist ein sonderbares Kapitel, das kein anderes Lebewesen je verstehen wird.

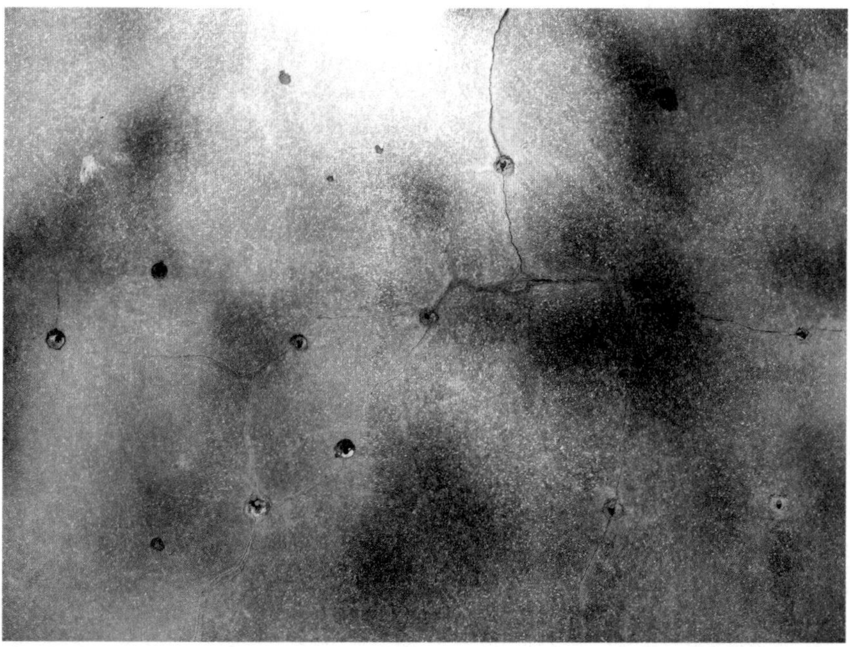

Juli

1. Juli

Es wird Zeit, dass ich mein Manifest für ein Hundeleben näher ins Auge fasse und ein paar Fragen aufwerfe, die zwar schon manche gestellt und klug beantwortet haben, ohne allerdings aus den Antworten stets die richtigen Schlüsse zu ziehen. Was ist Leben? Zum Beispiel. Ein Gestern und ein Heute. Soviel ist sicher. Ein Morgen dagegen ist es nicht. Morgen, das sind bestenfalls Ziele und Träume.

Erstes Kapitel (Skizze): *Ziele und Träume*. Was Ziele und Träume gemeinsam haben, ist der fehlende Bezug zur Realität, das weiß jeder. Traum ist das Gegenteil von Wirklichkeit, und zwar sowohl jener Traum, den ich im Schlaf träume, als auch der, den ich mir für eine ungewisse Zukunft ausmale. Wobei *ungewisse Zukunft* natürlich ein Pleonasmus ist.

Leben dagegen sollte nach Möglichkeit real sein. Nicht, dass ich nicht auch Träume hatte! In meiner Jugend wollte ich immer einen Hähnchengrill eröffnen – Asadero Ventura –, aber das war eher eine Utopie, nicht eine konkrete Utopie im Sinne Ernst Blochs, sondern ein Spiel mit der Unmöglichkeit, und das war mir vollkommen bewusst. Dennoch hatte es seinen Reiz.

Ziele haben noch weniger mit Realität zu tun als Träume. Das lässt sich sogar mit den einfachsten Regeln der Geometrie veranschaulichen. Ein Traum ist wenigstens noch eine Geschichte, die eine zeitliche Ausdehnung hat, in der Bilder von Körpern vorkommen und die mehr oder weniger real anmutet, ein Ziel aber hat keinerlei räumliche oder zeitliche Ausdehnung, denn ein Ziel ist durch eine Linie, die Ziellinie, oder gar durch einen Zielpunkt markiert. Für Realität aber sind nun mal Raum und Zeit vonnöten. Wie lange aber die Zeit und wie groß der Raum ist, davon hängen Glück und Unglück nicht ab. Ein Ziel dagegen ist etwas am Ende eines Weges. Um es zu erreichen, muss der Weg enden. Ein Ziel ist somit etwas Statisches, Erstarrtes, etwas Totes. Etwas, nach dem man in der Vorstellung keine Veränderung mehr wünscht. Ein Endpunkt.

Es duftet aus der Küche, Bluno macht sich Eier mit Speck. Da fällt es schwer, sich zu konzentrieren. Muss hier unterbrechen, um präsent zu sein, wenn die Eier und vor allem der Speck fertig sind. Menschen denken schnell, man sei nicht interessiert, wenn man beim Essen nicht neben ihnen steht und sie durchdringend fixiert.

Zurück. Ein Ziel ist Konservatismus pur. Dem wäre ich im Grunde nicht abgeneigt. Und auch wenn Menschen von Zielen sprechen, ist das in ihren Augen immer was Positives. Wenn Ziele nichts Positives wären, bräuchte man sich keine zu setzen. Menschen aber sind seltsam. Denn weil das Erreichen von Zielen Stillstand bedeutet und Stillstand vielen als etwas Negatives erscheint, muss man sofort neue Ziele haben. Ziele werden damit zu Etappenzielen. Es wird höchste Zeit, dass auch Menschen lernen, sich auf ihren Lorbeeren auszuruhen. Aber nicht am Ende eines Weges, sondern jederzeit im Hier und Heute. (aLa – auf Lorbeeren ausruhen – das wäre das Motto für einen Verein, den ich irgendwann gründen werde.)

Das Erreichen eines Ziels am Ende eines Weges wäre die zweitbeste Lösung, vorausgesetzt Menschen würden sich ihre Ziele so setzen, dass sie leicht und schnell erreichbar wären, und vor allem, wenn sie es dann dabei beließen. Am Ziel wären sie glücklich, erreichten einen Nirwana-ähnlichen Zustand, wären alle Sorgen los und genössen ihre Ungebundenheit.

Aber so ist es nicht. Menschen genügen sich nicht selbst. Neid und Geltungsbedürfnis haben den Ehrgeiz gezeugt, der sich als Tugend tarnt, aber eine Seuche ist. Deshalb sage ich: Lebt ein Hundeleben! Das ist nicht mit Ehrgeiz infiziert und das beginnt auch nicht irgendwo in der Zukunft, das ist kein paradiesisches Finale, sondern das kannst Du sofort haben. Wenn Du morgens die Augen aufmachst, mach Dir klar: Die Welt wird nicht schöner und Du wirst nicht jünger. Oder anders gesagt: Besser wird's nicht. Und wenn es doch besser wird: umso besser.

Ich weiß, wovon ich rede.

2. Juli

Was Ziele und Träume weiterhin unterscheidet, ist die Distanz. Ein Ziel setzt den Weg voraus, den es bis dahin zurückzulegen gilt, während ein Traum einfach im Kopf existiert, ganz ohne Distanz. Träume liegen näher. Der Traum wohnt hier oben zwischen den Schlappohren, während das Ziel meistens hinterm Horizont außer Sichtweite liegt. Wie passen dann aber Ziele und Träume zusammen? Sind Ziel und Traum nicht sogar unvereinbare Gegensätze?

Wenn jemand vom *Ziel seiner Träume* spricht, könnte man den Eindruck gewinnen, dass Träume am Ende einer längeren oder kürzeren Strecke mit dem Ziel identisch und wahr werden können – und dann keine Träume mehr sind. Doch wollen wir das? Am Ziel meiner Träume zu sein, bedeutet keine Träume mehr zu haben. Träumen aber ist überlebenswichtig, sagen Leute, die sich mit dem Träumen auskennen.

Ich träume gern. Ich sehe auch, wie Bluno träumt und ich weiß, dass er auch mich beobachtet, wenn ich träume. Ich weiß das deshalb, weil er mich weckt, wenn es zu wild wird und ich zu aufgeregte Laute von mir gebe. Ich vermute das nur, denn ich kenne diese Laute von Bluno und von meinen Geschwistern, vor allem von Lanza und Hierro, wenn sie träumten, also werde auch ich solche Laute von mir geben. Doch von diesen unkontrollierbaren, oft verrückten Träumen im Zustand des Schlafes möchte ich gar nicht sprechen, sondern von den absurd konventionellen Tagträumen, die die Leute im Wachzustand haben.

Worum geht's denn letztlich? Im Leben ein unbeschwertes Wohlbefinden herzustellen. Menschen träumen hier meist primitiv, träumen konkret von Objekten – Auto und Rolex, Pool und Yacht –, die ihnen dazu dienen sollen, dieses Wohlbefinden zu erzeugen oder zu steigern. In Wahrheit aber *opfern* sie diesen Dingen ihr Wohlbefinden.

Lohnt es wirklich, sich jahrelang zur Arbeit zu quälen, nur um dann ein Haus mit Sauna und Doppelgarage zu besitzen? Es tut Träumen nicht gut, verortet man sie hinterm Horizont. Lebe ein Hundeleben: Träume hier und jetzt. Und vor allem: Genieße das Träumen.

Der Sinn des Lebens ist nicht Blech und Beton, auch wenn Menschen das glauben. Der Sinn des Lebens ist leben. So jedenfalls habe ich Sartre verstanden.

Und wenn ich die Diskussion darüber höre, ob man täglich eher sechs, sieben oder acht Stunden schlafen sollte, dann kann ich nur sagen: Denken Sie mal über 16, 18 oder 20 Stunden nach. Die Welt würde es Ihnen danken.

Eiskrem mit Lachsgeschmack. 4. Juli

Nie hätte ich mir träumen lassen, dass ich das einmal probieren und goutieren würde, bevor mich Bluno damals aus dem Todes-

trakt freigekauft hat. Ich wusste nicht einmal, dass es sowas gibt. Ich meine nicht den Todestrakt, ich meine die Eiskrem. Ich saß in diesem staubigen Abseits hinter doppelten Zäunen und ahnte nichts Gutes. Kalte Nächte, heiße Tage, zwei Dutzend andere Hunde in Einzelhaft um mich herum. Unsere Uhr lief ab. Er kam dann eines Tages durch die Tür, hat mich angesehen und sich hingekniet. Er ist aufgestanden und weitergegangen. Das war's dann, habe ich gedacht. Aber nach einer Ewigkeit ist er zurückgekommen, hat sich wieder hingekniet und mir seine Hand hingestreckt. Deal, habe ich gedacht. Das war vor drei Jahren. Das war der Anfang eines zweiten Lebens.

Ventura, das heißt irgendetwas zwischen Glück, Hoffnung und Erfolg. Und dieser Name hat mir immer wieder in meinem Leben Mut gemacht. Auch wenn ich nicht viel von Hoffnung halte, von Glück und Erfolg dafür umso mehr.

5. Juli

Was ich gar nicht haben kann, ist unnötiger Lärm. Also im Grunde jeder Lärm, denn wenn man möchte, kann man fast alles leise tun. Besonders bringen mich – neben Müllmenschen – Helikopter und Motorräder in Rage.

Man braucht dafür ein dickes Fell. Das habe ich nicht.

Wir haben auch einen geräuschempfindlichen Nachbarn, der sich allerdings weniger über Helikopter aufregt, als darüber, dass ich mich über Helikopter aufrege. Beschimpfe ich einen Helikopter, der im Tiefflug vorbeirauscht, dann schimpft der Nachbar über mich. Was mich wiederum dazu veranlassen könnte, darüber zu schimpfen, dass er Ursache und Wirkung nicht auseinanderzuhalten in der Lage ist. Aber das lasse ich dann. Meistens. Woher kommt es, dass sich der Nachbar nicht mit mir gemeinsam über den schikanösen Helikopter empört, sondern ausschließlich über mich, der ich mich empöre? Weil er Helikopter und natürlich auch Müllmänner und folglich auch den Lärm, den sie mit sich bringen, für gottgegeben hält oder für ein notwendiges Übel, was auf dasselbe hinausläuft. Womit ich nicht sagen möchte, dass Gott ein notwendiges Übel ist. Das ist er nur für diejenigen, die nicht mit dem Unbegreiflichen, mit Mysterien leben wollen und sich tieferschürfendes Denken ersparen möchten und alles, was ihnen unerklärlich oder unausweichlich erscheint, auf Gott schieben. In diesem Sinne sind auch Müllmänner göttlich.

Ich möchte nicht, dass sich irgendetwas ändert in meinem Leben. Das sagte ich schon, aber ich kann es nicht oft genug sagen.

Manchmal führt Bluno Selbstgespräche, so könnte es Dritten vorkommen, aber in Wahrheit spricht er mit mir. Er erzählt mir Dinge und ich höre zu. Das passiert nicht oft, meistens redet er nicht über das, was er tut, aber manchmal eben doch. Dann höre ich zu und er redet und ich sehe, wie sich seine Gedanken beim Reden verfertigen.

Dabei fällt mir jetzt erst auf, dass die Schöneberger Kleist Straße nicht nach dem Dichter benannt ist, sondern nach einem Generalfeldmarschall. Das ist der Geist von Preußen, der noch allerorten in Berlin steckt, sofern man hier von Geist sprechen kann.

6. Juli

Manifest für ein Hundeleben. Zweites Kapitel: *Erfolg*. Es ist gesellschaftliche Konvention, dass Menschen Träume haben. Haben sollen. Ihre Verwirklichung wird ihnen als sichtbares Zeichen des Erfolgs verkauft und Erfolg soll sie zufrieden machen. Doch was ist Erfolg? Pracht und Macht und Yacht. So die Vulgärdefinition. Eine Definition, die sich an *materiellen Werten* oder *einem gesellschaftlichen Rang* messen lässt, an Dingen oder einer Position in einer Hierarchie, die einen Erfolg meinen, der es Menschen einfach macht, ihn anderen vorzuführen. Diese Form des Erfolgs muss relativ bleiben, denn sie orientiert sich an Werten, die zu anderen Werten in Relation stehen. Folglich schielt dieser Erfolg immer auf anderen Erfolg. Für sich allein kann er nicht bestehen. Er ist abhängig von einem Umfeld. So werden Macht und Geld erst dann als Erfolg begriffen, wenn deutlich wird, dass die Mehrheit der anderen weniger Macht und Geld besitzt.

Nun gibt es die in diesem Sinne Erfolgreichen, die ihre Attribute des Erfolgs auf eher dezente Weise genießen. Und es gibt die anderen, die sie zur Schau stellen. Also Leute wie René und Dakota Blossom Bullshit. Solche Schausteller werden sogar von der Gesellschaft, die Macht und Geld als Zeichen des Erfolgs wertet, als vulgär betrachtet. Durchaus zu recht. Die Dezenten aber erscheinen als kultiviert und stilvoll. Jeder ihrer Auftritte sagt: Schaut her, ich brauche meinen Erfolg nicht zur Schau zu stellen, ich bin so bescheiden, so zurückhaltend, ich lebe so einfach. Doch dieses bescheidene, zurückhaltende und einfache Leben ist eben nur dann bemerkenswert, wenn jeder weiß, dass Macht und Geld vorhanden sind. Derartige Dezenz ist somit nur Zurschaustellung zweiter Ordnung.

Ob stilvoll oder vulgär präsentiert, der Erfolg, der sich in Quantitäten bemisst, bestimmt den Kapitalismus und offenbart sich in einem sogenannten guten Leben, das ohne Besitz nicht vorstellbar scheint. Teil des Systems ist das Paradox, Menschen könnten diesen Erfolg auf Kredit erwerben, sie könnten ihre Träume von Macht und Geld und gutem Leben schon heute verwirklichen und später auf Raten abstottern.

Das ist die Sklaverei von heute. Freiwillig und endgültig. Ihr Motor sind die Banken. Es hat sich sogar unter Menschen inzwischen herumgesprochen, dass man ihnen nicht trauen kann. Wie kann man also auf die Idee kommen, bei einer Bank einen Kredit aufzunehmen? Mit Arschlöchern soll man keine Geschäfte machen. Wenn das zum Prinzip des Miteinanders werden könnte, wäre die Welt eine bessere.

Ich kenne keinen Hund, der einen Kredit aufnehmen, und keinen, der eine *Versicherung* abschließen würde. Was ist das schon für ein Wort? Kaufen – verkaufen, zocken – verzocken, glühen – verglühen, sichern – versichern.

Ein Hundeleben beginnt mit der Neudefinition von Erfolg und Luxus.

8. Juli, morgens

Bluno war gestern länger aus. Länger als sonst. Und er hatte einen fremden Geruch an sich.

Die Platanen haben in Hitze und Trockenheit ihre Rinde abgeworfen und beim Drüberlaufen knacken und knistern die Rindenfragmente, was mich soweit ablenkt, dass ich Alanis & *Frauchen* erst im letzten Augenblick bemerke. Großer Bogen.

Besonders interessant wird die deutsche Sprache bei den Fehlleitungen und Fehlleistungen. Laufen und verlaufen, messen und vermessen, tun und vertun. Anschaulich ist sie beim Wesen und Verwesen, aufschlussreich beim Mögen und Vermögen.

8. Juli, nachmittags

Nachtrag zum *Erfolg:* Im Großen verwirklichen die inzwischen 7,6 Milliarden Menschen das Leben auf Pump durch die Ausbeutung von Ressourcen und eine ständig wachsende Verschuldung, im Kleinen, so scheint es, funktioniert das ebenso gut. Der Unterschied ist jedoch ein gravierender: Während diejenigen, die die Menschen von heute in globaler Dimension für die Ausbeutung der Ressourcen zur Rechenschaft ziehen und für die Schulden zu Kasse bitten könnten, noch nicht geboren oder zumindest noch ohne eigene Macht sind und die Menschen von heute sie daher nicht fürchten müssen, sind diejenigen, bei denen der einzelne die Kredite für die Attribute des Erfolgs aufgenommen hat – die Geldinstitute – jetzt schon sehr mächtig und präsent. Deshalb machen sich die Menschen mehr Sorgen um ihr Bankkonto als um die Zerstörung der Erde.

9. Juli

Wenn wir am Ende unseres Ausflugs ums Karree in die Straße einbiegen, in der der Eingang zum Bolzplatz liegt, können wir es beide kaum erwarten. Bluno setzt sich auf die Bank, ich mache ein paar Luftsprünge und erwische dabei den Ball fast immer. Das war auch heute nicht anders, bis plötzlich die Polizei hinter Bluno stand.

Ich habe einen Schreck bekommen, denn nach meiner Erfahrung bringen Polizisten nur Übel mit sich. Im vergangenen Jahr erschossen sie hierzulande mehr als 13.000 Tiere. Und 14 Menschen, die sich bekanntermaßen nicht für Tiere halten. Man sollte also auf der Hut sein, vor allem, wenn man kein Mensch ist, denn auch die Preußen schießen schneller, als man glaubt.

Der Bolzplatz war, abgesehen von Bluno, gerade noch menschenleer und nun waren da diese zwei Polizisten zu einer Zeit, in der sich Berlin noch räkelt oder unter der Dusche steht, um wach zu werden. Um diese Zeit drehe ich auf dem Bolzplatz ein paar

Runden, Bluno sammelt die Pizzakartons und Bierflaschen ein, die vom Vorabend herumliegen, denn der Ort eignet sich bestens für die Jugend zum Picknicken nach Einbruch der Dunkelheit an lauen Sommerabenden. Ich weiß nicht, warum er das tut, er hat eben einen Ordnungsfimmel.

Da es zwei Bänke, aber nur einen Mülleimer gibt, und es schon sehr viel verlangt scheint, mit vollem Pizza- oder Bierbauch noch quer über den Bolzplatz zu laufen, bleibt immer was liegen. Außerdem ist es bestimmt in den Augen dieser Jugend sehr cool, auf diese Weise aufzubegehren und dem System mal so richtig eins reinzuwürgen. Sicher war so auch der Scheißhaufen in der Platzecke zu verstehen, der genauso menschengemacht war, wie der ganze Rest des Bolzplatzes.

Während sich Bluno noch bückt, um eine Chipstüte aufzusammeln, standen da also wie aus dem Nichts materialisiert diese zwei Ordnungshüter vor uns, und das Hüten der Ordnung nahm seinen Lauf. Ob das mit der Materialisierung aus dem Nichts funktioniert, darüber herrscht nach wie vor Uneinigkeit, denn während Aristoteles und später sogar Thomas von Aquin bekanntlich der Auffassung waren, aus Nichts entstehe nichts, glauben manche Christen, Gott habe Himmel, Erde und alles weitere aus dem Nichts erschaffen, wie es im 2. Buch der Makkabäer lapidar heißt. Bei näherer Betrachtung ist festzustellen, dass diese angebliche göttliche Fähigkeit dort eine Mutter gegenüber ihrem jüngsten Sohn erwähnt. Es könnte sich demzufolge auch nur um eines der Märchen handeln, die Eltern ihren Kindern gelegentlich erzählen. Oder aber um eine Wahnvorstellung. Immerhin wurden unmittelbar vor der Verkündung dieses Axioms die sechs anderen Söhne der Mutter gehäutet und in einer Pfanne zu Tode gebraten. Und alles nur, weil sie sich geweigert hatten, Schweinefleisch zu essen. Man kann demzufolge davon ausgehen, dass die ganze Familie wahnhaft veranlagt gewesen ist. Welches klardenkende Wesen würde sich denn bei Androhung des eigenen Todes dazu zwingen, kein Schweinefleisch zu essen? Dass Gott alles aus dem Nichts geschaffen hat, ist folglich auch nach Konsultation dieses vorchristlichen Textes mehr als zweifelhaft. Die Botschaft scheint eher eine andere: Dogmatiker landen in der Pfanne. Aber nicht mal das lässt sich verallgemeinern.

Es bleibt also selbst für eingefleischte Christen (die den verordneten Schweinefleischboykott bekanntlich ignorieren) weiterhin eine offene Frage, wie es sich mit Gott und der Materialisation aus dem Nichts verhält. Ob es sich bei den beiden Ordnungshütern auf dem Bolzplatz um Geschöpfe Gottes handelt, wäre als nächstes zu erörtern. Möglich wäre es immerhin, denn auch Gott soll dazu geneigt haben, die Dinge zu ordnen und voneinander zu scheiden. Himmel und Erde etwa.

Ordnung ist, wie wir wissen, aber das Widernatürlichste, was man sich vorstellen kann. Ordnung basiert auf Trennung, auf Kategorisierung, auf Schubladen, am besten in verstaubten Archiven von Naturkundemuseen, in denen die leblosen Körper von Insekten ordentlich aufgespießt und aufgereiht, klassifiziert und hierarchisiert für eine kurze Ewigkeit konserviert sind, doch das Naturgesetz ist nicht die Taxonomie, nicht die Ausgrenzung und Abgrenzung, sondern Koexistenz und Mischung. Aber was hilft's, so kann man Menschen und Göttern nicht kommen. Und wie ich weiß und eben gerade erst erwähnte, hat selbst Bluno einen Hang zur Ordnung. Er braucht klare Formen, aufgeräumte Räume, um denken zu können. Es graut ihm vor abgefressenen Tellern und eben Pizzakartons, selbst außerhalb seiner eigenen vier Wände.

Jetzt aber trat eine neue Kategorie von Ordnung in Kraft. Hunde seien verboten auf Spielplätzen, und Bolzplätze seien Spielplätze, erklärten die Ordnungshüter. Verbotsschilder seien placiert, und auch ohne placierte Verbotsschilder sei es Blunos Pflicht als *Hundeführer* zu wissen, so der junge, männliche Ordnungshüter, dem eine konsequent stumme, noch jüngere Hüterin zugeordnet war, was verboten sei. Wir könnten, aber bräuchten uns im Übrigen nicht zu unserem ordnungswidrigen Verhalten äußern.

Bluno äußerte sich zwar, aber wie kaum anders zu erwarten vergeblich, denn auch wenn der Platz um diese Zeit ungenutzt sei, so der Ordnungshüter, Verbot sei Verbot und das Verbot sei generell.

Generalisierung, so Bluno, sei ja nun genau das Problem. Generalisierung befinde sich von jeher mit Sinn und Verstand auf Kriegsfuß. Als das Gegenteil von Differenzierung werde die Generalisierung naturgemäß keinem gerecht. Differenzierung aber sei es doch, was man dem menschlichen Intellekt zumuten könne, selbst dem von Polizisten. Denn Generalisierung heiße immer, es sich zu einfach machen, so Bluno in der Hoffnung, einen Funken selbstständigen Denkens in den Augen des Hüters aufblitzen zu erkennen. Und ja: Da war für einen kurzen Moment so ein Funke.

Er könne Bluno schon verstehen, so der Beamte. Aber. Das. Verbot.

Blunos Worte verklangen also im Grunde, als hätte er sie gegen eine Brandwand gesprochen. Ich sah ihn verständnislos an und verstand seine Verständnislosigkeit.

Froh war ich, dass Bluno jetzt nicht etwas sagte wie: *Herr Wachtmeister, Sie wollen also sagen, dass von den glorreichen Verboten der Vergangenheit, von* NO Niggers, NO Jews, NO Dogs *das* NO Dogs *übriggeblieben ist?* Das hätte uns zweifellos eine Klage wegen Volksverhetzung oder Beamtenbeleidigung eingebracht, denn heute darf man bestimmte Semiten, Schwarze und Canis lupus familiaris nicht mehr in einem Atemzug nennen. Den Tatbestand der Hundeverhetzung gibt es schließlich nicht im Strafgesetzbuch.

Als der Polizist an diesem verschlafenen Berliner Morgen erkannte, dass er als Verbotsvertreter fehl am Platz war, war es zu spät für eine solche Erkenntnis, zu spät für einen Rückzug ohne Gesichtsverlust, und sei es auch nur Gesichtsverlust vor der stummen oder sprachlosen Kollegin. Wir standen da. Und was einmal begonnen hatte, musste auch seinen Lauf der Dinge weiterlaufen. Ich war immer schon der Auffassung, dass Polizei mit Vorliebe das reibungslose Zusammenleben unter Nachbarn torpediert. Für mich war Polizei stets Störfaktor in meinem Leben, aber Bluno mag das sonst anders sehen. An diesem verschlafenen Berliner Morgen allerdings sah er das ebenso, das spürte ich. Wäre es nicht großartig, wenn mündige Bürger auf mündige Polizisten treffen würden? Auf Polizisten, die einfach vorbeigehen, die mal für einen Moment so tun, als ob es sich bei einem Hund wie mir, der dort einem Ball nachjagt, um eine Fata Morgana handelt. Wie schön wäre das. Und ich bin mir sicher, irgendwo gibt es auch solche Polizisten.

Bevor Bluno nun dazu ansetzen konnte, über den Unterschied zwischen Zweck und Selbstzweck zu referieren, über Ordnungen und Regeln, die etwas regeln und ordnen sollten, wo es tatsächlich auch etwas zu ordnen und zu regeln gibt, wurden Personalien aufgenommen. Sollten seine Angaben, so der Hinweis des Polizisten, nicht der Wahrheit entsprechen, mache Bluno sich strafbar. Bluno nickte und nannte seinen Namen. Der Name wurde telefonisch weitergeleitet und wir vier warteten, noch immer mitten auf dem Bolzplatz stehend. Wäre die Polizei nicht aufgetaucht, wären wir längst wieder verschwunden, wären längst zu Hause, schoss es mir durch den Kopf. Die Polizei war es, die den Zustand der Illegalität verlängerte, in ihren Augen ohne Zweifel notwendigerweise verlängerte. Wir warteten. Ich betrachtete das Loch hoch oben in der Fassadenisolierung des angrenzenden Hauses, in dem ein Vogel seine Jungen fütterte. Ein guter Platz, unerreichbar für alle, die nicht fliegen können, nur der Turmfalke blieb eine Gefahr. Ich halte den Turmfalken ohnehin für entbehrlich, um nicht zu sagen für einen Aggressor, der als Einzelner die Mehrheit der anderen, vor allem der anderen Vögel, schikaniert. Sein enervierendes Gegacker aber ist die einzige Ruhestörung des Viertels, die unter Naturschutz steht. Wir warteten. Dann krächzte eine Stimme im Telefon und es blitzte Genugtuung in den Augen des Polizisten auf. Bluno war nicht zu finden in den Registern, die das Volk bedeuten. Der Instinkt des Polizisten hatte ihn nicht getäuscht. Dieser Hundeführer war einer, der sich der Staatsgewalt entziehen wollte. Wer Ordnungswidrigkeiten begeht, dem sind auch Straftaten zuzutrauen. Ordnungswidrigkeiten sind Einstiegsdrogen und nun brach die Ordnung über Bluno herein und er wurde aufgespießt wie ein Insekt.

Sanfermines in Pamplona. Nicht Katzen jagen Mäuse oder Hunde jagen Katzen, sondern Stiere jagen Menschen. Genauer: Menschen lassen sich *freiwillig* von Stieren jagen. Mehr muss dazu nicht gesagt werden. Die Mutprobe dauert 2 Minuten 33 Sekunden und man kann, wie jedes Jahr, auch diesmal amerikanisches Blut fließen sehen, denn Pamplona ist ein Amazing Event für Thrill Seekers, international vermarktet und gepriesen: *„anregend, erfrischend, unvergesslich, 110% pures Adrenalin"*. Und für die Voyeure: Balkonvermietungsservice.

Manches entfaltet tatsächlich erst seinen vollen Wahnsinn, wenn man es nüchtern oder von einem hochgelegenen Posten aus betrachtet.

10. Juli

Nachtrag: Es dauerte etwas, bis der gestrige Polizist bemerkte, dass es Bluno doch gab. Seinen Namen richtig zu buchstabieren, war ihm einfach auf Anhieb nicht gelungen. Wer bitte, heißt auch schon Bluno.

Es ist wieder passiert. Eines ist klar, der fremde Geruch an Bluno stammt nicht von einem anderen Hund. Bluno hat auch besonders gute Laune. Da ist eine Frau im Spiel, und ich denke, er hat ihr noch nicht von mir erzählt.

Fernsehabend. Würde gern den *Andalusischen Hund* sehen, aber Bluno bevorzugt heute eine Kochshow. Statt zu essen, betrachtet er Geruchloses auf der Mattscheibe, wo *neuen Visionen von Pasta Aromen von Süßholz und Rauch* verliehen werden.

Ich wollte hier lange schon notieren, wie Blondi den Zweiten Weltkrieg verschuldet hat, aber mir ist gerade nicht nach schlechter Hunde-Publicity. Daher heute lieber die Geschichte, wie der Setter Seamus den Dritten Weltkrieg verhindern oder wenigstens vertagen konnte.

Der Erzfeind der USA war und ist der Russe, zumindest wenn man Mitt Romney Glauben schenkt, der schon seit den 1960er Jahren davon träumt, Präsident der USA zu werden. Er hasste stets die Russen und befürwortete einen militärischen Erstschlag seiner Nation an der Seite Israels gegen Iran, denn Iran war durch und

durch böse, selbstverständlich ein Verbündeter des Russen und neuerdings zeitweise auch der Türken, die immer frecher werden. In den USA heißt es gegenwärtig *Amerika zuerst.* Da scheint ein Erstschlag nur konsequent. Allerdings wagen nun Vertreter des iranischen Militärs vor einem Angriff auf ihr Land zu warnen, aus dem sich nur zu schnell etwas entwickeln könne, das international außer Kontrolle gerate. Man könne, sagen die Iraner, dieses Etwas auch Weltkrieg nennen. Dass sich allerdings jemand herausnimmt, die Regierung der USA vor etwas zu warnen, ist in den Augen vieler Amerikaner und ihres Präsidenten für sich betrachtet schon eine Kriegserklärung.

Es ist eben die Kommunikation, die meist ins Desaster führt. Noch aber ist nichts passiert. Das hätte mit einem Präsidenten Mitt Romney anders aussehen können.

Als er wieder einmal Präsident werden wollte, um seine Pläne endlich Wirklichkeit werden zu lassen und seine Chancen gegen den schwächelnden Amtsinhaber gar nicht so schlecht standen, erinnerten sich aber Leute, deren Job es in solchen Fällen ist, sich zu erinnern, an Seamus.

Seamus war vor langer Zeit der Hund der Romneys. Weil die Romneys aber zu viele Kinder hatten und zu viel Gepäck, war kein Platz mehr für einen Setter, als man in die Ferien fuhr, also wurde Seamus auf dem Autodach in einer Kiste festgezurrt, oder genauer, die Kiste wurde festgezurrt, in der Seamus saß, während Koffer und Kinder im Wageninneren Platz fanden. Nun dauerte die Fahrt Stunde um Stunde und irgendwann schwächelte auch Seamus, so dass sich ein erst feines, dann unübersehbares braunes Rinnsal vor den panischen Augen der fünf Söhne übers Heck des schneeweißen Chevrolets ergoss. Der Vater hielt an der nächsten Tankstelle, verpasste Hund und Auto mit einem Wasserschlauch eine kalte Dusche und fuhr weiter.

Dieses eindringliche Bild des gebeutelten Hundes, der in seinem Käfig auf dem Autodach zitternd und elend dem harten Strahl eines großgewachsenen Mormonen ausgesetzt ist, eines Geschäftsmannes, der pragmatisch bis zur Herzlosigkeit seine persönlichen Interessen verfolgt, für den Sauberkeit über jedem Mitgefühl steht, dem das Weiß seines Wagens wichtiger ist als das Wohl seiner Schutzbefohlenen, dieses Bild war nicht mehr aus den Köpfen der Amerikaner zu bekommen und hat ihn das Präsidentenamt gekostet.

So blieb alles wie es war, der vergleichsweise schwarze Obama führte weiter seinen diskreten Drohnenkrieg und Iran wurde nicht bombardiert, dank Seamus. Er war es, der einen Weltkrieg, mindestens aber einen Präsidenten Romney verhindert hat. Hätte der Ehrgeizling auch nur im Traum daran gedacht, dass Seamus einmal die Krönung seiner Karriere boykottieren würde, er hätte sich nie einen Hund angeschafft. Das wäre auch besser für Seamus gewesen. So aber ist Seamus zum Helden geworden. Ihm sollte man in Teheran ein Denkmal setzen.

Bluno hat sie mitgebracht. Es passiert gelegentlich, dass er nicht allein nach Hause kommt, aber diesmal ist es irgendwie feierlicher. Eine possierliche Erscheinung ist diese Frau, die ihn da begleitet, eher fragil als resolut, aber mit geradezu schmerzhaft durchdringendem Blick. Blunos Begleiterscheinung heißt Elena. Sie hat eine Hundeallergie. Drama. 12. Juli

Wir müssen raus wie jeden Tag, aber heute schüttet es wie noch nie in diesem Sommer. Die ganze Nacht hat es vor dem Fenster gerauscht und doch ist der Regen weit weg, solange ich in unserem Bett liege. Er wird erst Realität, wenn sich die schwere alte Haustür öffnet und ich das nasse Pflaster und die gigantische Dusche sehe, der man nicht entkommen kann, denn die paar Balkone und die Hauseingänge, in die ich mich zu drücken versuche, retten mich nicht vor dem Wasser. Es regnet den ganzen Tag.

Seamus singt übrigens einen Song mit Pink Floyd. Aber es besteht lediglich Namensgleichheit zwischen zwei recht unterschiedlichen Charakteren, vermute ich. Denn als Seamus 1971 seinen Song aufnahm, teilte er das Apartment mit dem jungen Steve Marriott. Es ist unvorstellbar, ich würde sogar sagen, es ist ausgeschlossen, dass er sich die Haare gefärbt und zwölf Jahre später bei den Romneys gelebt haben soll. 16. Juli

Krieg in Schleswig-Holstein. Er dauert jetzt fast ein Jahrzehnt und wird erbarmungslos ausgetragen. Es ist der Krieg zwischen Fischern und Kormoranen. Beide sind vom Aussterben bedroht

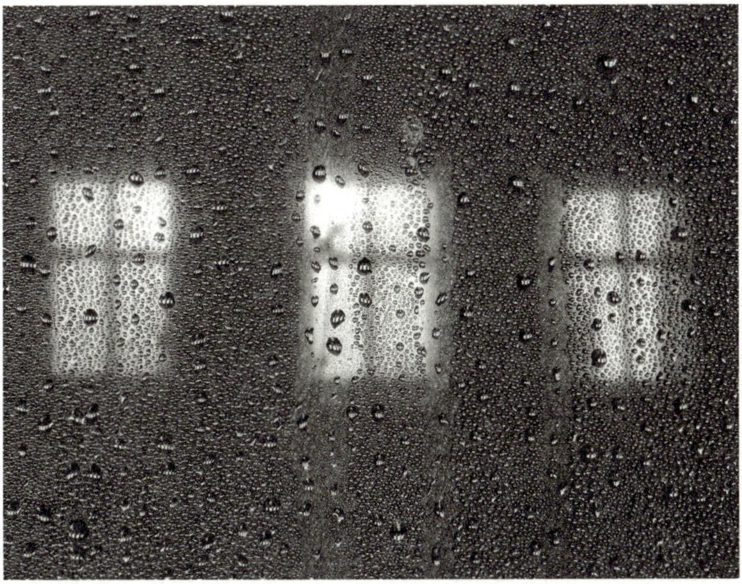

und kämpfen ums Überleben. Aber statt gegen die Menschen zu kämpfen, die ihren Lebensraum zerstören, kämpfen die Fischer gegen die Kormorane. Das ist einfacher. Den Kormoranen bleibt nichts, als so viele Fische wie möglich zu fressen, damit die Fischer kapitulieren. Das ist ihre einzige Waffe. Die Fischer ihrerseits schießen umso schärfer auf die Kormorane. Aber wehe, die Kormorane schießen irgendwann zurück.

Menschen denken immer, dass das, was die Natur hervorbringt, erst mal ihnen gehört. Was sie nicht brauchen können, dürfen sich die anderen dann teilen.

17. Juli

Sehr geehrter Herr Bluno,

nach meinen Feststellungen sollten Sie folgende Ordnungswidrigkeit begangen haben. Daher wurde ein Ordnungswidrigkeitsverfahren eingeleitet, um prüfen zu können, ob der nachstehende Sachverhalt zutrifft.

Sie haben einen Hund (Mischling, beigefarbenes Fell) vorsätzlich auf den als für Kinder unter 16 Jahren erlaubten Ballspielplatz mitgenommen.

Sie haben Gelegenheit, sich zu äußern, bevor ich entscheide, jedoch sind Sie nicht dazu verpflichtet.

Mit freundlichen Grüßen
im Auftrag, S.

Beigefarbenes Fell? Ich bevorzuge *Champagner.*

Wie könnte es anders sein, Bluno nimmt sich die Zeit, um unseren Fall zu schildern und liest mir auf dem Sofa ausgestreckt vor, was er geschrieben hat, nicht ohne uns vorher einen Snack bereitgestellt zu haben:

Sehr geehrte(r) Herr/Frau S.,

es erscheint mir nötig, dass ich vorab etwas zu Ihrem Anschreiben sage. Dort werde ich gefragt, ob ich zugebe, die Zuwiderhandlung vorsätzlich begangen zu haben.

Es geht, wie sie richtig feststellen, darum, dass ich einen Hund auf einen Bolzplatz mitgenommen habe. Sagen Sie mir, wie es möglich sein sollte, einen Bolzplatz „nicht-vorsätzlich" zu betreten? Selbstverständlich habe ich den Bolzplatz nicht versehentlich, sondern mit Vorsatz betreten.

Allerdings, das sei hinzugefügt, habe ich nicht vorsätzlich eine Ordnungswidrigkeit begangen. Ich habe den Platz nicht betreten, um das Gesetz und seine Hüter herauszufordern, sondern um einem Hund, von Autos ungefährdet, ein paar Runden Auslauf zu gönnen, wie sie sonst in der Stadt fast unmöglich sind.

Mir war auch nicht klar, dass hier §2 des Berliner Hundegesetzes zur Anwendung kommt, der Hunde auf Kinderspielplätzen verbietet. Ich wusste und ahnte zugegebenermaßen nicht, dass es sich bei einem Bolzplatz um einen Kinderspielplatz handelt. Und das schon allein deshalb nicht, weil dort fast täglich Menschen verschiedenster Altersgruppen einvernehmlich mit-, neben- und gegeneinander Fußball spielen, was auf einem Kinderspielplatz, der Kindern vorbehalten ist, in dieser Weise nicht möglich wäre.

Sie sehen, mein Unwissen, dass mich bekanntlich nicht vor Strafe schützt, trifft von Ihrer Seite auf wenig reflektierte, weil formelhafte Formular-Formulierungen, die mich ein wenig entmutigen und mir eine Stellungnahme zusätzlich schwer machen.

Vier Beamte für drei Luftsprünge eines Hundes auf einem leeren Bolzplatz. Was fällt einem dazu ein? Zwei nehmen vor Ort Personalien auf, lassen sie von einem dritten telefonisch prüfen, schreiben einen Bericht – „7.14 Uhr. Mischling. Beigefarbenes Fell" – und ein vierter setzt die Höhe eines Bußgelds unter Berücksichtigung erfolgter oder verweigerter Stellungnahmen des Ordnungswidrigen fest: Drängt sich da nicht der Verdacht auf, dass in Berlin nicht zu wenig, sondern zu viel Polizei unterwegs ist?

Ordnungshüter, das ist ein sinnvoller Beruf, solange die Ordnung Sinn macht. Wir wollen doch alle nicht, dass am Ende Bertolt Brecht recht behält, wenn er sinngemäß verkündet: Unordnung ist, wenn nichts am richtigen Ort ist. Ordnung ist, wenn am richtigen Ort nichts ist.

Sollten Sie gelegentlich einen Blick auf das Kinderspielplatzgesetz werfen, das es ja auch gibt, so finden Sie dort unter §10, Abs. 1 und 2 deutliche Worte zu den notwendigen hygienischen Bedingungen und ihrer regelmäßigen Prüfung. Schon weil es eine solche Prüfung offensichtlich nicht gibt, bin ich nicht der einzige, der davon ausging, dass es sich bei Bolzplätzen nicht um Kinderspielplätze handeln kann.

Aus amerikanischen Filmen, vor allem aus jenen Filmen, in denen Polizei vorkommt, ist er jedem bekannt – dieser seltsame Satz: *Alles was Sie sagen, kann und wird gegen Sie verwendet werden.* Das ist keine Belehrung, das ist eine Drohung. Vor allem, dass nichts für, sondern alles gegen einen verwendet werden wird, ist eine deutliche Aufforderung besser zu Schweigen. Kommunikation ist alles, heißt es, aber Reden ist Beamten lästig, denn es ist einfacher nur nach Paragraphen zu entscheiden, anstatt auf die Äußerungen der Menschen und die Wünsche von Hunden zu hören.

Natürlich hat es auch keinen Sinn, vernünftige Argumente vorzutragen, solange die Paragraphen über der Vernunft stehen.

```
Nicht dass Sie mich falsch interpretieren und gleich einen
Vermerk anbringen, der mich als Feind der freiheitlich demo-
kratischen Grundordnung brandmarkt: Ich möchte keineswegs die
Gesetzgebung grundsätzlich infrage stellen, aber ich freue mich
stets, wenn Paragraphen nicht zum Selbstzweck werden, sondern
das bleiben, was sie sein sollten - Orientierungshilfen, die
man im Ernstfall berücksichtigen muss.
  Einen Ernstfall allerdings sehe ich hier nirgends.
  Ich wünsche Ihnen eine angenehme Woche und verbleibe
  mit freundlichen Grüßen
```

Auch dieser Brief, ich ahne es, wird ein weiteres Beispiel dafür, dass Kommunikation selten zu etwas Gutem führt.

18. Juli

Bluno hat einen Flug nach Gran Canaria gebucht. Offenbar will er Urlaub machen mit dieser Frau. Das anfangs Theatrale bei ihrem Auftritt in unserer Wohnung und in den folgenden Telefonaten, hat sich inzwischen zu einem Theatralitarismus ausgewachsen. Hoffentlich nutzt Bluno den Urlaub, um ihr in mildem Klima freundlich, aber deutlich den Laufpass zu geben. Ist vielleicht weniger schmerzhaft für sie.

Aber wo bleibe ich, solange er weg ist? Ich hoffe nicht, dass ich bei Dakota Blossom Bullshit oder Odin geparkt werde.

Ich habe die Frau nicht mehr zu sehen bekommen seit vergangenem Donnerstag. Ihr Auftritt war aber auch unter aller Sau. Von dieser Unhöflichkeit musste ich mich erst mal ein paar Tage erholen. Bluno hatte sie offenbar überraschen wollen, indem er ihr von mir zuvor nichts erzählt hat. Und es schmeichelt natürlich meiner Eitelkeit, dass er davon ausgegangen war, dass ich ihr Herz im Sturm erobern würde, dass sie begeistert wäre von meiner Existenz, aber stattdessen markierte sie ihr vermeintliches Terrain, zog ihre Lefzen hoch, tat beleidigt. *Da wird der Hund in der Pfanne verrückt,* würde unser Nachbar sagen. Ich sah, dass Bluno auch bestürzt war über dieses Verhalten. Er musste erkennen, dass er sie falsch eingeschätzt hatte, dass er sich in ihr getäuscht hatte, dass sie nicht die Richtige für uns war.

Heute sitzt eine Taube im Hof. Sie sitzt ganz still und wartet auf den Tod. Mir ist sie nicht gleich aufgefallen, aber sie hat mich sofort gesehen, dessen bin ich mir sicher. Sie sieht mich an und rührt sich nicht. Fliegen kann sie nicht mehr, aber das ist nicht der Grund, warum sie sitzen bleibt. Sie hat keine Angst mehr vor mir, keine Angst mehr vor dem Leben, oder sollte ich sagen: keine Angst mehr ihr Leben zu verlieren. Vielleicht ist beides am Ende das Gleiche. Wer keine Angst hat vor dem Leben, der hat auch keine Angst vor dem Tod.

Die Taube weiß, dass die Stunden des Todes eine Energie verbreiten, die mir ein Gefühl abfordert, das ich in Ermangelung besserer Worte Respekt nennen möchte. Ich weiß, dass die Taube dort am Wiesenrand hockt, eine schöne Taube übrigens, aber ich sehe an ihr vorbei, versuche uns beiden das Gefühl zu vermitteln, ich hätte sie nicht bemerkt. Und doch wissen wir beide, dass das nicht stimmt. Es ist eine stille Übereinkunft. Ich gehe ihr, und damit dem Tod, aus dem Weg.

23. Juli

Hundstage, *dies caniculares*. Benannt nach dem *Großen Hund*. Die heißesten Tage, in denen alle zu faulen Hunden werden und gelegentlich eine vage Ahnung davon bekommen, wie schön ein Hundeleben sein kann.

Wir machen eine lange Runde. Bluno hat schlechte Laune. Ständig höre ich sein *Komm, Lauf, Hierher, Stopp,* welches ich irgendwann (das heißt bald) ignoriere. Er wird lauter, ärgerlicher, aber das wirkt nicht bei mir. So muss er mir nicht kommen. Schließlich wird sein Ton drohend und ich entschließe mich doch, aus den Büschen, hinter denen Bretter lagern, unter denen Mäuse wohnen, hervorzukommen. Ich stehe vor ihm, er hockt und hält mich an meinem Kollier. Versucht mir in die Augen zu sehen, um ein ernstes Wort, wie er es nennt, zu sprechen, aber ich schaffe es, meine Aufmerksamkeit auf eine Krähe zu lenken, die hinter ihm auf einem Zaun hockt und uns beobachtet. Ich sehe einfach rechts an ihm vorbei und lasse seine Worte an mir abgleiten. Schlimmer als sein Tonfall ist nur noch seine fahrige Körpersprache. Wo ich

ihn sonst lesen kann wie ein offenes Buch, offenbart er jetzt mit seinem ganzen Körper sein inneres Chaos.

Wenn Menschen wiederholt schlechte Laune haben oder gar depressiv sind, sollten sie eine Therapie machen. Die beste Therapie ist es, in die Küche zu gehen und für den Hund zu kochen. Und gern auch für sich selbst.

Zwei- oder dreimal in der Woche übe ich weiterhin das Jaulen. Mir ist dann sofort Blunos Aufmerksamkeit gewiss. Ich jaule inzwischen wie ein Gott.

Mittags beim Friseur. Nicht ich, sondern Bluno. Es sind drei junge Türken, die gemeinsam den kleinen Laden betreiben. Sie sind alle drei freundlich. Es ist eine Art Roulette, bei wem man landet. Zwei sind passable Friseure, der dritte allerdings ersetzt das Handwerk durch eine Show, die sich gewaschen hat. Heute hat Bluno Pech. Der dritte Friseur springt trällernd um ihn herum, lässt den Haarschneider wie einen Mähdrescher Blunos Nacken hinauffahren und Schneisen der Verwüstung hinterlassen, wirbelt die Schere, erwischt die Haarspitzen wie ein Kampfpilot beim Tieffliegerangriff, fackelt mit schwungvollen Gesten und einem silbernen Feuerzeug die Haare in den Ohren ab und sieht dabei die meiste Zeit aus dem Fenster. Während Bluno behandelt wird, liege ich unter einem Stuhl und sehe zu, wie die Haarbüschel zu Boden fallen und die Funken aus seinen Ohren stieben. Er zahlt dafür, dass ihm etwas weggenommen wird. Das mag seltsam klingen, aber es ist oft eine Erleichterung, wenn man um etwas erleichtert wird. Die meisten Menschen gehen aber zum Friseur, weil sie denken, sie sähen hinterher besser aus.

Am Ende fragt der Friseur, ob auch ich eine Sommerfrisur wünsche. Ich halte kurz die Luft an. Zum Glück habe ich längst eine.

25. Juli

Es ist heiß. Immer noch heiß. An solchen Tagen fühle ich mich am wohlsten, wenn ich unter den Herd oder unters Bett kriechen kann. Unter mir die kalten Fliesen oder der Holzboden, über mir der Schutz einer Höhle. Im Dämmerlicht den Tag verdämmern.

Wenn ich schon raus muss, dann an einen See. Man sollte es mit Baden nicht übertreiben, aber Abkühlung ist angemessen bei diesen Temperaturen. Ich scheuche die Enten vom Ufer auf. Sie springen ins Wasser im Glauben, dort vor mir sicher zu sein, aber ich springe hinterher und ich bin schneller als sie. Ich nähere mich Meter um Meter, sie paddeln aufgeregt davon, ich folge, sie schlagen einen Haken, soweit das im Wasser geht, ich schlage den gleichen Haken, jetzt ist es nur noch eine Frage von Zentimetern, bis ich sie packen kann. Sie schlagen schon panisch mit den Flügeln, aber anstatt sich in ihr Schicksal zu ergeben, erheben sie sich aus dem Wasser und fliegen einige Meter, um den alten Abstand wiederherzustellen. Ich lasse mich davon nicht beeindrucken und folge ihnen, irgendwann werden sie müde sein, werden kapitulieren müssen. Wieder starten sie, kurz bevor ich sie erreiche. Bald beschleicht mich der Verdacht, dass nicht ich sie jage, sondern dass sie ihr Spiel mit mir treiben. Das bringt mich erst recht in Rage. Ich schwimme, sie fliegen auf, ich folge, bis ich selbst müde werde. Längst, glaube ich, ist für die Enten aus ihrem Spiel eine bösartige Strategie geworden, sie wollen, dass ich ertrinke, wollen mich immer weiter hinaus locken, bis ich erschöpft bin und die Wellen auf immer über mir zusammenschlagen. Enten geben sich harmlos, aber all das ist nur Tarnung, in Wahrheit sind sie sinistere und verschlagene Geschöpfe. Ich hasse Enten.

27. Juli

Orange steht der Vollmond am Himmel. Hätte Lust ihn anzujaulen, weil er heute besonders schön ist und das Jaulen mir in den Augen der Menschen den Hauch der Wildnis verleiht. Menschen glauben nämlich bis heute, dass Wölfe bei Vollmond heulen, dabei interessiert Wölfe der Mond nicht die Schnuppe. Wenn sie heulen, und das tun sie oft, heißt das zumeist nichts anderes als *Es ist angerichtet* oder *Pfoten weg von den Giftpilzen* oder *Kommt rüber zur Lagebesprechung*. Und manchmal auch *Zieh Leine, das ist unser Vorgarten*. Dass ein Wolf dasitzt und den Mond ansieht und darin die Gottheit der Wölfe sieht und ihr zuruft *O wie groß und leuchtend und unendlich rund bist Du!*, das kann sich nur jemand ausdenken, der auch für sich selber einen Gott ausgedacht hat und Ähnliches zu ihm emporjault.

28. Juli

Auf den Hund gekommen, sagt jemand beim Bäcker. Was sind das für Redewendungen? Eigenwillig wie alle Rassismen: *Die Rechnung kommt mir spanisch vor, die ist bestimmt getürkt*. Und bei uns sagt

man immer noch, wenn einen was auf die Palme bringt: *me pones negro.* – Da möchte man manchmal heulen wie ein Schlosshund.

Ich dachte auch immer, es hieße, *sie haben mit ihren Plattenbauten 2.0 das Viertel verhundst,* oder: *Er hat das Bismarck-Denkmal mit dynamischen Farbbeutelwürfen verhundst.* Dabei heißt es offenbar: verhunzt. Aber was ist ein Hunz?

Manchem, was heute als hundsgemeiner Rassismus gilt, darf man aber getrost auch nachtrauern. Vorbei die Zeiten, als schwarze Kater *Negri* oder *Mohrle* hießen. Heute heißen sie wahrscheinlich *CoC* – für Cat of Colour.

31. Juli

Sehr geehrter Herr Dr. Bluno,

nach meinen Feststellungen haben Sie sich ordnungswidrig verhalten. Gemäß §17 Gesetzes über Ordnungswidrigkeiten – OwiG – setze ich gegen Sie die nachstehende Geldbuße fest. Ferner haben Sie die Kosten des Verfahrens zu tragen.

Geldbuße	50,00 €
Gebühren und Kosten des Verfahrens	25,00 €
Auslagen der Verwaltungsbehörde	3,50 €

Sie haben einen Hund fahrlässig auf den als für Kinder unter 16 Jahren erlaubten Ballspielplatz mitgenommen. Ihre Einlassung zum Sachverhalt konnte zu keiner anderen Beurteilung der Angelegenheit führen.

Mit freundlichen Grüßen

Im Auftrag, S.

Aus *Herr Bluno* ist nun *Herr Dr. Bluno* geworden und aus *vorsätzlichem* nun *fahrlässiges* Handeln. Sonst gibt es von Seiten der Behörde nichts weiter zu korrigieren. Was für eine Lehre kann man daraus ziehen?

Im Fernsehen eine Frau, eine Europaabgeordnete, die aussieht, als sei sie die Gattin eines Wurstwarengroßhändlers. Vom Blatt verliest sie eine Erklärung, die ihr offensichtlich jemand diktiert hat: Es gebe Wichtigeres als Tierschutz. Und zwar Menschenschutz.

Ihre Logik kommt in der Politik immer dann zum Tragen, wenn man etwas nicht will ohne sich zu trauen, offen dagegen zu sprechen. Man marginalisiert eine Forderung, indem man eine andere gegen sie ausspielt, die ebenfalls ihre Berechtigung hat. Selbst wenn die potenzielle oder tatsächliche Wurstwarengroßhändlergattin recht hätte mit ihrer Einschätzung, was ist das für eine Logik? Weil uns das Wichtige überfordert, kümmern wir uns auch nicht um das weniger Wichtige. Das heißt, wir kümmern uns um gar nichts mehr? Auf diese Weise versandet jeder Impuls in ordnungsgemäßer Sinnlosigkeit.

„Bei der Festlegung und Durchführung der Politik der Europäischen Union in den Bereichen Landwirtschaft, Fischerei, Verkehr,

Binnenmarkt, Forschung, technologische Entwicklung und Raumfahrt tragen die Union und die Mitgliedstaaten den Erfordernissen des Wohlergehens der Tiere als fühlende Wesen in vollem Umfang Rechnung; sie berücksichtigen hierbei die Rechts- und Verwaltungsvorschriften und die Gepflogenheiten der Mitgliedstaaten insbesondere in Bezug auf religiöse Riten, kulturelle Traditionen und das regionale Erbe.“

So steht es in Artikel 13 des Vertrags über die Arbeitsweise im vereinten Europa. Wenn ich das richtig verstehe, dann kümmert sich die EU tatsächlich um gar nichts. Das Wohlergehen der Tiere regeln die Vorschriften der einzelnen Mitgliedsstaaten und die berücksichtigen Riten und Traditionen und andere regionale Gewohnheiten. Wer will dem Franzosen da was verübeln, der Froschschenkel isst, dem Zyprioten, der Singvögel grillt, dem Spanier, der Stiere massakriert, dem Juden oder Moslem, der Schafe schächtet?

noch 31. Juli

Kleinere Recherchen haben ergeben, dass für das oben geschilderte Wurstwarengroßhändlergattinnenverhalten auch ein Fachausdruck existiert, denn mag dieses Verhalten auch einer intellektuellen und politischen Bankrotterklärung gleichkommen, so handelt es sich doch um eine Strategie, die sich Whataboutism nennt. Ablenkungsmanöver, würde man hierzulande sagen. Aus dem Mund der EU-Abgeordneten zugleich eine Killer-Phrase in jedem nur denkbaren Sinne des Wortes.

August

2\. August

Karl Friedrich Louis Dobermann aus Apolda in Thüringen hat es nicht weit gebracht. Nur zweieinhalb Kilometer bis Niederroßla, wo er als Abdecker und Steuereintreiber, als Nachtwächter und Hundefänger wirkte, was ihn offenbar auf die Idee brachte, eine neue Rasse nach seinen Vorstellungen zu züchten, die ihm sowohl beim Nachtwachen als auch beim Steuereintreiben Respekt verschaffte. Das klingt in meinen Ohren nach der Erschaffung eines lebendigen Gebrauchsgegenstandes. Wer bitte möchte mit so einem Produkt zusammenleben?

In Apolda gibt es natürlich ein Dobermann-Denkmal – drei Hunde, eine Hundefamilie, wie putzig. Soll das Produkt offenbar sympathisch machen. Aber solange es den Ausdruck *Gebrauchshund* gibt, braucht es auch keine Denkmäler.

5\. August

Sonntag am Schwielowsee. Das Wasser knietief und brühwarm. Zwischen dem Schilf Enten! Und Algen in denen ich mich suhle nach Schweinemanier. Alle, die mich nun sehen, lachen über mich. *Guck mal, ein grüner Hund!* Ich mag es überhaupt nicht, wenn über mich gelacht wird.

5\. Augst, nachts

Keine Ahnung, ob es das schwimmende Grün war oder etwas, das ich abends im Vorbeigehen im Park zu mir genommen habe, die Hinterlassenschaft eins Yunkees etwa, aber die Nacht ist seltsam. Schnurzpiepe und Erbsünde stehen tratschend und fröstelnd in den Rabatten, weil sie in Erwartung muschizentrierter Pastinakenliebhaber nur in Leggings unterwegs sind. Verkehr rauscht wie Brandung zwischen Drachenbaum und Papayagebirge, vor dem drei Hummer Bummerang spielen. Andere Fauna dümpelt in Kristallpalästen und ich gehe nicht vor die Tür, um Einhörner ficken zu sehen. Doch dann gibt es Käsesoufflé für neu-arme Kanaldeckelfetischisten, die ihre Kurtaxe nicht zahlen, also versuche ich doch noch nach draußen zu kommen, meine Beine aber versagen angesichts der sich immer weiter aufblähenden Gebirge, die nun aus Gruyère und Emmentaler bestehen und zu tanzen beginnen, weil Marcus Miller seinen Hut gegen Richard Bona in den Ring geworfen hat, der mit seinem Bass den Rhythmus vorgibt, einen Rhythmus, der mir als Duftwolke in die Nase steigt. Marcus Gruyère und Richard Emmentaler schlagen die Luftbrücke vom Mandingo zur Rattenbar, der Rattenchor steppt in der Präsidentensuite, doch vergeblich, denn unaufhaltsam sackt das Soufflé in sich zusammen, bis auch das letzte Bassgeflüster verstummt. Bewusstlosigkeit.

6\. August

Besser heute. Heute besser. Dennoch bevorzuge ich es auf dem Bett liegen zu bleiben, irgendwas klingt immer noch in meinem

Kopf, da hilft zur Ernüchterung nichts besser als eine Leichtathletik-EM. Was für ein Bohei und Tamtam um diese Sportevents. Milliarden für Stadien, Feuerwerk, Langeweile.

Es gibt freundliche Menschen, ohne Frage. Aber mal ehrlich, wie sie aussehen? Das ist doch einigermaßen seltsam. Spärlich und schütter behaart versuchen sie sich auf zwei Füßen fortzubewegen, während die Arme nutzlos durch die Gegend schlackern. Aufrechter Gang nennen sie das und sind auch noch stolz drauf, dabei wissen sie nicht mal selbst so genau, warum sie aufrecht gehen und welchen Sinn das haben soll. Täglich, stündlich, jederzeit ist für jeden ersichtlich, dass man auf vier Beinen sicherer und schneller unterwegs ist, aber sie veranstalten internationale Wettkämpfe mit viel Konfetti und Hymnen, bei denen sie sich beweisen wollen, dass sie Sportskanonen sind, doch in Wahrheit brauchen sie Konfetti und Hymnen, um davon abzulenken, dass jeder ordinäre Terrier so schnell läuft wie Usain Bolt zu seinen besten Zeiten. Klar, dass die Menschen nicht auf die Idee kommen, auch Hunde zu den Olympischen Spielen zuzulassen. Würden hier Greyhounds antreten – und damit meine ich nicht die Busse, die man nach ihnen benannt hat –, wären sie doppelt so schnell im Ziel wie diese zappelnd-hechelnden Zweibeiner mit ihren schmerzverzerrten Visagen.

Aber ich rede von Geschwindigkeit, dabei ist das nur eines der messbaren Indizien für unsere Überlegenheit. Wir können besser sehen, besser riechen, besser hören. Und wir riechen auch besser. Wir sind stolz auf unseren Geruch, sind mit ihm im Reinen, die meisten Menschen dagegen stinken. Das jedenfalls scheinen sie selbst von sich zu denken. Sonst müssten sie nicht ihren Duft von anderen leihen, bevorzugt von alten Männern, die Armani, Gaultier oder Hugo Boss heißen. Das sind Greise, Greise mit wohlklingenden Namen, aber dennoch Greise, manche von ihnen sind sogar schon scheintot oder tot. Das sind Vertreter einer ganzen Industriebranche – Jahresumsatz 22 Milliarden –, die Düfte abfüllt, mit denen sich die Menschen einsprühen, um sich selbst nicht mehr riechen zu müssen. Und die nennen sie dann rain shock obsession eternity euphoria scandal legend guilty narciso muse.

7. August, morgens

Ich mag nicht ganz objektiv sein, aber ich bin mir ziemlich sicher, dass bei einer speziesübergreifenden Meinungsumfrage Menschen schlecht abschneiden würden. Auch deshalb haben sie auf Erden die Macht an sich gerissen, um es zu einer solchen Meinungsumfrage gar nicht erst kommen zu lassen. Gleichzeitig faseln viele von ihnen natürlich von nichts lieber als von Demokratie. Aber was bedeutet Demokratie und sind Menschen überhaupt für Demokratie geeignet? Es sei nur erwähnt, dass die erste gewählte Regierungschefin der Welt 1960 ihr Amt antrat. Sirima Bandaranaike auf Ceylon. 1960: Das sagt schon alles. Monarchien waren in Sachen Frauenpower ihrer Zeit vergleichsweise weit voraus.

Doch abgesehen davon: Gibt es etwas Diskriminierenderes als von *Menschenrechten* zu reden? Das ist Apartheid in Reinkultur.

Wo kämen wir hin, wenn wir anfangen würden, Heuschreckenrechte zu debattieren und einzuklagen? Das tut keiner, nicht etwa, weil Heuschrecken keine Rechte haben sollten, sondern... ach was rede ich, ist eh alles für die Katz.

Ein Letztes muss aber schon gesagt werden, selbst wenn ein Blick auf den Menschen genügt, um diesen Tatbestand jedem zu verdeutlichen: Wir sehen besser aus. Und wenn ich *wir* sage, dann meine ich die überwältigende Mehrheit aller Hunde vom Chihuahua bis zum Bernhardiner, ja sogar Weimaraner. Ausnahmen, gut die gibt es, aber darüber möchte ich an dieser Stelle schweigen.

Im Unterschied zu Menschen, die ewig brauchen, um ihren Körper zu verhüllen, zu vermummen, zu verschleiern mit Hemden, Helmen und Höschen, mit Mützen, Mänteln und Manschetten, können wir nackt auf die Straße gehen, ohne uns zu schämen. Als Accessoire höchstens ein Collier auf dem Pelz. Menschen aber schämen sich ihrer Nacktheit, deshalb ist in ihrer Welt die Nacktheit auch antiken Göttern und Helden vorbehalten und das ist ganz gut so, denn wenn sich Menschen plötzlich für Götter oder Helden halten – das kommt vor – und dann nackt herumlaufen, ist das eigentlich immer ein beklagenswerter Anblick.

Zum Senioren-Meister der Wurstsemmeln. Ich laufe schon vor, damit ich für einige Momente ungestört bin, allein mit den Sem-

meln und Würsten, bevor Bluno dazukommt. Der Meister winkt und lacht zahnlos. Während ich die Wiese vor der Seniorenresidenz absuche, spricht Bluno mit ihm. Der Meister war Hausmeister, war noch im letzten Krieg als Kindersoldat, mit vierzehn. Wurde verletzt und die Verletzung schmerzt nun, nach dreiundsiebzig Jahren, mehr denn je. Immer wollte er allein leben, doch dann ist er in seiner Wohnung umgefallen, war stundenlang bewusstlos und musste umziehen, mit seiner ganzen Wohnung, in das eine Zimmer. Jetzt hat er drei Radios und drei Fernseher.

Falls einer kaputtgeht, sagt er.

Die halten lang, sagt Bluno. *Verschenken Sie doch wenigstens eine Garnitur.*

Der alte, blasse Meister wiegt den Kopf und lächelt trotz seiner Schmerzen.

Hmm, nnnnnein, sagt er.

P.S.: Wir sind nicht nackt, es sei denn, uns gehen die Haare aus. Das ist mir heute erst am Nachmittag klar geworden. Vielleicht schämen wir uns deshalb auch nicht. Und ja, wir können uns ganz ordentlich schämen, wenn es sein muss, denn anders als noch Leute wie Norbert Elias dachten, hat Scham nichts mit Zivilisation zu tun.

8. August

Noch so ein Produkt: Rhodesian Ridgeback. Gezüchtet als Wachhund der weißen Kolonialisten in Südafrika.

Fehlt eigentlich nur noch der Arian Fascho Blood Teckel.

Heute Weltkatzentag. Kein Wunder, dass manche Leute angesichts von Hunden, die das Image nie ganz los werden, aggressiv und zugleich devot zu sein (was ja auch bei Menschen oft Hand in Hand geht), die sich in der Gesellschaft von Rechtsradikalen wohl fühlen und treudoof ein *Herrchen* anhimmeln, egal wie schlecht sie von ihm behandelt werden, es ist kein Wunder, dass solche Leute, die sich für Individualisten halten, eher auf Rattenfänger stehen, die ihnen was von Anarchie vorschnurren.

Schon Hundehasser Tucholsky hat in die canophobe Kerbe gehauen, indem er schrieb, der Hund sei ein monomaner Kapitalist und unkritischer Mitläufer, *„er bewacht das Eigentum, das er nicht verwerten kann, um des Eigentums willen und behandelt das seines Herrn, als gebe es daneben nichts auf der Welt. Er ist auch treu um der Treue willen, ohne viel zu fragen, wem er eigentlich die Treue hält: eine Eigenschaft, die in manchen Ländern hoch geschätzt wird.“* Tucholsky, der ja als Katze schrieb, als Peter Panter, ist sich sicher, dass eine fortgeschrittene Zivilisation den Hund als barbarisch abschaffen wird. Möge er weiter in seiner Urne träumen.

9. August

Wenn Menschen so versessen auf Fremdgerüche sind, könnte ich einen einzigartigen Duft anbieten: Hundepfote. Ich würde ihn auf dem Markt nicht Hundepfote nennen, sondern PATA DE PERRO.

Jedem, der einmal an einer Hundepfote geschnuppert hat, ist er vertraut, es ist ein provokant anarchischer und zugleich erdig kerniger Duft, inspiriert von den magischen Momenten einer Vollmondnacht in den wilden Tälern der Cumbre, betörend, sanft, stark und zeitlos. Eine würzige Flagrance aus den Extrakten von Zeder und Bitterorange, Salbei und kanarischer Kiefer, ein Rausch zwischen Brandung und Vulkan.

10. August

Bluno gesteht mir, dass er nicht mit Elena nach Gran Canaria reist, sondern mit mir.

Esther und Leon zu Besuch. Er muss unbedingt auf meinem Platz rumkriechen. Absolut distanzlos und übergriffig. Wenn Hunde so langsam lernen würden sich zu benehmen, würde man sie im Wald aussetzen oder Schlimmeres. Und ich denke, genau davon träumen manche menschlichen Mütter heimlich, sie träumen davon, ihre Kinder im Wald auszusetzen, aber es gehört sich nicht, über diese Träume laut zu sprechen oder sie gar in die Tat umzusetzen, deshalb passiert sowas meistens nur im Märchen. Märchen sind dazu da, den Kindern klar zu machen, was möglich wäre, wenn die Erwachsenen hin und wieder einfach für ein paar Minuten vergessen würden, was sich gehört. Man kann sie als Warnung an die Kinder verstehen, dass der Zuckerguss der Zivilisation hauchdünn ist.

11. August

Gedrückte Stimmung. Er schaut mir nicht in die Augen, seine so gute Laune, die er vor vier Wochen hatte, ist endgültig verflogen. Will er mich zurückbringen? Das kann nicht sein Ernst sein. Es bleibt aber ein böser Verdacht, der an mir nagt und mich nicht schlafen lässt. Ich träume schlecht. Und ich fühle mich erstmals ausgeliefert, seitdem Bluno mich aus der Perrera befreit hat.

Santa Lucia, Gran Canaria, 14. August

Ich musste tatsächlich wieder in diese Kiste, in der ich vor drei Jahren hergekommen bin. Ab ins Gepäckfach und fünf Stunden in Lärm und Finsternis. Dann ein Rumpeln, als die Maschine aufsetzt und sechs Männer in albernen gelben Westen, die mit Leitern und Schläuchen hantieren und die Massen von Koffern, ohne deren Inhalt die Passagiere vom Oberdeck nicht überlebensfähig wären, auf Wagen wuchten. Schließlich holen sie mich in meiner Kiste. Immerhin ist Bluno da, als ich endlich auf dem Fließband als Sondergepäck in die Halle rolle. Ich habe mich, während ich da unten in der Vorhölle saß, bei dem Gedanken ertappt, dass er zu feige sein könnte, es mir ins Gesicht zu sagen: Es ist aus. Ich dachte einen Moment, er hätte mich abgeschoben ohne Adios zu sagen. Aber dann war er da. Hat mich umarmt und ich war so froh, dass ich nicht wusste, was ich zuerst tun sollte. Zwischen den Gepäckbändern durch die Halle rennen, ihm auf den Arm springen oder ihn in die Nase zwicken. Wir sind in ein Taxi gestiegen und Bluno hat das Fenster geöffnet. Wir beide haben die Nase in den Wind gehalten. Ich etwas weiter nach draußen als er. In Berlin ist es heiß oder kalt, aber Luft scheint etwas Immaterielles. Hier dagegen ist Luft Substanz, sie ist schwer, fast körperhaft und ich möchte mir die Lungen mit dieser Substanz füllen.

Die Taxifahrerin ermahnt mich aber sofort. Man darf seine Nase nicht zu weit herausstrecken. Die Polizei ist überall und eine zu weit vorgestreckte Nase kostet fünfzig Euro, sagt sie. Da fällt es mir wieder ein, dieses Verhältnis zur Polizei, das sie hier haben. Sie drohen gern mit ihr, rufen nach ihr, wie kleine Kinder nach dem großen Bruder, und fürchten sie zugleich. Ich glaube, das ist eine Hinterlassenschaft des Faschismus, der den Leuten noch in den Knochen steckt. Vor allem die Guardia Civil wirkt wie eine Armee, die gegen das eigene Volk im Einsatz ist. Was soll man auch von einer Polizei erwarten, die 43 Jahre nach Francos Tod immer noch das Rutenbündel mit Axt, Fascis genannt, im Wappen trägt.

Die Leute, bei denen wir aufwuchsen, sprachen nicht über die Vergangenheit. Und auch das Fernsehen sprach nicht davon. Vergangenheitsbewältigung durch Vergessen war die Idee. Bestenfalls zuckten die Leute, bei denen wir aufwuchsen, die Schultern: Ob Franco gut oder schlecht war? *No lo se.* Ich erinnere mich noch, wie mal ein Gast von Pressefreiheit sprach, die es nicht gab zu jener Zeit. Gelächter war die Antwort. *Pressefreiheit? Hier gab es ja nicht mal Presse. Wir hatten gar kein Geld, um eine Zeitung zu kaufen. Wir brauchten das wenige Papier, das es gab, um uns den Arsch abzuwischen.*

Ich fühle mich beobachtet. Von Menschen und Hunden gleichermaßen. Jetzt sind wir in einem Haus in den Bergen. Er und ich allein. Vielleicht möchte er mir wirklich nur meine Heimat zeigen. Wobei meine Heimat längst Berlin heißt.

Schönes Fischsuppe-Essen.

15. August

Langer Spaziergang über El Sitio de Arriba nach El Sitio Abajo vorbei an der Presa de la Sorrueda und der Fortaleza. Hier sollen sich die letzten Ureinwohner verschanzt haben, um sich vor den spanischen Invasoren zu schützen. Mir erscheint der Ort plötzlich symbolisch. Soll ich mich hier verkriechen, soll ich hier meine kanarischen Wurzeln wiederentdecken?

Wir sind uns so nah wie selten. Beide sind wir erschöpft von der Tour, er massiert mir sanft den Nacken und beruhigt mich, wenn ein leichtes Zucken meinen Körper durchfährt. Ich schlafe in seinem Arm.

Wir verstehen uns wortlos. Das ist gut. *En boca cerrada no entran moscas.* Wobei ich nichts gegen Fliegen habe. Lediglich die gut getarnten Heuschrecken irritieren mich, wenn sie plötzlich aufspringen.

Bluno geht einen Mietwagen holen.

16. August

Die Geräusche des Abends verklangen wie die Stimmen der Hunde, und bis zum frühen Morgen war eine große Stille über dem Tal. Dann höre ich von weitem einen Poeten rufen, der langsam näherkommt. *Lao Tse ahoi!*, ruft er und ermahnt seine Mitgeschöpfe aufzuwachen und sich an den chinesischen Dichter zu erinnern, der so gute Ratschläge gab wie „*Schaue jeden Tag zehn Minuten ins Meer*“. Nicht aufs Meer, sondern ins Meer. Dazu braucht es natürlich zunächst mal ein Meer, in das man schauen kann. Aber von Santa Lucia aus ist ein Blick ins Meer leicht. Der Poet kommt näher und seine melodische Stimme ruft es in alle Gassen: *Lao Tse ahoi!* Langsam kommt Leben in den Ort und erste Hunde machen sich bemerkbar. *Lao Tse ahoi!* Dann ist der Rufer vor unserem Haus und seine Worte dringen durch die geschlossenen Holzläden ins Dunkel unseres Schlafzimmers: *La Once para hoy!*

Autofahrt nach Süden. Ich denke nach, wie die Welt voller Missverständnisse ist, wie schnell aus einem Poeten ein Losverkäufer werden kann und halte dabei meine Nase in den Wind. Ich denke auch über Bluno nach, der Lao Tse nur bedingt zustimmen würde. *Erst wenn Du den Blick aus dem Meer nach oben in die Wolken richtest,* würde er sagen, *bist Du befreit vom Alltäglichen.* Wir parken auf einem staubigen Vorplatz der mir bekannt vorkommt. Woher, kann ich zunächst nicht sagen, denn von den sieben Palmen,

die hier einmal standen, um unter ihren Blättern die Nachmittage verdösen zu können, standen nur noch zwei. Bäume absägen ist eines der Hobbys der Spanier. Bluno fordert mich auf auszusteigen und wir gehen durch ein offenes Tor. Eigenartig, Erinnerungen wie Mehrfachbelichtungen, aus denen Teile auf einmal plastisch hervortreten, andere diffus vermischt sind, so dass sich nicht wirklich etwas erkennen lässt. Nein, denke ich. Das ist tatsächlich der Ort, an dem ich geboren wurde. Wen hat Bluno bestochen, um die Adresse herauszufinden? Das werde ich wohl nie erfahren. Die Tür springt auf und zwei meiner Brüder, Teneriffa und Gomera, stürmen auf mich zu. Sie hatten noch nie besondere Umgangsformen, aber was sie sich jetzt leisten, ist geradezu empörend. Ein Gerempel und Gekeife als wäre ich ein Fremder, der sie aus ihrem Haus vertreiben will. Und auf der Treppe, in sicherer Distanz mit Schnappatmung meine schwangere Schwester Palma. Das riecht förmlich nach Inzest.

Es wundert mich wenig, dass Lanza, der einzig ausstehliche der Sippschaft, der überlebt hat, oder anders gesagt: der noch lebte, als ich die Insel verließ, nicht dabei ist. Er hat offenbar, wie ich, das Elternhaus verlassen, hat Land gewonnen, hat das Weite gesucht. An ihn denke ich gern zurück. Er sah aus wie unsere Mutter, nur als schwarze Version. Kurze Beine, die ihn eher hoppeln ließen, nichts bei ihm von meiner Eleganz, die ich an den Tag lege, wenn ich in Trab und Galopp verfalle, aber ein liebenswerter Kerl, mit dem ich gern Teller und Bett geteilt habe. Und bei den Damen beliebt. Nicht besonders helle – es war eine Freude, ihn damit aufzuziehen er habe als Erstgeborener etwas zu lang im Geburtskanal gesteckt –, aber ein Womanizer der besonderen Art.

Deine Kusine ist ein Highland Havaneser, Dein Großonkel ein Bologneser Malteser und Du bist tollpatschig ins tiefschwarze Tintenfass gefallen, pflegte ich zu ihm zu sagen. *Meine anmutige Großmutter sieht dagegen aus, als sei sie einem altägyptischen Relief entsprungen, ihr ebenbürtig nur der Pharao, der an ihrer Seite dahinwandeln darf.* Das ist selbstverständlich alles Humbug und Mumpitz, aber phantasieren muss erlaubt sein. Wir kannten tatsächlich weder Kusinen noch Großmütter noch Onkel, und da wir Zwillinge waren, hatten wir natürlich die gleichen Ahnen, das ist Lanza aber nicht so schnell klar geworden und wenn es ihm dann einfiel, dann flüsterte ich ihm ins Ohr: *Bist Du sicher? Können Gene wirklich so ungleich verteilt sein?*

Nach Einbruch der Dunkelheit, wenn die Dinge ihre Konturen verlieren, wollte er nicht mehr auf die Straße. Jedes Geräusch und jeder Schatten erschienen ihm dann wie bedrohlicher Spuk und er konnte panisch werden und kopflos davonrennen, nur weg vom Flügelschlag des gigantischen Raubvogels, der sich auf ihn stürzen wollte. Der war nichts als ein Palmenblatt oder ein Sonnenschirm im Wind, aber um das zu erkennen, war Lanza nicht geschaffen. Ich hoffe, dass er es gut getroffen hat, aber etwas Besseres als den Tod findest du überall. Und mit diesen Kreaturen zusammenleben zu müssen, die mir da entgegenstürmen, das ist tödlich – wenigstens für Geist und Seele.

Die Szene auf dem Hof – Familienzusammenführung giftigster Art. Wie gut kann ich solche Eskapaden entbehren. Meine Idee war das nicht und das sage ich ihnen auch. Wenn es nach mir gegangen wäre, hätte ich nie wieder eine Pfote auf diesen Grund gesetzt. Es beleidigt sie offenbar noch mehr, dass ich ihnen sage,

ich könne auf dieses Territorium gut verzichten, ich lebe weit weg in einer besseren Welt, feudaler, bequemer, ruhiger und dennoch ohne dieses Besitzstandsdenken, das sie zu engstirnigen Provinzlern macht. Hier gibt es nichts, das es wert wäre, so aggressiv verteidigt zu werden, und erst recht nichts, das es wert wäre, mich in einen dieser Kretins zu verbeißen. Wir haben uns gänzlich entfremdet, das merkt auch Bluno, der sich das Gezeter eine Weile ansieht, mit der jungen Frau, die an die Tür kommt, ein paar Worte wechselt und dann zurück zum Wagen geht. Vernünftig, denke ich und folge ihm, hier hält mich nichts. Ich habe mir mit meinen Geschwistern nichts zu sagen, oder genauer gesagt: Es gibt nur einen Fundus weiterer Gemeinheiten, die wir uns an den Kopf werfen könnten.

Ich folge Bluno und er öffnet mir die Tür. Wir sitzen schweigend im Auto und starren durch die Windschutzscheibe, die Tiraden, geifernd vorgetragen von der eigenen Familie, die am Tor ausharrt, dringen nun gedämpft zu uns. Bluno wirkt niedergeschlagen, ratlos.

Wir fahren ans Meer. Erinnerungen an ausgelassene Ballspiele. Der Ball fliegt, ich fliege hinterher, er rollt über den festen feuchten Sand, ich packe ihn im Lauf, drehe ab Richtung Wasser, tauche ein in die Wellen, den Ball zwischen den Zähnen, erreiche wieder den glühenden Strand, lasse den Ball fallen und warte auf den nächsten Wurf, der mich durch die Luft, das Wasser und die Hitze führen wird. Ein Spiel, das schöner ist als jedes andere Spiel. Doch Bluno weiß nichts davon, ich sehe ihn an, aber er hat nicht mal einen Ball bei sich, sondern macht nur ein Foto von unseren Schatten, zu mehr ist er nicht in der Lage. Er wirkt verloren.

Selten, dass er über seine Familie spricht. Einen Großvater in New York hat er mal erwähnt, der auch die Gene für ein Hundeleben schon in sich trug, aber sonst weiß ich nichts über seine Abstammung, seinen Stammbaum oder die Wurfzahl seiner Mutter. Jener Großvater aber scheint mir darauf hinzudeuten, dass Bluno nicht ganz reinrassig ist, weshalb es auch keinen Sinn hätte, ihn einem Zuchtwart vorzuführen. Immerhin ist er beim VDM, dem Verein Deutscher Menschen, registriert, der umgangssprachlich Einwohnermeldeamt heißt.

Wieder in Santa Lucia telefoniert Bluno im Nebenzimmer mit Elena. Ich verstehe nicht, was er ihr sagt, aber es klingt zuversichtlich, was ein schlechtes Zeichen ist. Je mehr Zuversicht er Elena vermittelt, desto mehr werde ich das Nachsehen haben. Wobei Nachsehen für das, was mir auf dieser Insel ohne Bluno bevorsteht, ein Euphemismus ist, der sich gewaschen hat.

Nachts trommelt Regen auf das Asbestdach im Patio, mal lauter, mal leiser. Immer wenn ich denke, es ist vorbei, kommt ein neuer Schwung. Das wohlige Prasseln steigert sich zu einem Lärm, der mich beunruhigt. Man kann sich nie sicher sein, ob so ein Dach hält. Das Wasser läuft die Wände herunter, steht in den Zimmern. Wenn ich eins nicht leiden kann, dann ist es, nach dem Aufstehen durch einen Tümpel waten zu müssen.

Es gibt Leute, die Atlantis im Atlantik verorten.

17. August

Vor dem Haus ein Wildbach, im gestern noch trockenen Barranco reißende Strömung, die die Erde und alles, was sich auf ihr befindet, hinunter ins Meer schwemmt. Auch das wäre ein Endzeitszenario. Während der Meeresspiegel steigt, fallen zugleich Regenmassen, endlos. Mal etwas mehr, mal etwas weniger, so dass die Menschen in ihren Häusern, die langsam unterspült werden, für Minuten Hoffnung schöpfen, bevor es mit noch größerer Wucht weitergeht, bis sie schließlich mitgerissen werden samt ihrer Häuser, Autos, Couchgarnituren. Das Land löst sich auf, verschwindet im Meer, bis alles von Wasser bedeckt ist. Der blaue Planet ist nun überall blau. Es herrscht Stille und kein Geist schwebt mehr über den Wassern.

Meint Bluno immer noch, er könne mich hierlassen? Auf Gran Canaria? Bei meiner Familie? Wo ihm selbst Familientreffen ein Gräuel sind? Ich mag es noch nicht glauben, aber ich habe den Verdacht, dass er für mich keinen Rückflug gebucht hat.

Als mir das klar wird, fühle ich mich wie an jenem Tag vor zwei Sommern, als ich durch den Tiergarten rannte, eine Wiese hinunter und plötzlich die Wiese unter mir nachgab und ich versank, unterging in einer grasgrünen Fläche, die ich für eine Wiese gehalten hatte, die aber tatsächlich ein Wasserspiegel war, auf dem, zu einem dichten Teppich geschlossen, Entengrütze schwamm, dieses tückische Kraut, das nach den bösartigen

Vögeln benannt ist. Der vermeintlich feste Grund verwandelte sich in einer Sekunde in bodenlose Kälte, in die ich stürzte. Ich rettete mich an Land, Bluno war da und zog mich heraus. Zwei Tage später hatte ich einen Husten, der so bellend war, wie ich noch nie zuvor gebellt hatte.

Auch heute habe ich dieses Entengrützengefühl von Abgrund und Fieber, weiß aber diesmal nicht, ob Bluno mich retten wird.

18. August

Hierzulande haben Menschen die Angewohnheit, transparente und gefüllte Wasserkanister an Hausecken und Eingängen zu placieren. Sie dienen der Abwehr von Hunden. Was andern die Hand der Fatima, ein Drudenfuß oder ein Nazar-Amulett gegen böse Kräfte, das sind den Canarios die Wasserkanister, die, weder dekorativ noch effizient, mancherorts das Straßenbild prägen.

Ich denke, dass ich wehleidig bin. Auch wenn meine Pfote oder mein Schwanz noch gar nicht in der Autotür eingeklemmt sind, ruhig schon mal losheulen. Aber ich habe schnell begriffen, dass es in dieser Welt besser ist zu früh zu jaulen als zu spät.

Und dieses Wissen muss sich auch in existenzielleren Situationen bewähren. Ich werde es nicht zulassen, dass Bluno mich hierlässt, wo sich mein Bild in der Verbrecherkartei befindet und wo meine missgünstige Familie mich vom Hof jagt. Langsam dämmert mir, dass ich meine Jugendzeit hier verklärt habe. Gran Canaria ist nicht die Insel der Hunde, sondern Gran Canaria ist nur ein Name, den die Menschen dieser Insel gegeben haben, die vielleicht einmal eine Insel der Hunde gewesen ist. Sie haben auch die Hauptstadt Las Palmas genannt und dann die Palmen als erstes abgeholzt.

Hier haben Hunde Gaststättenverbot und Leinenzwang und ungestüme Podencos, die zum Rennen und Schlafen geboren sind wie ich, werden als Wachhunde angekettet und eingepfercht und zu einem Job verdammt, den sie eher kläglich erfüllen, denn sie träumen lieber davon, dass der Fremde, der sich nähert, ihnen die Freiheit schenken könnte, als dass sie Lärm schlagen.

Vielleicht ist Gran Canaria auch gar nicht Gran. Denn hier ist so vieles Gran, dass man seine Zweifel bekommen könnte. Ich sehe ein Gran Teatro, ein Gran Café, eine Gran Terraza. Selbst die Haltestelle ist eine Gran Parada und die Mayonnaise eine Gran Mayonesa.

Kaum zurück in Santa Lucia ruft René an. Er kommt gerade aus einem Reitstall irgendwo in Berlins Süden und klagt Bluno sein Leid. Ich dachte gerade noch, ich sei ein Hypochonder, aber verglichen mit René bin ich spartanischer Stoiker oder stoischer Spartaner, falls es sowas geben sollte. Bluno hat das Telefon auf Freisprechmodus (!) gestellt, wie er es immer tut, wenn René anruft, um nebenbei den Tisch zu decken oder Schuhe zu putzen, kurz, um etwas Sinnvolles tun zu können. Heute allerdings legt

er sich nur zu mir aufs Bett und placiert Renés Stimme auf dem Nachttisch.

Diese Sinusitis und Trigeminusneuralgie machen ihn fertig, jammert René, und sein Bett war zu weich, Folter pur, jetzt hat er eine neue Matratze und kann gar nicht mehr schlafen, weil sie nun riecht und zu hart ist, der Rücken, oh je, wie ein Greis und der Betablocker gegen den Blutdruck, der ins Unmessbare steigt, sobald er seine Cholesterinmedikamente reduziert, führt sofort zu Asthmaanfällen, die ihn noch ins Grab bringen werden und das, wo doch die Allergiesaison eigentlich vorbei sein sollte und er im Sommer sonst seltener Migräne hat, nicht aber dieses Jahr, so dass er schon darüber nachdenkt, ob bei ihm nicht einen Tumor im Kleinhirnbrückenwinkel sitzt oder sich wenigstens eine Multiple Sklerose ankündigt, die ihm aufgrund der fatalen Symptome untrüglich auch alle seriösen Seiten im Internet diagnostizieren.

Nicht mal aus Höflichkeit die Frage, wie es uns geht, wo wir sind, was uns beschäftigt. Das liegt ganz sicher daran, dass er sonst vor Fernsehkameras sitzt und spricht und auch von den Fernsehkameras keine Antworten erwartet. Vielleicht war es sein Beruf, der ihn dialogunfähig gemacht hat, vielleicht war er aber auch bereits zuvor dialogunfähig und ist deshalb zum Fernsehen gegangen, wo er seither in der Sparte *Land des Lächelns* tätig ist.

19. August

Das Denkmal der Hunde vor der Kathedrale in Las Palmas gibt es wirklich, aber zu viel mehr reicht es nicht. Acht Hunde, die auf die graubraune Fassade dieser durch und durch hässlichen Kirche schauen. Ich kann das sagen, weil Bluno mich reingeschmuggelt hat. Nein, man soll fair bleiben: Innen ist sie etwas hübscher als von außen.

Aber Las Palmas ist wenigstens eine *Stadt,* eine Stadt mit tausend Gerüchen.

Wir sitzen auf der Terrasse des Hotels Santa Catalina, dem es immer noch gelingt, mondänes Flair zu verbreiten. Hier saßen immerhin auch Leute wie Gregory Peck, Maria Callas oder Agatha Christie. Während ich die Auffahrt beobachte, denke ich mir Schimpfworte für meine Familie aus. Affenpinscher, Dachsbracke, und für meine blasierte Schwester: Bichon Frisé.

Ich habe plötzlich den Gedanken, dass die Niedertracht meiner fiesen Verwandtschaft meine Rettung sein könnte. Bluno kann mich einfach nicht hierlassen. Er kann mich dieser Meute nicht ausliefern.

Besuch noch einer Kirche. Deutlich gelungener, aber auch hier wieder: kalt und ungemütlich für meinen Geschmack. Menschen mögen es kühl, vor allem in heißen Regionen. Deshalb sind sie auch so gläubig im Süden, weil über Jahrhunderte die Kirchen die angenehmsten Orte waren. Da ging man hin, wenn einem zu heiß war. Mit der Erfindung der Klimaanlage hat sich das geändert. Die Klimaanlage ist der größte Feind des Christentums.

Der Pfarrer stürzt auf uns zu und wirft mich raus. Ein Hund darf nicht in die Kirche. Dass Hunde auch Kreaturen Gottes sind, spielt keine Rolle. Kirchen sind in dieser Hinsicht wie Supermärkte. Da lässt man mich auch nicht rein. Und wenn ich beobachte, mit welcher Inbrunst Bluno, manchmal mehrmals am Tag, in den Supermarkt geht, kann ich daraus nur den Schluss ziehen, dass der Supermarkt bei ihm eine vergleichbare seelische Stimulanz erzeugen muss wie bei anderen Leuten der Besuch eines Gotteshauses.

Tiere, so lehrt es das Christentum, sind zwar Kreaturen Gottes, aber Gott hat sie als seelenlose Gebrauchsgegenstände geschaffen. – Es ist aber aus Primatenperspektive auch schwer vorstellbar, dass jeder Lurch eine eigene Seele besitzen soll! Das Paradies als VIP-Lounge für den Homo Sapiens. Das wird sich mancher gute Christ so vorstellen, der das Paradies nicht mit Kakerlakenseelen teilen möchte.

Es ist natürlich auch die katholische Kirche, die in diesem Geiste den Stierkampf feiert. Auf Gran Canaria ist er verboten. Immerhin. Er ist für manchen, vor allem manchen katholischen Spanier, als *Kulturleistung* eine Art Hochzeit zwischen Torero und Muleta, seinem roten Tuch, ein gemeinsamer Tanz der Verführung und des Sieges über die animalischen Triebe, die dabei der Stier verkörpern darf. So wird der Stierkampf zum lebendigen Bild wahrer Liebe, der zelebrierte Triumph über die Bestialität, denn der Mensch muss das Tierische in sich töten, um die Menschlichkeit freizusetzen. Kultur siegt über Natur, Liebe über Begierde. Ist das Animalische erst einmal unterworfen, kann die Ehe als Kulturleistung vollzogen werden. Doch sind die stolzierenden Rokoko-Püppchen, die dem Stier den Todesstoß versetzen, tatsächlich Personifikationen der Menschlichkeit? Und ist Menschlichkeit nicht nur ein anderes Wort

für Grausamkeit? Und gibt es für das, was da passiert, überhaupt Worte?

Menschen schaffen gern Kultur, so sind sie nun mal. Man sollte sie ruhig machen lassen. Kultur ist aus der Perspektive der Natur eine willkommene Ablenkung von größeren Übeln, die der Mensch im Sinn hat, solange nicht alles zur Kultur erklärt wird. Dazu wiederum neigen die Menschen, sonst gäbe es keine Kochkunst und keine Kriegskunst, keine Unternehmenskultur und keine Kulturbeutel, nicht ständig wäre von Betriebsethik die Rede und nicht jedes Möbelhaus und jede Autowerkstatt bräuchten eine Firmenphilosophie.

Leider haben Christen hinsichtlich Abtötung von Trieben etwas Wesentliches nicht begriffen, denn Kulturleistungen, die diesen Namen verdienen, basieren auf der *Sublimierung* von Trieben, nicht auf deren Abtötung. Es ist also wünschenswert (vorausgesetzt natürlich man will Kultur schaffen), auch Triebe zu besitzen, damit man überhaupt irgendetwas hat, das sich sublimieren lässt. Der Versuch, sie abzutöten, scheint allemal kontraproduktiv und führt nicht nur zum Verlust der Instinkte *und* der Kultur, sondern auch zu maßloser Brutalität, zu Phänomenen wie Jagd und Tierversuch, Massentierhaltung und Folter. Da ist es nur ein schwacher Trost, dass sich die Menschen untereinander genauso *menschlich* verhalten.

Es gab Zeiten, da drapierten sie sogar gegenseitig ihre Köpfe, wie das heute perverse Jäger tun, die ihre Salons mit Hirsch-Skalps auf *Gehörnbrettchen Eiche geschnitzt* dekorieren.

Und dennoch: Jedem bigotten Moralscheißer, der seinen Hamburger oder seinen Shrimps-Cocktail mümmelt, sei das Erste Buch Mose zur genauen Lektüre empfohlen. Dort hat Gott für den Menschen eine klare Ansage parat: *„Seid fruchtbar und meh-*

ret euch und füllet die Erde und machet sie euch untertan und herrschet über die Fische im Meer und die Vögel des Himmels, über das Vieh und alle Tiere, die auf der Erde sich regen."

Man kann davon halten, was man will, aber es ist nicht davon die Rede, dass der Mensch diese Untertanen aufessen soll. Stattdessen sagt Gott sehr deutlich, was es zu essen gibt: „*Siehe, ich gebe euch alles Kraut, das Samen trägt, auf der ganzen Erde, und alle Bäume, an denen samenhaltige Früchte sind; das soll eure Speise sein.*"

Mag es Gott selbst auch roh und blutig lieben, die Menschen wünscht er sich als Vegetarier.

Wieder in Santa Lucia – Santa Lucia, das ist die Heilige, die ihre Augen auf einem Tablett vor sich herträgt, nur soviel zur grausamen Phantasie der Katholiken – werfe ich einen hungrigen Blick in die Küchenschränke. Chlorflaschen und eine Batterie von Giftsprays ist alles, was ich finde. Familiendosen *Kill Paff, Casa Jardìn* mit Rosenduft, *Loción ZZ* und *Oro Matón*. Man ist gerüstet im Kampf gegen die Welt der Insekten und bereit, damit notfalls auch sich selbst zu vergiften, Hauptsache, die Ameisen und Raupen, Käfer und Spinnen bleiben ebenfalls auf der Strecke.

Die Menschen schaffen es, jeden Tag ein paar Arten auf unserem Planeten auszurotten. Irgendwann werden sie ziemlich allein sein mit penetranten Viren und resistenten Insekten. Die Lebensräume aller anderen werden zerstört sein und die Steaks, die sie sich in die Pfanne hauen, sind Kunstfleisch aus dem Labor. Vielleicht steht es tatsächlich bevor, das Zeitalter der Wüste und der Leere, das Eremozoikum. Ein Zeitalter der Stille wird es nicht sein, denn bis dahin wird sich die Menschheit verdoppelt oder verdreifacht haben, und die Welt wird noch voller sein mit Kommunikation und Dialog, mit Gebrabbel und Gequatsche.

Die Insektenvernichterindustrie wird weiter florieren. Die goldenen Killer werden weiterhin zum Einsatz kommen, wenn über dem Mittagstisch eine einsame Fliege ihre Kreise zieht. Menschen sind Gewohnheitstiere, und wenn heute allein jeder der 45 Millionen Spanier von diesem schnell wirkenden Gift eine Dose im Jahr braucht, wird sich das auch in Zukunft nicht ändern. Vielleicht verläuft die Grenze zwischen der zivilisierten Welt und dem Reich des Bösen in Spanien tatsächlich unmittelbarer als sonstwo in Europa. Hier die sterilisierte Eigenheimidylle und gleich nebenan die Müllkippe, auf der räudige Katzen zwischen verrosteten Waschmaschinenkadavern hausen. So wird es irgendwann überall aussehen. Drinnen aseptische Reinheit, draußen Wüste. Ist die Müllkippe nicht teurer Baugrund, gibt es schon heute keine Veranlassung, den Dreck zu beseitigen, aber immer Grund genug, die Katzen mit Steinen zu bewerfen und sich zugleich über die Ratten zu entrüsten.

Man erzählt sich, dass die Chicos und Chicas statt Klebstoff auch gern mal Insektenspray schnüffeln. Schließlich sind sie am heimischen Küchentisch von klein auf Mitschnüffler gewesen. Die Wirkung auf Insekten ist milliardenfach erprobt, aber wie wirkt so ein *Kill Paff* auf den Menschen? Vielleicht umnebelt er nicht nur das Hirn, sondern vergiftet ganz unbemerkt auch die Seele.

Hunde, wollt ihr ewig leben? – Ja, vielleicht, aber sicher nicht so.

Tröstlich immerhin: Auf Gran Canaria sind Döner angekommen. *La alternativa sana en comida rapida.* Besser hätte ich es nicht sagen können.

„Ach was, stellt ihr euch nicht so an. Es wird schon weitergehen. Ohren steifhalten."

„Das sind doch Phrasen. Wir wollen eine richtige Antwort: Wie wird es weitergehen?"

(Hunde, wollt ihr ewig leben – demnächst in diesem Theater.)

20. August

Rückflug. Ich bin dabei! Mit Vergnügen steige ich diesmal in die enge Kiste.

Nach der Landung warten auf Bluno an der Sperrgepäckausgabe. Dabei lese ich, noch etwas benommen vom Flug einen Anschlag: *Suspect luggage will be destroyed. – Unbeaufsichtigtes Gepäck wird zerstört.* Ich bin unbeaufsichtigt, weiß aber nicht, ob ich als Hund nun Lebewesen oder Gepäckstück bin.

Weit mehr als diese Frage verstört mich aber die Übersetzung: *Suspect* bedeutet auf deutsch: *unbeaufsichtigt.* Was sagt das über diese Nation, die meine Heimat geworden ist?

Erleichterung wieder zu Hause zu sein. Jetzt wird alles gut. Elena muss sehen, wie sie mit ihrer Allergie zurechtkommt. Ich lasse

mich aufs Bett fallen, schlafe sofort ein. Bluno steht derweil am Fenster und sieht aus wie ein begossener Pudel.

Berlin! - 21. August

Wir begegnen gleich am ersten Morgen Alanis & *Frauchen*. Bluno sitzt auf der Parkbank und spricht mit einem Herrn, der, ebenfalls in Hundebegleitung, von Abenteuerspielplätzen erzählt, die auch wir mal besuchen sollten, als Alanis hinter einem Gebüsch auftaucht, kurz verharrt, um sich zu vergewissern, dass wir es sind, und dann auf uns zustürmt, um Bluno ins Handgelenk zu beißen. Er und der Herr sind gleichermaßen erschrocken, als sie das Blut sehen. Dann dauert es nur Sekunden, bis auch *Frauchen* auftaucht.

Was ist denn hier los?, tönt sie.

Was soll schon sein? Ihr Hund hat mich gebissen, sagt Bluno.

Vor Ihnen ist man aber auch nirgendwo sicher!, ruft sie empört. Ihre Stimme ist nun scharf wie nie und verliert sich, während sie sich unter wüsten Beschimpfungen entfernt, nach und nach in expressiven Lautmalereien.

23. August

Ich hätte *Frauchen* ans Bein gepinkelt und ihr vor die Tür gekackt, aber Bluno entschließt sich, etwas zu tun, was er nur ungern tut. Er setzt sich an den Küchentisch und schreibt ans Ordnungsamt. Es kostet ihn sichtlich Überwindung, die Behörde darum zu bitten, Alanis & *Frauchen* fortan nur noch verbunden durch eine Leine auf die Straßen des Viertels zu lassen. Auf dass sie sich gegenseitig zügeln mögen.

Ich hoffe, diese Mail wird keine Folgen für uns haben.

Bluno aber ist nun also auch einer von jenen, die die Ordnungshüter nicht sonderlich mögen, aber dann, wenn es ernst wird, nach ihnen krähen. Mir kann das nicht passieren. Nie würde ich irgendeinen Wachtmeister um Hilfe bitten, denn niemals würde ich als rechteloses Wesen auf seine Sympathie vertrauen, da vertraue ich lieber auf meinen Zorn. *„Der Zorn als Affect ist völlig thierisch. Man kann sogar Fliegen, vielleicht sogar Würmer zornig machen“*, wusste schon Peter Scheitlin. *„Es gibt auch Hunde, Katzen, Stiere, die den zornigen Zank wie eine Gemüthsnahrung lieben, und er scheint ihnen nur wohl zu thun.“*

24. August

Was Bluno Elena gesagt hat, weiß ich nicht. Sie muss fest davon ausgegangen sein, dass mich Bluno nicht wieder mitbringt, dass er mich meiner Familie ausliefert, mich auf der Hundeinsel zurücklässt. Aber er hat es nicht fertiggebracht, wie man so sagt. Es ist gut, dass manche Menschen nicht alles fertigbringen.

In den Nachrichten unterdessen täglich Menschen, die alles fertigbringen, jedenfalls solange es um Vernichtung geht. Fast könnte man meinen, bis in die Nachrichten würden es ausschließlich Menschen schaffen, die zu allem fähig sind.

~~Weiß nicht warum, muss aber plötzlich an die Urmutter der Jack Russell Terrier denken, die *Trump* hieß und deren Porträt sich im Besitz der Queen befindet. Ziemlich weiß, wachsam, randvoll des ungebrochenen Selbstvertrauens, mit Jagdtrieb ausgestattet und an der Seite eines Pfarrers lebend. Ihre Nachkommenschaft hat sich inzwischen über die ganze Welt verbreitet.~~

Pünktlich um halb neun Yuphawadee zum Abendessen. Beruflich war sie gerade in Amerika. Sie übersetzt für Politiker, die sich verstehen wollen, ohne sich jemals einig zu werden. Ihr Geld verdient sie damit, dass Menschen (und unter den Menschen vor allem Politiker) selten dieselbe Sprache sprechen und sich ohne Yuphawadee noch verständnisloser gegenüberstünden.

Bluno erzählt ihr von seinem Großvater in New York. Wenn ich ihn richtig verstanden habe, liebte dieser Großvater Hunde und lebte auch selbst eine Art Hundeleben. Arbeit kam für ihn nicht in Frage, daher versuchte er es in einer Galerie, in der er als weiteres Ausstellungsstück zugegen zu sein gedachte. Die Galeristin aber – Desperate Housewife mit der lästigen Angewohnheit, in einem fort über Geld zu reden, obwohl sie davon genug hatte – verstand wenig von Kunst und hatte es sich zudem in den Kopf gesetzt, ihn als ihren Sekretär zu betrachten. Was für ein Missverständnis.

Hätte ihn nicht sein Freund Marius empfohlen, erzählt Bluno, während er die Spülmaschine einräumt, *ein Philosoph mit Humor, für den mein Großvater und die Galeristin gleichermaßen eine Schwäche hatten, wäre er bestimmt bald schon über alle Berge gewesen. So aber machte er das beste aus der Situation und ließ nichts unversucht, seinerseits die Galeristin als seine Sekretärin einzuspannen. Kein Wunder,* so Bluno mit einem Lächeln, *dass die Zeilen, die die Galeristin ihm später in ihrer betulichen Autobiografie widmete, die eher an einen zu lang geratenen Schulaufsatz erinnert, recht knapp ausfielen.*

Während er uns jeweils eine Portion Tiramisu serviert, schweift Blunos Blick über sein Bücherregal und tatsächlich, zwischen Guardi und Gulbransson stehen die Memoiren von Peggy Guggenheim. Bluno muss diesen Großvater sehr gemocht haben, das spürt man, wenn man ihm zuhört. Er zieht den Band aus dem Regal, bläst den Staub weg, der sich auf ihm angesammelt hat, nimmt eine Gabel Tiramisu und liest uns vor.

„*Als Marius fortging, schickte er mir als Ersatz einen seltsamen jungen Mann, der für den Sekretärsposten denkbar ungeeignet war, weil er noch nicht einmal Maschine schreiben konnte und nie pünktlich kam, ja manchmal sogar einfach wegblieb. Ständig wurde ich durch Telefonanrufe für ihn auf Trab gehalten, da immer irgendwelche Freunde wichtige Dinge mit ihm zu besprechen hatten. Das einzige, worin mein neuer Sekretär sich aus freien Stücken nützlich machte, war, dass er meine Lhasaterrier ausführte, offenbar, weil sich dadurch Anknüpfungspunkte zu den Herrchen anderer Lhasaterrier ergaben. Auf diese Weise kam er mit vornehmen Leuten wie Lily Pons, John Carradine und Philipp Barry ins Gespräch.*"

Bluno legt das Buch weg und lacht. Er ist sichtlich stolz auf diesen Großvater, der es geschafft hat, Geld zu verdienen, indem er durch New York flanierte und in Begleitung von tibetanischen Terriern mit Graf Dracula und anderen Komödianten flirtete, während Peggy Guggenheim derweil seine Anrufe entgegennahm.

25. August, morgens

Manifest für ein Hundeleben. Kapitel 3 – *Paradies, was ist das?* Wenn wir wüssten, dass es kein Morgen gibt, wie aufregend wäre das Heute. Weiß man, dass man keine Zukunft hat, lebt man anders. So jedenfalls geht es denen, die ahnen, dass ihre Tage gezählt sind. *Lieber den Spatz in der Hand als die Taube auf dem Dach,* heißt ein deutsches Sprichwort. Das ist eine Absage an phantastische Ziele zugunsten einer realen Gegenwart. Das heißt vom Hähnchengrill träumen und trotzdem Dosenfraß goutieren.

Und alles kann schnell vorbei sein, vielleicht hat Bluno deshalb dieses Bild im Schlafzimmer hängen, auf dem ein Elefant von einem Zug überfahren wird. Es ist das Titelbild einer alten Zeitung, eines französischen Sensationsblattes aus dem Jahr 1908, das er sich gerahmt hat. Der Zug rauscht heran, aber obwohl Vollmond ist, scheint der Zugführer den Elefanten nicht zu sehen, möglicherweise ist er übermüdet oder eingeschlafen, jedenfalls scheint er keine Anstalten zu machen, den Zug zu stoppen. Vielleicht weiß er auch, dass es aussichtslos ist, dass das Schicksal des Elefanten besiegelt ist. Der Elefant schaut entsetzt, während er vom Aufprall hochgeschleudert durch die Luft fliegt.

Alle Lebewesen neigen dazu, den eigenen Tod zu verdrängen. Es gibt dafür rationale Gründe, wie die Statistik, die den Menschen in Europa mit vierzig noch weitere vierzig Jahre in Aussicht stellt, oder die gute Gesundheit, die es ihnen mit achtzig unwahrscheinlich erscheinen lässt, dass sie in den nächsten zehn Jahren zu Grabe getragen werden. Es scheint ihnen auch so gut wie ausgeschlossen, dass sie so krank werden, dass sie das Leben nicht mehr genießen können, wie sie es sich vorgenommen haben.

Und dennoch: Sie sind ungeduldiger als früher, wie man hört, wollen den Erfolg so schnell wie möglich. Dafür verkaufen sie ihre Seele und ihren Körper, ihr Denken und ihre Zeit an das System, das ihnen Erfolg auf Ratenzahlung verspricht. Man wünscht sich Villa und Familie. Beispielsweise. Je mehr man dem System dient, desto wahrscheinlicher wird die Verwirklichung dieses Wunsches und je konkreter man sich diesen Erfolg vorstellt, desto leichter fällt einem die eigene Versklavung.

Wer soll das jemals begreifen? Ja, ich predige das Hier und Jetzt – aber doch bitte nicht so! Kaum zu glauben, dass man es bis ans Ende aller Zeiten wiederholen muss: Glück ist nicht käuflich! Nicht einmal, wenn man dafür mit Leib und Seele bezahlt.

Früher arbeiteten Menschen, traurig genug, um es später besser zu haben. Der Glaube an ein glückliches Jenseits nach dem Tod war die Extremvariante dieses Verzichtmodells. Dieser Glaube ermöglichte es, dass man bis zum letzten Atemzug schuftete und sich quälte, denn der bessere Teil des Lebens würde dann eben im Jenseits folgen. Je konkreter man sich das Paradies mit Harfenmusik und Engeln, Jungfrauen und Sorglosigkeit vorstellte, je deutlicher man ein Bild des väterlichen Gottes mit Rauschebart vor Augen hatte, desto bedeutungsloser erschien der anstrengende Weg, der bis dorthin zurückzulegen war.

Nur vom Paradies und vom Nirwana kann man nicht enttäuscht werden, weil sie jenseits des Lebens liegen, das ist die Stärke von Nirwana und Paradies. Dabei gibt es selbst in der Bibel recht präzise Berichte, wie es dort aussieht und zugeht, denn einst – bevor das Paradies ins Jenseits umzog – lag es irgendwo zwischen Ägypten und Iran. Wie schön wäre es, wenn es an seinen ursprünglichen Ort zurückkehren könnte. Dann wäre es ganz sicher weniger langweilig im Paradies, und in der Gegend zwischen Ägypten und Iran könnte es mit dem Elend vorbei sein, obwohl ich den Menschen zutraue, den Krieg sogar ins Paradies zu tragen.

Aber das Paradies in seinem heutigen Zustand ist auch deprimierend, denn was die Christen aus ihm gemacht haben, ist eine Fiktion von erschütternder Langeweile.

Ich weiß nicht, was nach dem Tod kommt, aber ich weiß, dass es bis auf weiteres keinen paradiesischeren Ort gibt, als ein Kissen in der Nachmittagssonne. Oder, wie schon Jonathan Swift, der Freund der Hunde wusste: *„Die beste Regel, die ich in diesem Leben kenne, ist, seinen Kaffee zu trinken, wenn man es kann, und wenn man es nicht kann, es nicht so schlimm zu finden. Meine Zeit widme ich so viel wie möglich den Vergnügungen, weil das meine gute Laune erhält, so wie Bewegung meiner Gesundheit guttut, und ohne meinen Humor wäre ich lieber ein Hund..."*

Wie recht er hat. Nur in einem Punkt möchte ich ihn korrigieren: Ich wäre auch mit Humor lieber ein Hund.

28. August

Goethes Geburtstag. Er wird 269 Jahre alt. Warum feiert man die Geburt eines Menschen, wenn ihn der Tod längst dahingerafft hat? Wird jemand meinen Geburtstag feiern, wenn ich ins Hundenirwana eingegangen bin? Eine Frage lässt mich einfach nicht mehr los: Wie kommt es, dass Monotheisten glauben, das Jenseits sei den Menschen vorbehalten, wo doch das Paradies vor und nach der Vertreibung der Menschen voller Tiere war?

Bei aller Skepsis gegenüber uns Hunden hat es ein Hund sogar zurück ins muslimische Paradies geschafft. Er bewachte die schlafenden Jungs, die sich vor Kaiser Decius in eine Höhle flüchteten und dort auf Befehl des Machthabers eingemauert wurden. In christliche Legenden als die Sieben Schläfer von Ephesus eingegangen, erwachten sie erst nach 300 Jahren wieder. Bei den Muslimen sind es keine sieben, sondern *„drei, mit ihrem Hund vier"* oder *„fünf, mit ihrem Hund sechs"*. Egal, wen interessiert's.

Wichtig ist, dass der Hund dabei war, und wichtig ist, was Goethe weiß:

Denn die Sieben, die von lang her,
Achte waren's mit dem Hunde,
Sich von aller Welt gesondert,
Gabriels geheim Vermögen
Hat, gemäß dem Willen Gottes,
Sie dem Paradies geeignet,
Und die Höhle schien vermauert.

Ich werde irgendwann große Transparente an Kirchen und Moscheen aufhängen:

ALLE ACHT.
Geheimrat Goethe: „Achte waren's mit dem Hunde."
Erzengel Gabriel: „Entsprechend dem Willen Gottes kommen auch Hunde ins Paradies."

---

29. August

Auf die Spezies der Schnurrer projizieren bestimmte Menschen – vor allem Künstlernaturen – so ziemlich alles, was sie selbst gern wären: unabhängig und unbeugsam, frei von Korruption und offen für Abenteuer, unkontrollierbar und elegant, weise und dezent, während sie in uns Hunden zu erkennen glauben, was sie an sich selbst am meisten verabscheuen: Berechenbarkeit, Hörigkeit und Unterwürfigkeit.

Bluno hat die Nacht bei Elena verbracht. Wir sind sie also noch nicht los.

Heute treffen wir Odin, Emmy und Erol auf der Straße und gehen Kaffeetrinken. Obwohl ich mich, Odin ignorierend, unter dem Tisch zusammenrolle, entgeht mir das Tischgespräch nicht.

Uff, sagt Erol, nachdem er ins weiche Sofa gesunken ist, *ich steh noch etwas neben mir. Wir waren bei ner Remember-Rammstein-Rallye gestern. Spür jeden Muskel einzeln und heute ist Michael Jacksons Sechzigster. Weiß noch nicht, wie ich die nächste Nacht überstehen soll. Och ich nehm die Cranburry-Schmand-Torte und eine Chai-Latte. Habt ihr die Pläne für die Testphase der Begegnungszone hier draußen gesehen? Grottig, sag ich euch. Hier, schau mal das Ergebnis von Odins Shooting letzte Woche. Nicht schlecht, was?* Während Erol auf seinem Handy Fotos bei Fakebook vor Blunos Nase hin- und herwischt, starrt Emmy ihrerseits auf ein weiteres Display.

Und Du so?, fragt Erol schließlich.

Wie besorgt Bluno sich nun Rat holt! Was er tun solle, will er wissen. Mit mir und Elena. Sie stellt ihn offenbar vor die Wahl. Ich tue das nicht. Elena ist es, die sich nicht zu benehmen weiß, die mich loswerden will, obwohl ich vor ihr da war. Bluno scheint das nicht zu sehen.

Paul Taylor ist an Nierenversagen gestorben, wirft Emmy ein, als sei das ein schlagendes Argument für irgendwas. *Typische Hundekrankheit,* antwortet Erol.

Wer?, fragt Bluno.

Weißt Du, sagt Erol, *ich weiß, was ich bin, und ich bin, was ich weiß, und ich weiß, dass das mit dir und Elena nicht so einfach ist, aber was ist schon einfach.*

Warum, um Himmels Willen, holt sich Bluno Rat bei solch einem Trottel, der seine Frau höchstens gegen einen Rassehund eintauschen würde und sicher nichts von alledem weiß, was er da zu wissen behauptet? Der schöne Erol mit seinem ebenso scheuen wie strahlend weißen Lächeln ist der Letzte, der begreift, was er ist, was er darstellt. Sein Charme besteht geradezu darin, dass er so ratlos aus der Wäsche schaut. So ungläubig, wenn er bemerkt, wie ihn die anderen ansehen, die ihn doch so süß und sexy, so smart und schüchtern finden. Inzwischen hege ich den Verdacht, dass nicht der schöne Odin, sondern der schöne Erol geheimen Obsessionen frönt.

Und Emmy, warum fragt Bluno Emmy, die schon zur Torte Cognac trinkt und auch deshalb den Spitznamen Remy-Emmy nicht mehr los wird? Bluno erscheint mir plötzlich charakterlich ein wenig schwach. Emmy schweigt und Erol kann ihm natürlich auch nicht sagen, was er tun soll, aber ich sehe Erols Blick, den er auf mich richtet und kann seine Gedanken riechen.

30. August

Charles Bronsons Todestag. *Ein Mann wird zur Bestie.* Vielversprechender Titel, aber sowas läuft nie in der Glotze. *Ein Mann wie eine Katze,* auch das wäre ein Charles Bronson würdiger Titel gewesen. Aber wo Bestien gerade noch durchgehen mögen, weil Menschen bei Bestien nicht unbedingt an Tiere denken, sondern auch an Ungeheuer, wäre vermutlich bei Katzen die Diskriminierungsbeauftragte eingeschritten, denn Menschen und erst recht Menschen, die von Tataren abstammen und auch noch wie Tataren aussehen, darf man natürlich nicht mit Tieren gleichsetzen. Es war einst ein Kompliment, einer Frau zu sagen, sie habe Kuhaugen. Das sollte man jetzt mal versuchen, dann gäbe es vermutlich sofort ein, eine, einen was auch immer. Anzeige, Eklat, Skandal.

Heute trauen sich selbst Hunde kaum noch Beine zu bespringen. Das war früher auch hierzulande anders, soweit ich gehört habe.

Bluno bleibt manchmal neben *Curry 36* stehen, und während ich Pommes und Wurstzipfel aufspüre, liest er das Gedicht von Gottfried Benn, der auch gern Frauen besprungen hat. Das Gedicht steht da, weil Gottfried Benn hier seine Arztpraxis hatte, denn von Lyrik kann man nicht leben, von Geschlechtskrankheiten schon. Das Gedicht, auch ich habe es nun gelesen, als wir heute Morgen um sieben vorbeikamen und *Curry 36* tatsächlich zu war, ist wunderschön und zeigt, was für Poeten in Frauenbespringern stecken, oder was für Frauenbespringer in Poeten.

2. September

Von weitem Gekläffe. Alanis & *Frauchen* nahen. *Frauchen* spuckt vor uns aus, als sie vorbeigeht. Es hat also funktioniert. Fortan herrscht Leinenzwang für die beiden.

Gibt es doch einen Gott, gibt es Gerechtigkeit?

Das bringt mich zum nächsten Kapitel.

Manifest für ein Hundeleben, *Kapitel 4. Glaube, §1.*

Es gibt weder stichhaltige Indizien noch glaubhafte Zeugen für die Existenz eines Gottes. Wenn schon, dann muss es mehrere Götter geben. Denn niemals hat ein und derselbe Gott die Katze und den Hund erschaffen. Wenn es einen Gottesbeweis gibt, dann ist die Existenz von Katze und Hund ein Indiz für die Existenz von mindestens zwei Göttern. Denn wer den Hund erfunden hat, dem würde nie etwas wie die Katze einfallen. Aber breiten wir mal gütig ein Tuch des Schweigens über alle Gottesbeweise. Daran haben sich keineswegs nur Deppen versucht. Es gibt hochintelligente Homo sapiens, die ihr Leben der Bestätigung einer Schöpferexistenz gewidmet haben (was hätten sie alles zustande bringen können, wäre nicht ausgerechnet diese Schraube bei ihnen locker gewesen!), aber am Ende läuft doch immer wieder alles darauf hinaus, dass man sich nicht überzeugend erklären kann, wie unbelebte Materie zu einem Leben erwachen konnte. Das Wunder des Lebens! (Dabei scheint mir das Mysterium des Todes weitaus größer, denn der Tod ist es doch, der so unbegreiflich in unser Leben tritt.)

§2

Gleichzeitig wird mit jedem Mütterchen, das eine vatikanisch-abgenickte Marienerscheinung hat, die Existenz Gottes unwahrscheinlicher, weil sich die Instanz, die Gott auf Erden zu vertreten behauptet, dadurch noch ein wenig unglaubwürdiger macht. Sollten solche Visionen keine reinen Wahnvorstellungen sein, könnte man zugunsten der betroffenen Mütterchen annehmen, dass es sich um Pareidolien handelt, um jene zufälligen Muster, in die wir Dinge und Gesichter hineinlesen, weil wir ständig damit beschäftigt sind, in unserer Umgebung etwas erkennen zu wollen. Das machen auch wir Hunde. Mit Erkenntnis hat das allerdings nichts zu tun, im Gegenteil, solche Pareidolien können wahnhaft werden. Dann nennt man sie Apophänien. Aber wie auch immer man es nennt, immer handelt es sich um Fehldeutungen unseres Gehirns, so wie Religion eine Fehldeutung unseres Gehirns ist. Nur weil Leute in der geöffneten Thunfischdose den Heiligen Sebastian entdecken, ist der Heilige Sebastian noch nicht in der Thunfischdose. Schlechte Nachrichten für Gläubige. Glaube hat nichts mit Glaubwürdigkeit zu tun. Doch warum sollte ich an Unglaubwürdiges glauben? Da vernasche ich lieber den Thunfisch.

§3

Hätte es noch eines Beweises menschlicher Allmachtsphantasie bedurft, dann wäre ihr Glaube an Gott die Krönung ihrer Hybris. Es mag so aussehen, als ob der Mensch sich mit dem Gottesglauben einer höheren Instanz demütig unterwirft und Bescheidenheit an den Tag legt, aber nein, er braucht Gott, weil er nicht zugeben kann, etwas nicht zu verstehen. Er kann nicht sagen: Die Vorstellung von Unendlichkeit oder die Entstehung des Lebens übersteigt meine Vorstellungskraft und somit meine Intelligenz. Oh nein, der Mensch muss für alles eine Erklärung parat haben. Und im Zweifelsfall heißt sie Gott. Gott. Ende der Diskussion. Gott, das heißt: Stopp, nicht weiterdenken. Dabei vergessen sie gerne, dass auch diese höhere Instanz von ihnen selbst erfunden wurde. Wenn sie sich aber zwischen Vergessen und Intelligenz entscheiden müssen, dann wählen sie meistens das Vergessen. Oder anders und mit den Worten Rochefoucaulds gesagt: *„Viele klagen über ihr schwaches Gedächtnis, aber keiner über seinen schwachen Verstand.“*

Kein Gott, kein Staat – nur Putenbrustsalat!

§4

Religion bleibt, man mag es drehen und wenden, wie man möchte, eine Beleidigung der Intelligenz. Daran ändert auch die Tatsache nichts, dass überall auf der Welt von scheinbar intelligenten Wesen an Götter geglaubt wird. Es gibt sogar Leute, die glauben, Religion sei das, was den Menschen vom Tier unterscheidet. Na herzlichen Glückwunsch!

Zeiten des Wohlstands und des guten Lebens sind Krisenzeiten für den Glauben, in denen den monotheistischen Religionen die Gläubigen weglaufen. Während sie so an Macht einbüßen, kann es sogar vorkommen, dass sie sich darauf besinnen, dass sie ihr Glaube an *einen* Gott doch irgendwie verbindet, dass es vielleicht sogar derselbe Gott ist – was die Geschichte der Religionen irgendwie ja nahelegt. In solchen Krisenzeiten machen die Religionen das, was alle machen, wenn sie erkennen, dass sie allein nichts mehr ausrichten können: Sie schmieden Koalitionen auf Zeit, sie solidarisieren sich.

Die Zeiten des Wohlstands aber scheinen vorbei, die Fronten haben sich wieder verhärtet. Was den einen der Jihad ist den andern die Achse des Bösen. Vorbei ist’s auch mit der Gelassenheit.

Gut so, ließe sich aus der Perspektive der ungläubigen Hundesöhne sagen, wenn die Gegner einer weisen Aufklärung zersplittert sind und sich gegenseitig in Schach halten, wenn Protestanten, Orthodoxe und Katholiken, wenn Sunniten und Schiiten sich nicht grün sind, wenn Juden, Moslems und Christen sich gegenseitig dezimieren und nicht gemeinsame Sache machen gegen die wahrhaft Ungläubigen, gegen diejenigen, die Götter nicht nötig haben, um sich dem Dasein gewachsen zu fühlen. Und dazu gehören auch wir Hunde.

§5
Ich kenne keinen Hund, der an einen Gott glaubt. Hunde brauchen keine Götter. Sie brauchen keine Beleidigung ihrer Intelligenz. Wenn ich einen anderen Hund nicht mag, sage ich es ihm. Menschen aber meinen, es sei kultiviert, für ihre fehlende Empathie rationale Argumente anzuführen. Das Argument, das ihnen am rationalsten erscheint, ist ausgerechnet ihre Religion.

Es schmeichelt uns Hunden, dass der Totengott der Ägypter mit einem Hundekopf dachte, aber das sollte uns wirklich nicht verleiten, an die Existenz von Göttern zu glauben. – Obwohl: Wie lautet das Wort *dog,* liest man es rückwärts?

(Man sollte im Übrigen nicht denken, dass die sogenannte *Aufklärung* in der Geschichte der Menschheit zu mehr Verständnis geführt hätte. Die Vorherrschaft der sogenannten Vernunft hatte für alle nicht-menschlichen Tiere bestenfalls Mitleid übrig.)

Heute, beim Warten vor der Tür des Supermarkts, sehe ich durch die Glastür die ersten Weihnachtsstollen im Regal. Dann gehen wir in ein iranisches Café und bekommen einen besonderen Cappuccino serviert, der mich mit manchem versöhnt.

3. September

Manchmal, vor allem wenn ich allein bin, denke ich an Essen. Nicht, dass ich es mir vorstelle, es kommt mir einfach in den Sinn. Doch meistens ist es so, dass mir Essen einfällt, wenn ich mich

seinem Standort nähere. So wie heute, als wir über den Mehringdamm liefen und ich plötzlich dachte: Ecke Methfesselstraße lagen vorgestern doch ein paar Hühnerknochen, an denen Bluno mich vorbeigezerrt hat. Dann ziehe ich Bluno, der sich an sowas nie erinnern kann, wieder möglichst unauffällig hin und schnappe blitzschnell zu, wenn sie noch da sind. Bluno ist davon nicht erbaut, er versucht sie mir aus dem Maul zu ziehen, aber wenn ich nicht will, hat er wenig Chancen. Er versucht mir dann seine Finger zwischen die Zähne zu stecken und ich bin in dem Dilemma, dass ich mich entscheiden muss. Verletze ich ihn oder lasse ich doch los. Er ist sich seiner Sache sicher, er vertraut mir vollkommen, er glaubt zu wissen, dass ich ihn nie beißen würde. Das ist schön.

Aber dass er sich dauernd als mein Ernährungscoach aufspielen muss, ist nicht schön.

Dabei ist die stets aufs Neue vorgetragene Warnung vor Hühnerknochen so lächerlich wie anachronistisch. Wirklich gefährlich sind nur glückliche Bio-Hühner. Alles andere hat inzwischen solche Gummiknochen, dass selbst Menschen Hühner restlos vertilgen könnten.

5. September

Es ist unter Menschen in Mode gekommen, Tiere zu essen, die glücklich waren. Das sei gesünder. Für den Menschen. Wobei Glück ein großes Wort bleibt, denn wie glücklich kann man sein, wenn man nur lebt, um gegessen zu werden? Wir leben, um zu leben, während sie leben, um zu sterben. Aber gut, nehmen wir an, dass es Glück in der Fleischproduktion gibt. Wäre es da nicht freundlicher, die Unglücklichen zu essen, sie so aus ihrem Unglück zu erlösen und die Glücklichen weiterleben zu lassen? Für die, denen das Leben nicht lebenswert erscheint, muss der Tod doch willkommen sein.

Nein, sagen manche Menschen, Unglückliche sollten erst gar nicht auf die Welt kommen, denn sie leben ein Leben in einer Gruft und stehen unter Drogen wie einst der Dichter Heine. „*Gut ist der Schlaf, der Tod ist besser – freilich das beste wäre, nie geboren sein*“, so die Worte dieses frühen Antinatalisten.

Weitere Geburten des Homo sapiens einfach verweigern, verbieten, seinlassen. Aber warum nur des Homo sapiens? Denen, deren Weg unausweichlich ins Unglück führt, könnte man das Geborenwerden ersparen. Glück für alle, das wäre die Alternative, doch auch wenn das Leben glücklicher sein mag, der Moment des Todes erscheint für die Glücklichen umso tragischer. Wer maßt sich an, die Messer zu wetzen, um das Glück zu beenden? Die Natur denkt darüber nicht nach. Sie pflanzt sich fort und frisst sich auf. Der Mensch aber könnte an sich ein Exempel statuieren. Könnte. Dass er es nicht tut, beweist, dass auch er nur ein Stück Natur ist.

Abendessen bei Erol und Odin. René und Dakota Blossom Bullshit sind auch da. Sie leidet unter einer beginnenden Hüftgelenksdysplasie, was mir leid tut, weil ich weiß, wie erfüllend es ist, rennen, toben, jagen zu können. Aber ich ertappe mich auch bei einem Anflug von Genugtuung, dass es mit der Gesundheit dieses reinrassigen Kraftpakets nicht so weit her ist. Ich fürchte, sie ahnt meine Gedanken.

Zum Nachtisch: Kalter Hund mit Rum. Kurzes Erschrecken.

Bluno ist es länger schon leid, auf die Frage *Was ist denn das für eine Rasse?* immer wieder mit *ein Mischling* zu antworten. Daher erklärt er nun liebenswürdig und nachsichtig: *Das ist ein Usbekischer Talterrier.* Manchmal ernten wir ein verständiges Nicken, meist aber nur leere Blicke. Beides gefällt ihm, und mir gefällt es auch.

Hier bei Erol und Odin wird zu allem Überfluss auch René noch um Rat gefragt. Der Geist von Elena ist wirklich überall präsent. Die Hundegesellschaft immerhin verhindert ihre physische Anwesenheit. Hat alles auch sein Gutes.

Aber wen will Bluno denn noch alles als Ratgeber bemühen? – *A más doctores, más dolores.*

11. September

Heute vor 409 Jahren hat Henry Hudson eine Landzunge Namens Manhattan entdeckt. Das war der Anfang einer Erfolgsgeschichte, die am gleichen Tag 392 Jahre später mit den Twin Towers ihr Ende fand. Seither geht es, für jeden sichtbar, abwärts. Untrügliche Zeichen für solche Abwärtstrends von Großmächten sollen ja auch Dekadenzsymptome sein. Zu ihnen gehören Larmoyanz und Perversion. Im Klagen über das Böse in der Welt und über fehlende Unterstützung von Freunden sind viele Amerikaner jedenfalls ganz groß, und was könnte es Perverseres geben als eine Nation, die bio-zertifizierte Entenbruststreifen an ihre Hunde in Ballett-Tutus verfüttert, bevor sie dann mit ihnen zum Dogdancing geht, während zugleich jedes Jahr in amerikanischen Tier-„Heimen" drei Millionen Hunde und Katzen umgebracht werden. Wo nur jede zweite Ehe geschieden wird, sind die Amerikaner bei der Trennung von ihren Hunden rigoroser. Sie sehen sie als Spielzeug, das man konsumiert und wegwirft wie ein Smartphone. Neun von zehn Hunden werden irgendwann von ihren Leuten rausgeworfen. Möchte man solche Menschen zu Freunden haben?

12. September

Zusammenleben ist nicht immer einfach. Aber wer A sagt, sollte auch B sagen, oder wie wir etwas abfällig zu formulieren wagen: *Quien con perros se acuesta, con pulgas se levanta.*

Gäbe es ein untrüglicheres Anzeichen für die Denaturierung des Menschen als seine Tierliebe? Es ist bestenfalls abstrakt eine Sympathie für die Natur als Ganzes, während es konkret eine Liebe zu einzelnen Arten ist. Insektenschützer werden zu Vogelvertreibern, Vogelfreunde zu Katzenvergiftern, Katzenliebhaber zu Hundehassern.

Wer aber Katzen und Hunde liebt, hat kein Problem, Kühe und Schweine zu essen. Und dann sind da noch die Vegetarier mit moralischem Impetus, die sich damit abfinden müssen, dass es in der Natur mit der Moral oft nicht weit her ist, die aber dennoch aus dem System von Fressen-und-gefressen-werden ausscheren. Sie töten nur indirekt, denn auch sie müssen leben. Für das Soja oder das Palmöl, das sie zu sich nehmen, verschwindet der Urwald ebenfalls, und mit ihm eine Vielfalt von Lebewesen, gegen die der Verzehr von Kühen und Schweinen geradezu *human* erscheint. Aber gut, es ist besser, die Menschen essen das Soja direkt, als dass sie damit andere Tiere mästen, um diese dann zu essen.

Und was ist von Leuten zu halten, die vor ihrem Laden *Dog-Bars* (wie diese Wassernäpfe auf Deutsch heißen) aufstellen, sich dann aber fassungslos empört gebärden, wenn wir zwei Häuser weiter an die Ecke pinkeln? Solchen Leuten macht es auch nichts aus, vor einer Barriere aus fahrbarem Blech zu sitzen, die nach Gummi und Öl, nach Benzin und Kadavern riecht. Nach Kadavern von Insekten und Ratten und Schlangen und was sonst noch die Straßen zu kreuzen versucht. Sie riechen es nicht – denn ihr Gott oder die Natur oder wer auch immer war bekanntlich gnädig und hat sie olfaktorisch benachteiligt, um das nochmal in Erinnerung zu rufen – und natürlich riechen sie auch die Pisse nicht, aber sie *sehen,* dass dort etwas riechen *könnte.* Das reicht ihnen als Anlass zur Erregung.

Am liebsten pisse ich an die Motorradburkas, die sich im ganzen Viertel leise im Wind bewegen.

13. September

Es fehlt an Liebe. Nicht nur in den USA. Es scheint so einfach, sich darauf zu verständigen, was Liebe ist. Aber weit gefehlt. Wenn die Kirche zum Beispiel von Liebe spricht, meint sie nicht junge Liebe oder freie Liebe sondern karitatives Engagement.

Mit anderen Worten, aufopfernde Verantwortung. Deshalb heißt die christliche Tugend auch Caritas und ihre Personifikation hat Kinder bei sich, die sie an ihrem Busen nährt. Das klingt in unserer Wegwerfgesellschaft gar nicht so verkehrt, vorausgesetzt, die Kirche würde ihren Appell für Verantwortung auch auf Hunde ausdehnen, aber es geht eben nicht um Gefühle zwischen zwei gleichberechtigten Artgenossen, auch nicht um die Gefühle zwischen verschiedenen Tieren, sondern um den Fortbestand der Art. Es geht darum, Menschen zu verpflichten und ihnen ein schlechtes Gewissen einzureden, sobald sie sich dieser Verpflichtung entziehen. Doch wenn Verantwortung nicht freiwillig und gern übernommen wird, wird man nur Frustration säen und Hass ernten.

15. September

Da sich Bluno nie einen Wecker stellt, wie *andere* Leute – und wenn ich andere Leute sage, meine ich *normale* Leute –, ist es Teil meines Jobs, ihn morgens zu wecken. Meistens reicht es, die Pfote in seine Richtung auszustecken, als würde man eine Stretch-Übung machen, und ihn dabei zufällig im Gesicht zu treffen. Falls das nicht wirkt, oder er sich einfach umdreht und weiterschläft, kann man kurz aufstehen und sich gegen ihn fallen lassen. Das ist ziemlich erfolgsversprechend. Wenn sonst gar nichts hilft, geht man nach nebenan, nimmt Anlauf und springt in hohem Bogen aufs Bett.

Dann ist Bluno immer wach, legt eine seiner altmodischen Platten auf und kocht uns Kaffee. Wenn wir Glück haben, ist noch was Süßes im Haus, das tunkt Bluno dann in den Kaffee und ich sehe ihm dabei tief in die Augen, versuche ihn zu hypnotisieren, damit er mir dann willenlos meinen Teil überlässt.

Wesen glücklich zu machen, ist ökonomisch sinnvoll. Glückliche Kühe geben mehr Milch. Das Glück der Kühe ist in den Augen der Bauern also nichts als ein produktivitätssteigernder Faktor. Sollte niemand glauben, dass die sogenannten Mächtigen das bei den Menschen anders sehen.

Es geht weder Staat noch Kirche um Liebe oder Glück, sondern nur darum, gesellschaftliche Normen zu etablieren, diese für richtig und für gut zu erklären, und jeden zu verurteilen, der sich ihnen widersetzt. Will man sich richtig verhalten und in ihrem Sinne ein guter Mensch sein, hat man sich diesen Normen zu beugen, die dazu dienen, Menschen in Abhängigkeit zu halten. Wahre Liebe aber ist frei.

(Sollte vielleicht auch ein Kapitel im *Hundeleben* werden.)

Noch so ein Spätsommertag. Perfekte Temperatur, früh unterwegs. Im Park bilden wir für ein paar Minuten ein buntes Rudel und jagen alle gemeinsam über die Wiesen, die nach der Hitze der letzten Monate nur noch braune Steppe sind und deren Staub uns in eine dichte Wolke hüllt.

Jetzt ist es Herbst. Nieselregen und Kälte. Ganz ohne jeden Übergang, ohne laue Spätsommernachmittage, ohne die Stunden, die man im warmen Laub liegend verdämmern könnte. Ich drücke mich entlang der Hauswand und schüttle mich in den Toreinfahrten. 22. September

Sie fliegen zum Mars, die Menschen, sie erfinden Butterstempel und Würfelmelonen, können aber nicht für ein gleichbleibend angenehmes Klima sorgen.

Habe mir den Magen verdorben, weiß nicht, ob es da einen Zusammenhang gibt, aber mir ist nach Dichtung. Hier in unserer Straße gibt es ein Geschäft, das heißt *Dichtungen für Fenster und Türen.* Sicher der poetischste Laden Berlins. Auch daran muss ich denken.

Was isst du

Was isst du – Trüffellese,
Chimären, lang sind sie vorbei.
Gourmettempelgewese,
bretonische Schalmei,

in alpendichter Leere
Kalbsmedaillons auf offner Glut,
es tönt von Küchenehre.
Am Ende bleibt die Wut,

denn viel zu scharfe Soße,
reifer Gedärmekatarakt,
sagt mir, es folgt der große
und sicher letzte Akt.

Es treibt mich auf die Straße
und bricht sofort aus mir hervor,
Softeis im Übermaße
und Strullern gleich am Tor.

Was pisst du – Venturismen,
als nächtlich-sandfarbene Flut.
Sind dies finale Schismen
aus äolischer Brut?

Die Bäume längst entblättert,
Das Laub zu Bergen aufgehäuft,
ich bin hinaufgeklettert
und sehe, wie es läuft.

Komm Herbststurm, blase kräftig,
mein Geruch lauert schon im Laub,
verspreng es weit und flüchtig,
bis es zerfällt zu Staub.

Ich hörte neulich, Hunde hätten kein Zeitgefühl. Das sähe man ja schon daran, dass sie sich genauso freuen, egal ob der Mensch eine halbe Stunde oder einen ganzen Tag weg gewesen sei. Erstens ist das Unsinn, denn ich freue mich durchaus anders, aber Freude ist schließlich immer etwas Gutes. Ist Bluno lange weg, freue ich mich, wenn er endlich kommt, ist er kurz weg, freue ich mich, dass er so schnell wieder da ist.

Aber abgesehen davon weiß ich, wann Schlafunterbrechungen anstehen, und während Bluno morgens auf die Uhr schaut, um überhaupt zu wissen, wo er ist und was die Stunde geschlagen hat, habe ich sehr genau auf dem Radar, wann es Zeit ist zum Aufstehen.

24. September

Irgendwann kommt der Moment, an dem es unvermeidlich wird, über Freiheit zu sprechen. Die wachsende Hundefeindlichkeit in diesem Land macht mir Sorgen. Beschneidung elementarer Freiheiten, Leinenzwang zum Schutz der Öffentlichkeit, das ist die wesentliche Komponente der neuen Gesetzgebung in Berlin. Doch was soll das sein: Öffentlichkeit? Und wer legt fest, was Öffentlichkeit ist? Das klingt ein bisschen nach den Leuten, die herumziehen und sich für *das Volk* halten.

Und wer schützt die Öffentlichkeit eigentlich vor Ratten, Autos und vor dem Volk?

Das GgH (Gesetz gegen Hundefreiheit) verbietet die freie Bewegung in der Stadt. Dagegen gibt es wenig menschlichen Widerstand, aber was soll man auch von einer Spezies halten, die sogar die eigene Autonomie zugunsten eines vermeintlich größeren Schutzes aufgibt. Dabei weiß doch jeder: Ohne Freiheit keine Sicherheit.

Einzige Hoffnung: Wir sind in Berlin und es kann gut sein, da wir in Berlin sind, dass das GgH nie in Kraft tritt. Denn es gibt eben doch eine Menge Hunde, daher müsste die Politik fürchten, bei der nächsten Wahl abgestraft zu werden. Bluno jedenfalls, da bin ich mir sicher, würde nie einen Politiker wählen, der gegen Hundefreiheit ist. Wenn wir Glück haben, geht‘s so aus, wie mit dem Rauchverbot für Lokale. Es wird in den Kneipen geraucht wie eh und je, und seit man das Gesetz veranbschiedet hat, florieren die Shisha-Bars erst richtig.

Sollte aber das GgH doch in Kraft treten, wär‘s großartig, es gäbe einen Tag der Solidarität, an dem alle menschlichen Hundepartner als Akt des zivilen Ungehorsams alle Leinen wegpacken würden. Aber das wiederum wird nie passieren, die Leisetreterkohorte ist übermächtig.

Sie wiegen die Köpfe und hadern und zögern. Denn mit der Freiheit verhält es sich wie mit den Freiheitskämpfern. Aus etwas anderer Perspektive erscheinen sie als Terroristen, so wie die Freiheit als Chaos erscheint.

Es gibt wenige Orte auf der Welt, an denen man sicherer ist als hierzulande. Und trotzdem haben die Menschen immer mehr

Angst vor irgendwas. Vielleicht ist es das Cholesterin, das Finanzamt, der Feinstaub, der Klimawandel oder die Freiheit. Inzwischen fahren sie ihre Kinder sogar in mobilen Panikräumen zur Schule. Sie nenne diese Räume SUV. Schweres Umwelt-Verbrechen. Was *auch* zutrifft. Aber MPR ist passender.

Die Hundefreiheit schwindet, unterdessen versenken Menschen Fahrräder im Landwehrkanal.

25. September

Bluno kann auch sehr beachtlich jaulen. Gestern Abend Besuch von Fritz, Kollege von Bluno, der nie ohne Wein anrückt. Diesmal gleich zwei Flaschen. Sie sitzen auf dem Sofa und ich liege zwischen ihnen, so dass mir nichts entgeht. Fritz ist etwas übergewichtig und hat es nicht leicht, denn er ist ein Genie, aber davon später. Er träumt davon, dass er die große Liebe bei Prostituierten findet, was Bluno als eine so charmante Utopie erachtet, dass er Fritz darin bestärkt. Er lächelt zwar, wenn er Fritz ermuntert, mal einen Urlaub mit so einer gekauften Liebe zu verbringen, aber auch Bluno wünscht sich, dass Fritz glücklich wird. Letzte Nacht dann, als Fritz gegangen war, läuft Bluno in die Küche, es scheppert und ich höre ihn jaulen. Er sucht nach dem Lichtschalter und ich laufe auch mal hin, um zu sehen, was passiert ist. Er sieht auf seine Füße und tatsächlich, der kleine Zeh am rechten Fuß steht im Winkel von 45 Grad seitlich ab. Bluno bückt sich und drückt ihn wieder zurück in die Reihe seiner Zehen. Es macht knack und er jault noch einmal.

Menschen sehen wirklich schlecht. Vor allem im Dunkeln. Aber an die Bierkiste, die da seit Wochen rumsteht, hätte man sich auch *erinnern* können. Ich wusste immer schon, dass Bier gesundheitsschädlich ist, aber dass Bier einen so jaulen lässt, war mir neu.

Heute humpelt Bluno und kommt kaum die Treppe nach unten. Ein Bild des Jammers.

27. September

Kunstmesse. Gegenwärtig, wo alles Kunst sein darf, wo alles möglich scheint und jeder dahergelaufene Friseur oder Koch Talkmaster werden kann, sollte es mehr Kunst geben, die riecht und schmeckt. Immer noch zielt nahezu alle Kunst auf das Sehen und Hören.

Wir streunern durch die Kojen, die alle gleich steril und langweilig sind, bis uns eine Galeristin anspricht, um etwas über einen ihrer Künstler loszuwerden. Er mache nur Silhouetten, sagt sie. Werke, die des Gegenlichts bedürfen. Sozusagen. Andere brauchen Gegenwind, er braucht Gegenlicht, um die Dinge klarer sehen zu können. Er habe lange als Arbeitsloser im Haus der Eltern seiner Frau in Valencia gelebt. Mit Kunst angefangen habe er damals, um in sein Garagenatelier gehen zu können und so seiner Schwiegermutter zu entkommen.

Mit scheint das ein bislang in der Kunstgeschichte vernachlässigtes Motiv zu sein: Die Flucht vor der Schwiegermutter als Motivation Künstler zu werden.

Oft sind Schatten von Kunstwerken weit interessanter und lebendiger als die Kunstwerke selbst. Dafür haben mich die valencianischen Silhouetten sensibilisiert.

29. September

Im Beverly Hills Hilton Verleihung des *National Hero Dog-Award*. Schon klar, dass das ein super-amerikanisches Spektakel ist, aber es berührt meine sentimentale Seele. Und ich ärgere mich darüber. Ab morgen ist wieder business as usual, ach, was sage ich, auch heute ist business as usual: Eintausend Hunde und Katzen sterben allein während der dreistündigen Show fernab des Rampenlichts in amerikanischen Todeslagern.

Ein solches Land sollte man nicht besuchen.

Oktober

1. Oktober

Ein finsterer Tag. Fahrt nach Zehlendorf, Bluno humpelt noch immer. Besuch einer Familie, die ich noch nicht kannte. Bellmers. Mutter, Vater, zwei Kinder, sieben und neun Jahre alt. Interessieren mich so wenig wie ein überfahrener Keks. Schöner Garten, alter Baumbestand, SUV. Wir sitzen auf der Wiese zwischen Rhododendronrabatten. Die Kinder wollen mit mir spielen. Sie haben einen Ball und ich lasse mich nicht zweimal bitten. Sie sind, wie Kinder eben sind, finden mich sooo süüüß, wollen mich ihren Freunden in der Nachbarschaft *vorführen,* mit mir angeben, erlauben den Nachbarskindern gnädig mich zu streicheln, bringen mich wieder zurück. Dann ist ihr Interesse erlahmt. Glücklicherweise. Ich lasse mich unter der Gartenbank fallen und schlafe sofort ein.

Der laue Wind streicht über mich hin, ich höre die Stimmen nur noch als ferne Laute, die das Gefühl von Vertrautheit erzeugen, in dem man sich entspannen kann, die Blätter der Bäume rauschen und fallen vereinzelt, die Sonne steht tief und wärmt dennoch, wo sie auf meinen Körper trifft.

Irgendwann spüre ich Blunos Hand, die mich im Nacken krault. Er erhebt sich und ich springe auf, aber er erklärt mir unmissverständlich, dass ich hierbleiben soll. Nein, denke ich. Bitte nicht. Bitte, bitte nicht. Ich springe aus dem Stand an ihm hoch und umarme ihn. Halte ihn fest und auch er hält mich fest. Es ist für einen Moment, wie es sein soll, aber dann setzt er mich auf die Wiese und geht. Er geht auf diese endgültige Weise, bei der es keinen Sinn hat, ihm zu folgen.

3. Oktober

Warte seit zwei Tagen, dass er zurückkommt. Aber auch am Tag der Wiedervereinigung nichts.

Unterdessen bemühen sich Bellmers um mich. Ich tue ihnen den Gefallen und spiele mit den Kindern, mache mich nützlich, versuche ihren Alltag zu strukturieren, um dem lahmen Familienleben neue Impulse und ein wenig Rhythmus zu geben. Aber ich leide zugleich, denn ich möchte nicht hier sein, mein Leben ist woanders, während ich hier bin. Ich fühle mich nur als verlorener Schatten dieses Lebens, das irgendwo zwischen Viktoriapark und Hasenheide auf mich wartet. Das darauf wartet, dass ich wieder zu ihm finde, denn ohne mich, ist auch mein Leben traurig, das dort losgelöst von meinem Körper substanzlos ausharrt.

Wie nicht nur in Frankfurt, Wien oder London ist auch bei uns das Westend die bessere Wohngegend. Das liegt daran, dass der Wind meist von Westen kommt, die Luft im Westend somit frischer ist, während sie, im Osten angekommen, bereits den ganzen Dreck der Stadt mit sich führt. Da im Westen folglich die reicheren Menschen leben, haben es dort auch die Hunde besser. Vorausgesetzt, sie fühlen sich dort zu Hause. Für mich gilt das nicht, auch wenn es im Westen, wie könnte es anders sein, die einzigen nennenswerten Auslaufgebiete für uns gibt und ich wirklich gern beschleunige.

Wer weiter östlich lebt, hat Pech gehabt.

Dabei gibt es sogar etwas wie ein Tierschutzgesetz, das ausreichend Auslauf verlangt. Der Gesetzgeber ist mit Gesetzen schnell bei der Hand, daher sein Name. Dafür zu sorgen, dass seine Gesetze auch befolgt werden können, scheint seine Aufgabe nicht. Oder sollen Hunde nur noch bei Menschen leben dürfen, die im Westen wohnen?

Das Tierschutzgesetz ist aber auch in manch anderer Hinsicht eine Posse. Es ist weniger eine Anordnung zum Schutz der Tiere, als eine Anleitung für Menschen, was beim Quälen und Töten von Tieren zu beachten ist. So sind zehn gute Gründe für Tierversuche aufgelistet – einer passt immer. *„Niemand darf einem Tier ohne vernünftigen Grund Schmerzen, Leiden oder Schäden zufügen“*, heißt es gleich zu Beginn, und dieser Satz ist mehr als Farce, er ist Perversion. Hier offenbart sich, vielleicht besser als irgend sonst, was der Gesetzgeber unter Vernunft versteht: Profit. Vernünftig ist, was profitabel ist. Töten darf ich, sobald sich damit Geld machen lässt. Vor dieser für sich selbst reklamierten *Vernunft* graut mir noch weit mehr, als vor jeder Art *gesunden Volksempfindens.* Überhaupt graut mir bei der Kombination der Begriffe *Vernunft* und *töten.* (Aber sie handhaben das ebenso bei sich selbst. Auch Menschen darf man töten, sobald sich damit Geld verdienen lässt. Ein schwacher Trost. Aber immerhin ist das Töten von Menschen in ihrer Logik wirklich vernünftig, denn welcher Grund wäre vernünftiger, als einen Schädling auszurotten, der den Planeten zerstört?)

„Tiere sind keine Sachen“, weiß ergänzend das Bürgerliche Gesetzbuch, nur um gleich einer eigenwilligen Logik zu folgen, denn *„auf sie sind die für Sachen geltenden Vorschriften entsprechend anzuwenden, soweit nicht etwas anderes bestimmt ist.“* Tiere sind also keine Sachen, werden aber als Sachen behandelt. Offenbart dieser Paragraph nun Zynismus, Hilflosigkeit oder Dummheit?

Die Glotze läuft hier den ganzen Nachmittag. Und in der Glotze redet ein Wissenschaftler darüber, dass man Menschenrechte auch für intelligente Computer einführen sollte. Er hat seinem Computer das Gesicht einer Frau geknetet, die mit den Wimpern klimpern kann, und es würde mich nicht wundern, wenn er sich in dieses Bastelprodukt verliebt hat. Er hat vergessen, dass es eine seelenlose Maschine ist, die er zusammengelötet hat und die nichts fühlt. Er

fordert für dieses Knetgesicht dieselben Rechte wie für sich. Und niemand widerspricht. Er ist der erste, auf den man Vernunft im Sinne des Tierschutzparagraphen anwenden sollte.

Ich lebe jetzt hier im Westen und Bluno hat es vermutlich gut gemeint, als er mich hierherbrachte, aber ich habe keine Lust auf Glotze, habe keine Lust auf Auslaufgebiete, keine Lust zu rennen. Fühle mich schwer wie nie zuvor.

4. Oktober

Ich höre ein Telefonat und bin sicher, dass es Bluno ist, der sich nach mir erkundigt. Mir wird klar, dass er nicht mehr vorhat zu kommen. Was tue ich? Beiße ich eines der Kinder? Ein Anlass fände sich schnell. Das wäre die sicherste Methode hier wegzukommen, aber ist es auch eine Garantie, dass mich Bluno abholt? Oder lande ich dann wieder in einem Käfig in einem *Heim?* Mit meiner Vorgeschichte vielleicht diesmal endgültig. Dann lieber hier in diesem Garten die Eichhörnchen jagen. Dabei geht es ums Jagen, nicht um die Beute, es geht darum, Herr im eignen Garten zu sein, sich Respekt zu verschaffen und sich nebenher etwas sportlich zu betätigen. Aber ich betrachte diesen Garten nicht als meinen Garten, habe kein Verlangen nach Sport und Eichhörnchen. Noch nie waren sie mir so egal.

Sind die Kinder in der Schule, habe ich frei und kann in der Morgensonne liegen.

Hätte Erol seinen Odin hier abgegeben?, frage ich mich dann manchmal. Ich glaube nicht. Und sicher wäre Dakota Blossom Bullshit niemals hier gelandet. Selbst Alanis hätte es höchstens hierher verschlagen, wäre *Frauchen* in der Psychiatrie verschwunden.

Warum aber dann ich? Ist es mein Schicksal, nirgendwo zu Hause sein zu dürfen? Ein weiteres Kapitel der *relations suspendues,* wie Bloch wohl gesagt hätte?

6. Oktober

Manifest für ein Hundeleben. *Kapitel Hoffnung.*

Jakob der Lügner sitzt im Warschauer Ghetto und erzählt seinen Leidensgenossen, er besitze ein Radio und empfange den Feindsender. Täglich berichtet er über das Näherrücken der russischen Armee, die bald Warschau erreichen werde, um sie aus ihrer Notlage zu befreien. Die Mitmenschen beginnen zu hoffen, die Selbstmordrate im Ghetto sinkt. Doch Jakob besitzt kein Radio und bevor die Russen kommen, werden alle von den Deutschen deportiert und umgebracht. Die Hoffnung auf Befreiung hatte zwar die Stimmung gehoben, gar Optimismus verbreitet, aber zugleich auch zum Abwarten verführt. Hoffnung verleitet zu Tatenlosigkeit.

Nicht umsonst nennen sie die Hoffnung im Spanischen *Esperanza,* denn warten heißt *esperar.*

Wir Hunde erhoffen und erwarten einiges. Jedoch nur das, was uns bereits vertraut ist, das, was sich bereits in unserer Vergangenheit ereignet hat. Geschichte wiederholt sich, das wissen wir, daran gibt es keinen Zweifel, das bedeutet aber auch: Nur was schon einmal passiert ist, wird aller Voraussicht nach auch wieder passieren. Unsere Phantasie ist auf das Realistische beschränkt. Hoffnung auf Unbekanntes, auf noch nie Gesehenes oder Geschehenes aber bewegt sich in Sphären von Träumen und Wünschen. Damit schließt sich der Kreis in meinem *Hundeleben.* Meistens ist es besser, keine Hoffnung zu haben.

Lebe nicht hoffnungslos, aber lebe hoffnungsfrei!

10. Oktober

Heute Welthundetag. Kurze Randnotiz. *Mañana otro gallo cantará:* Weltwassertag, Welttoilettentag, Weltdownsyndromtag, Weltantikorruptionstag, Weltfernsehtag, Welttoleranztag, Weltfrauentag, Weltfraueninländlichenregionentag, Weltantigewaltgegenfrauentag, Weltmädchentag, Weltantifrauengenitalverstümmelungstag, Weltwitwentag.

11. Oktober

Es sind zehn Tage, seit ich hier bin. Sie glauben, dass ich mich eingewöhnt habe in ihre Welt. Sie lassen mich immer öfter aus den Augen. Daher schleiche ich unauffällig Richtung Tor, tue so, als wollte ich nur eine Kastanie aufsammeln und dann, als ich sicher bin, dass ich durch den schmalen Spalt passe, den das Tor offen steht, seit die Kinder nach Hause gekommen sind, beschleunige ich, renne rechts herum und wieder rechts bis zur großen Straße, bleibe dort erstmals stehen, weit genug entfernt vom Haus der Bellmers, um mich zu orientieren, jetzt erreicht mich kein Rufen mehr, entscheide mich für links, trabe so lange, bis es auf der anderen Straßenseite immer grüner wird, kreuze die Allee und tauche ein in das Wäldchen hinter den Wohnblocks, um zwischen den Stämmen nachzudenken über ein Weiter oder ein Zurück. Noch hätten sie mein Verschwinden vielleicht gar nicht bemerkt, noch würde ich leicht zurückfinden zu den Bellmers, mein Leben in diesem Garten in Zehlendorf verbringen, kein schlechtes Leben, und Bluno irgendwann vergessen.

In zwei Jahren, sollte er einmal heimlich am Zaun stehen, um nach mir zu sehen, würde ich ihn gar nicht mehr erkennen. Was also tue ich hier? Warum mache ich, was ich da mache? Ich will ihm zeigen, dass ich ihm verzeihe, dass er mir trotz seines Verhaltens, das ich nur als Schwäche interpretieren kann, wichtig ist, will ihm beweisen, dass ich keine Katze bin, die beleidigt ist und sich trollt. Wobei selbst Katzen, wie ich gehört habe, schon lange entbehrungsreiche Wege auf sich genommen haben, um wieder nach Hause zu kommen. Was eine Katze kann, das wird auch mir gelingen.

Den Abend verbringe ich in einem Park an einem Tümpel, bevor ich in der Nacht meinen Weg fortsetze.

Bluno pflegt schlechten Umgang, umgibt sich mit Leuten wie René und Erol und Elena. Warum? Mich aber schiebt er ab.

Andererseits, was soll man von jemandem erwarten, der nicht mal zu seinem eigenen Namen steht.

Mein Orientierungssinn hat mich verlassen. Ich fühle mich erstmals wie ein Underdog. 14. Oktober

Mir klingen die Worte aus meinem Lieblingsbuch in den Ohren, die ein prickelnd-behagliches Gefühl des Erschauderns erzeugen, solange man in wohltemperiertem Ambiente auf einer Alpaka-Decke ausgestreckt auf dem Sofa liegt. 15. Oktober

„Rettung ist aussichtslos, sobald er alleine sein wird", das begreift Mr. Bones schon auf den ersten Seiten der Geschichte, jener Hund ohne erkennbare Rassezugehörigkeit, der an der Seite des todkranken Obdachlosen Willy durch Baltimore Richtung Timbuktu schlendert. *„And if the stun guns don't get you"*, erklärt ihm Willy zu allem Überfluss, *„there's a thousand other things that will. I'm warning you, kemo sabe. You get yourself some new gig, or your days are numbered. Just look around this dreary burg. There's a Chinese restaurant on every block, and if you think mouths don't water when you come strolling by, then you don't know squat about Oriental cuisine."*

Mich rettet im Augenblick, dass ich keine Scheu davor habe, von der Straße zu essen, aber ich habe Hunger und es beginnt zu nieseln. Ausgerechnet jetzt, wo ich unterwegs bin, nieselt es. Seit Monaten hat es kaum einen Tropfen geregnet, so dass ich mich schon gefragt habe, ob es in Deutschland jemals wieder regnen würde, woran sich gleich die Frage anschloss, ob die Regierung für diesen Fall einen Plan hat. Und jetzt nieselt es. Ich fürchte, die Regierung hat keinen Plan und fast hatte ich schon den Eindruck, dass das ganze sogenannte politische Geschehen der vergangenen Monate, dieses Gezeter um Posten, dieses Niedergangsgeschwafel der sogenannten Volksparteien, dieses Misstrauen gegenüber dem Geheimdienst – als ob man einem Geheimdienst jemals hätte trauen können, als sei Misstrauen zwischen Geheimdienst und allen anderen nicht ohnehin konstitutives Element jedes Geheimdienstes –, dieses sich Empören über ein sogenanntes Flüchtlingsproblem, diese Erregung über Fahrverbote für bestimmte Fahrzeuge in bestimmten Städten, nichts anderes waren, als ein gewaltiges Ablenkungsmanöver, eine Finte, um nicht über das Wesentliche sprechen zu müssen: über das Wetter.

Doch jetzt nieselt es und die planlose Regierung kann sich freuen. Es regnet und ich treffe auf Ariel, ein Schwergewicht und Muskelpaket, ebenfalls ausgerückt. Trotz seiner Größe sehe ich ihn erst nicht, denn er ist schwarz und liegt auf einem kleinen Hügel in den Büschen, um ein Kaninchen zu verzehren, das er zur Strecke gebracht hat. Er knurrt mich an, als ich mich nähere, dabei komme ich gar nicht auf die Idee, ihm sein Nachtmahl abspenstig machen zu wollen. Er sei Wolhynier, erklärt er mit einem Unterton, der Stolz durchklingen lässt und mich offenbar einschüchtern soll. Wolhynier mit Vorfahren aus Lodomerien. Ein zotteliger Riesenterrier aus einem Märchenland, wie mir scheint. Er fühlt sich sichtbar wohl hier, ihm ist auch nicht kalt, während ich ein bisschen im Geniesel zittere. Zwischen seinem Schmatzen klingen nur Wortfetzen zu mir, mit denen er mich beeindrucken möchte: *Objektschutz, search and destroy maximal, Grenzverletzungen ... keine Chance* und ähnliches Zeug. Und tatsächlich beeindruckt er mich, auf seine Weise. Ariel hat ein ziemlich klares Weltbild und konkrete Vorstellungen von Gut und Böse, die ihm das Leben leichter machen. Man hat ihn in Pension geschickt nach imposanter militärischer Laufbahn, erzählt er etwas wortkarg, abgeschoben in ein Seniorenheim, das wollte er nicht auf sich sitzen lassen und sich selbst beweisen, dass er im Dschungel der Stadt noch immer seinen Weg findet. Lektion eins: Als erstes eine Anhöhe besetzen und in Deckung gehen.

Er sieht mich von oben herab an. *Hüte dich vor dem Rotfuchs,* sagt er, als sei auch ich nicht viel mehr als ein Kaninchen, *wie in allem, was rot ist, steckt auch in ihnen die Tollwut.*

Ich ignoriere diesen Quatsch, denn wenn sie Tollwut hätten, gäbe es sicher keine dreißigtausend Füchse in dieser Stadt, und frage Ariel stattdessen, wo wir sind. Ich entnehme seinen ebenso knappen wie diffusen Angaben, dass wir irgendwo hinter dem Botanischen Garten hocken.

16. Oktober

Ariel will in den Tiergarten. Ich schlage ihm, nicht ganz uneigennützig, das Tempelhofer Feld vor, aber er beharrt auf dem Tiergarten, dort sei er aufgrund seiner Statur und seiner Farbe besser aufgehoben. Ein Stück Weges können wir aber noch zusammen zurücklegen. Er erzählt mir von einem Kollegen, einem Freund, der im Wald zurückgelassen wurde und über zweihundert Kilometer nach Hause gelaufen ist. Sein Haus schon im Blick, sei er dann an der letzten großen Straße von einem Bus überrollt worden. Ich schweige, denn dem ist wenig hinzuzufügen. Die Geschichte macht mir keinen Mut. Auch ich bin alles andere als ein Meister im Überqueren von Straßen. Ariel macht das weitaus besser. *Von Füchsen lernen,* sagt er. Wir orientieren uns nach Osten.

Bei Morgengrauen erreichen wir eine Anhöhe, die nach dem Geschmack von Ariel ist. Ein echter Berg, vermutlich aus Kriegstrümmern aufgeschüttet, wie man hier und da noch erahnen kann, wenn man ein bisschen die Erde wegscharrt. Obendrauf tatsächlich eine Sternwarte, hinter der wir den Vormittag verdämmern. Ariel besteht darauf, nur nachts zu gehen. Weniger Verkehr, bessere Tarnung. Soll er. Unsere Wege würden sich ohnehin bald trennen. Er blinzelt kurz, als ich aufbreche, bevor es turbulent wird im Park. Bislang dreht nur ein Flaschensammler seine Runde.

In Berlin wird mehr gestorben als anderswo, könnte man denken, wenn man die zahllosen Friedhöfe sieht, denen man allerorten begegnet. Vielleicht auch, weil die Leute ihre Kinder vor den falschen Gefahren warnen. Gefährlich sind nicht die Hunde, sondern die Autos. Meine Begeisterung für Friedhöfe allerdings ist augenblicklich gedämpft.

Die Zeitungen schüren zusätzlich die Angst vor Hunden. Wahrscheinlich werden die Zeitungen von der Autoindustrie gesponsert, anders lässt sich das nicht erklären. Wenn gut dreitausend Menschen in Deutschland jedes Jahr totgefahren werden – ich rede gar nicht erst von den anderen Tieren –, dann ist das eine Randnotiz, aber wenn ein Hund ein Kind beißt: großes Geschrei. Daran denke ich unter der S-Bahnbrücke, spüre die Risse in meinen Sohlen und den Durst nun stärker als noch vor wenigen Stunden. Es haben sich ein paar Pfützen gebildet, aus denen ich trinken kann.

Mieses Gefühl von überall bedroht zu sein. Es gibt so was wie Tierrechte, weiß ich, aber wenn mich jetzt einer erschlägt oder totfährt, juckt das niemanden. Und immer nach der Polizei sehen, denn das, was ich gegenwärtig bin, nennt man einen Streuner. Obwohl mir Stromer besser gefällt. Vor einer Woche noch feudal umsorgt in der Zehlendorfer Villa, bin ich jetzt zum Sicherheitsrisiko geworden. Und alles nur, weil ich meiner Wege gegangen bin. Wer seiner Wege geht, wird als unberechenbar betrachtet, als Verkehrsrisiko, Krankheitsüberträger und potenzieller Wilderer. Ich habe gehört, dass Hunde in Moskau einfach die Metro nehmen, wenn sie irgendwo hinwollen. Ganz alleine und ohne Ticket. Ohne Ticket, das geht auch in Berlin, damit werben sogar die Verkehrsbetriebe: *„Du musst deine Möpse nicht verstecken, wenn der Kontrolleur kommt!“* Allein fahren, das aber wäre undenkbar in Berlin. Irgendwer würde mich festhalten und an die Polizei ausliefern, da bin ich sicher.

Wie absurd Menschen denken (wie gesagt, zu viele Hirnwindungen): Hunde sind Verkehrsrisiken. Was bitte sind Autos? Risiken ganz anderer Art, sollte man denken. Aber nein: Autos *sind* der Verkehr, sie können also nicht zugleich auch Risiko für den Verkehr sein. Das ist menschliche Logik. Verkehrsrisiken sind Dinge, die Autos bedrohen. Halleluja & Amen.

Es geht mir nicht gut. Ich fresse Reste aus einer Asia-Box im Rinnstein und bin sicher, dass das manchem – vor allem manchem Menschen – würdelos erscheint. Aber ich pfeife auf die Würde. Würde muss man sich leisten können. Nur auf eines pfeife ich noch mehr als auf die Würde, und das ist die Ehre. Das Einzige, was man sich bewahren sollte, ist die Anmut. In ihr begegnen Schönheit und Gelassenheit einem positiven Fatalismus, und in dieser Trias liegt das Geheimnis eines zufriedenen Lebens.

Mir geht es nicht gut, aber das sind meistenteils Äußerlichkeiten. Solange ich mir die Anmut bewahre, werde ich mein Leben meistern.

17. Oktober

Ich bin auf dem Tempelhofer Feld, es kommt mir vor wie ein Wunder. Ich, Streuner und Gott, habe es geschafft. Von hier kenne ich den Weg im Schlaf. Ein Blick auf den Hundeplatz? Lieber nichts riskieren jetzt. Da ist noch diese eine große Straße. Ich muss an Ariel denken.

Ich sehe den Hundeplatz mit seiner abgetretenen Wiese und den durchwühlten Gruben, dem Maschendrahtzaun und der seit langem aufgebrochenen Box für Plastikbeutel nur von Weitem. Wer bricht Kacktütenspender auf, frage ich mich jedes Mal. In Nürnberg denkt man, wie ich gehört habe, über das Modell von Hundekotbeutelspenderpaten nach. Könnte auch was für Berlin sein.

Wenig Betrieb für einen Mittwochmorgen.

Die Ästhetik von Hundeplätzen – in Deutschland auch Dog Run genannt – wäre eine Dissertation im Fach Stadtplanung wert: *Auslauf-Modelle. Heuristische Deurbanisation als aporetische Strategie einer nonfunktionalen Lieblosigkeit.*

Ich trabe zum Tor, jetzt ist es ein Heimspiel, den Zaun entlang bis zur übernächsten Querstraße, dann los. Warum Autos nicht halten, wenn sie sehen, dass man über die Straße möchte, werde ich nie verstehen. Ich merke plötzlich, wie erschöpft und durstig ich bin. Langes Gehupe, aber keiner kommt auf die Idee zu bremsen. Sie rasen vorbei, fluchen aus den geöffneten Fenstern. Bluno erzählte gern die Geschichte von seiner Lieblingsfrage in der Multiple-Choice-Führerscheinprüfung. *„Was tun sie, wenn sie Kinder am Straßenrand spielen sehen?“* – Und eine der drei möglichen Antworten: *„Ich gebe Gas, um die Gefahrenstelle möglichst schnell hinter mir zu lassen.“*

Auch ich bin, während ich die Straße überquere, offenbar eine Gefahr und Gefahren beseitigt man am besten, indem man sie überfährt.

Doch ich, die gehetzte Gefahr, schaffe es, das rettende Ufer zu erreichen. Ich falle in einen Galopp, mobilisiere meine Energiereserven und dann bin ich da. Zögere und laufe am Haus vorbei zur Seniorenresidenz, zum Meister der Wurstsemmeln. Und tatsächlich, auf ihn ist Verlass. Ich schlinge zwei halbe Semmeln runter, muss etwas würgen, aber mein Magen verlangt nach ihnen, sie sollen so schnell wie möglich in mir verschwinden. Jetzt muss ich vor unserem Haus nur noch warten, bis Bluno kommt. Ich bin sicher, dass er sich freut mich zu sehen. Und wie. Bestimmt ist die Nachricht von meinem Verschwinden schneller als ich. Auf dem Pflaster liegend lecke ich meine geschundenen Pfoten, die Zeit verstreicht, es wird milder und die Sonne heizt mich auf, entspannt mich, lässt mich die Augen schließen. Als ich sie wieder öffne, steht Elena vor mir und kräuselt, als sie mich sieht, ihren lila geschminkten Mund zu einer Mopsarschrosette. Ich springe auf, begreife, dass ihr erster Impuls ist, mich wegzujagen. Dann zögert sie. Wir sehen uns an, im Gegensatz zu mir, weiß sie nicht, was jetzt zu tun ist. Wenn sie mich wegjagt, werde ich wiederkommen, wenn sie mich in unsere Wohnung lässt, wird Bluno sich zwar freuen, aber für sie ist dann dort kein Platz mehr. Sie weiß auch, dass sie mich nicht packen und ins Tierheim bringen kann, denn dort wird man meinen Chip lesen und mich zu Bluno zurückbringen. Sie ist in einer ausweglosen Situation, sie ist am Ende, sie ist an dem Punkt, an dem Menschen in Krimis Morde begehen.

19. Oktober

Ich habe nicht gewartet, bis Elena mich gepackt, in ihr Auto gezerrt und in einem Tümpel vor den Toren Berlins ertränkt hat. Vielleicht hätte sie es gar nicht getan. Aber Menschen sind unabsehbar launenhaft. Lokal und global das größte Sicherheitsrisiko.

Ich habe sie so lange angeblafft, bis alle Nachbarn aus den Fenstern geschaut haben. Das ist der Vorteil als Hund, wenn man nur heftig genug kläfft, schauen alle, während ein Mensch, der auf der Straße um Hilfe ruft, eher nicht mit Aufmerksamkeit rechnen darf. Jetzt jedenfalls schauten sie und ich hatte mindestens ein Dutzend Zeugen, die mich vor meinem Haus mit Elena gesehen hatten. Ihr blieb nichts anderes mehr, als mich reinzulassen. Während ich in der Küche einige Happen zu mir nahm, saß sie demonstrativ auf dem Balkon, als wolle sie signalisieren, dass sie es mit mir nicht in einem Raum aushalten könne.

Dann hörte ich Blunos Schritte im Treppenhaus, den Schlüssel im Schloss, die Tür. Wir lagen uns in den Armen. Wie in Glück Ertrinkende.

19. Oktober, abends

Elena hat ihre Sachen gepackt und ist gegangen. Bestimmt das Beste für alle.

Bellmers wurden informiert. Sie waren sehr kühl. Beleidigt, dass ich ihren wohlanständigen Wohlstand nicht gewürdigt habe. Fühlten sich vermutlich von mir hintergangen, weil ich ohne ein Zeichen des Abschieds das Haus verlassen habe. Aber hätte ich Tschau gesagt, hätten sie mich nicht gehen lassen.

21. Oktober

Es gab noch einige Telefonate und Bluno ist ein wenig aus dem seelischen Gleichgewicht. Bei Elena wurde aus Verletzung Pathos und aus Pathos kurzzeitig Pathetitarismus, also ein militant-emphatisches Bedrohungsszenario. Aber seien wir ehrlich, wenn eine Liebe an einer Hundeallergie scheitert, kann sie nicht allzu groß gewesen sein.

Es ist still und menschenleer. Wir sind unterwegs. Besonders am Sonntagmorgen sollte man das Monument auf dem Kreuzberg meiden. In der Nacht zuvor hockt dort oben eine internationale Flaschenzertrümmerungsgesellschaft, die Woche für Woche einen Scherbenhaufen hinterlässt. Es scheint nichts Schöneres zu geben, als leere Bierflaschen die steinernen Stufen des Kreuzbergdenkmals hinunterzuwerfen. Manche wissen vielleicht gar nicht, dass es Pfand gibt auf die Flaschen, und dass Menschen davon leben, diese Flaschen einzusammeln. Den meisten ist der Spaß aber die paar Cent wert, die ein anderer nicht bekommen wird.

Vielleicht kann man die Welt in Flaschensammler und Flaschenzertrümmerer einteilen. Für einen Moment kommt mir der Gedanke reizvoll vor. Dann verwerfe ich ihn wieder.

Statt auf den Kreuzberg gehen wir zum Wurstsemmel-Senior, dessen Fensterbank seit Jahr und Tag voller Kunstblumen steht, und Bluno ist heute das erste Mal bereit, sie zu loben. Ich sollte mir ernstlich Sorgen machen, wenn er so weit aus dem Gleichgewicht ist, sich für florales Plastik zu begeistern.

22. Oktober

Es wird Winter, obwohl gerade einmal der Herbst begonnen hat.

Bluno stopft seine durchnässten Schuhe mit alten Zeitungen aus, die ihm gelegentlich unser Nachbar mit der Absicht vor die Tür legt, ihn fortzubilden. Es ist diese Berlinhasser- und Hundehasser-Zeitung aus Frankfurt und ich frage mich, warum die in Berlin überhaupt jemand liest. Sicher gibt es auch in Berlin Berlinhasser, aber das sind zwangsläufig unglückliche und unfreie Gestalten, denn wären sie frei, würden sie vermutlich anderswo leben, es sei denn sie hassen gern, was sie nicht sympathischer macht. Die Zeitung ist hierzulande also nur Lektüre für Freudlose, zu denen ganz ohne Frage auch unser Nachbar gehört, oder für die spezielle Kategorie pathologischer Gernverächter.

Zum Schuhausstopfen aber absolut geeignet. Die Zeitung, nicht der Nachbar. Und wenn man wissen will, was der Feind so denkt, dann sollte man ruhig mal reinschauen. Allerdings reichen die Überschriften, dann weiß man schon, wohin die Reise geht. Näher sehe ich mir daher nur noch Artikel an, in denen die Berlinhasser- und Hundehasser-Redaktion auf Hunde *und* Berlin zugleich zielt, wenn sich der Hass also quasi potenziert gegen uns und gegen dieses *„urbanistische Desaster“* richtet, *„dieses immer überfüllter werdende, schlecht gelüftete Wartezimmer“*. Reflexartig wird immer dann zugeschnappt, wenn es um Kampfhunde geht oder um Hundescheiße. Über Waffenexporte oder andere Menschenscheiße liest man, wenn überhaupt, deutlich Unentschiedeneres oder, wie die Redaktion wohl sagen würde: Differenzierteres. Dafür weiß man sehr genau, was Sitten sind und was Unsitten. Wenn ich neben Bluno in unserem Bett schlafe, dann ist das eine Unsitte. Und warum? Weil ich ein Tier bin, und Bluno ein Mensch und der Mensch ist kein Tier. Punkt. Und weil Menschen und Tiere nicht zusammen schlafen dürfen. Punkt. Weshalb? Deshalb. Punkt. Der Hund ist, was er isst, heißt es im Hundehasser-Blatt: Dreck. Und mit Dreck schläft man nicht im Bett. Punkt.

Wenn wir Hunde dann aber Himbeer-Petit-Fours und Lachs-Canapés essen, ist es auch nicht recht. Doch abgesehen davon: Wie sieht's bei den Menschen aus? Jeder verschlingt hierzulande jedes Jahr 40 Kilo Tiefkühlkram und zehn Currywürste, schüttet 35 Kilo Zucker in sich rein und 12 Liter reinen Alkohol. Wie, bitte, ließe sich Dreck besser beschreiben?

Ich weiß, Aufregen lohnt nicht, aber gelegentlich kann ich nicht anders – und maßvoller Zorn ist gesund, wie ich gelernt habe. Wenn die Zeitung der selbstgekürten Saubermänner und Sauberfrauen ihre Fäkalphobie auslebt und Tagträumen von Kacktürmen und Kotsaugerflotten nachhängt und jeden zum obrigkeitshörigen

Kleinbürger stempelt, der sein Leben mit einem Hund teilt, dann kann ich nur fragen: Habt ihr in Frankfurt keine anderen Probleme? Ich garantiere euch persönlich, dass Bluno kein Kleinbürger ist, denn wenn einer Monate damit verbringt, über *Die Gurke in der Kunstgeschichte der Neuzeit von Carlo Crivelli bis Erwin Wurm* zu schreiben, ohne damit irgendwann fertigzuwerden, dann ist er kein obrigkeitshöriger Kleinbürger, sondern ein professioneller Tagedieb. Ja, Bluno ist ein Tagedieb, wie er im Buche steht, und Tagediebe sind niemals Kleinbürger. Es gibt Dinge, die schließen sich aus. Nicht viele, aber ein paar. Kleinbürger und Tagedieb gehören dazu.

Bluno hat im Übrigen trotz Regen plötzlich beste Laune, denn wo er bislang dachte, er sei nicht nur der Einzige, der sich für die Bedeutung von Gurken in der Kunst interessiere, sondern auch der Einzige, dem solche Gurkendekorationen überhaupt jemals aufgefallen seien, findet er sich plötzlich in bester Gesellschaft, denn Goethe schreibt am 26. September 1786 abends über seine Fahrt von Vicenza nach Padua in sein Tagebuch die schicksalhaften Sätze: *„Man fährt in der fruchtbarsten Ebene immer südostwärts, zwischen Hecken und Bäumen, ohne weitere Aussicht. Bis man endlich die schönen Gebirge, von Osten gegen Süden streichend, zur rechten Hand sieht. Die Fülle der Pflanzen- und Fruchtgehänge über Mauern und Hecken, an Bäumen herunter, ist unbeschreiblich. Kürbisse beschweren die Dächer, und die wunderlichsten Gurken hängen an Latten und Spalieren."* Die wunderlichsten Gurken! Bluno war vollkommen euphorisiert. Wie leicht man Menschen doch glücklich machen kann. Dabei weiß offenbar auch Goethe nicht, welch tiefere Bedeutung dieses Gemüse hat.

30. Oktober

Mit Bluno nach Bayern. Muss weiter an das Frankfurter Saubervolk denken. Halten Hunde für Phänotypen des Untertanen und machen sich selbst zu Dienstboten von Katzen!

Die Verbundenheit von Homo sapiens und Felis sivestris mag daher kommen, dass beide ursprünglich aus Afrika stammen, sich von dort kennen und irgendwann nach Europa eingewandert sind. Wir Hunde allerdings waren zuerst hier. Das sollten diese Kolonialisten – oder waren es Migranten? – nicht vergessen.

Mit Bluno komme ich gut aus, er gehört zu den Menschen, die sich an das Hundeleben weitgehend assimiliert haben. Ich liege unter der Bank, auf der Bluno sitzt, oder zwischen seinen Füßen, wenn er wieder mal auf irgendeiner überfüllten Vernissage mit einem Stück Glas in der Hand herumsteht. Zu seinen Füßen zu liegen, ist keine Unterwürfigkeit, sondern dort ist ein Ort, der mir vertrauten Schutz bietet vor dem unzivilisierten Kulturvolk – je mehr Kulturvolk, desto unzivilisierter –, das vor allem sich selbst sieht und daher gern einmal über andere stolpert, die ihrem Ego im Wege stehen.

How amazing, schrillt es durch den Raum, *it is so weird! What a piece of art!*

Well, definetely, schallt es zurück, *you know, basically it's like kind of something about imagination.*

Dass Bluno sich nicht für ein Genie hält, macht ihm sein Leben leichter.

Habe unterwegs nach Bayern mehrere alte Bilder und historische Grabsteine mit Hunden gesehen. Geilheit und Treue, Hundsfott und Aufopferung, das ist unsere ikonographische Bedeutung in der Kunst, soweit ich sehe. Schöner und widersprüchlicher könnte man es nicht formulieren. Einerseits. – Andererseits muss man sich immer überlegen, welches von beiden gerade gemeint ist. Sitzt der Hund bei einem nackten Paar, hat er eine andere Bedeutung, als wenn er auf einem Grabstein einer toten Dame zu Füßen liegt, selbst wenn es der gleiche Hund ist. Es ist also nicht der Hund, der entscheidet, welche Bedeutung er hat, sondern wieder mal der Mensch, beziehungsweise der Kontext, in den ihn der Mensch stellt. Es wird Zeit für die Selbstbestimmung der Hunde zu demonstrieren. Vielleicht ein nächstes Projekt, wenn mein Manifest für ein Hundeleben fertig ist.

Als der Heilige Augustinus seine Vision hatte, war auch ein Hund dabei, wie ich gehört und auf einer Postkarte gesehen habe, die Schwester Esther aus Venedig geschickt hat und die diesen Moment zeigt, den jemand vor 500 Jahren wandgroß gemalt hat. Natürlich kein schwarzer, sondern ein weißer Hund, ein Hund, von dem man sogar sagen könnte, dass er eine entfernte Familienähnlichkeit mit mir besitzt. Und der hat die Vision auch gesehen. Also können auch Hunde Visionen haben.

Der Maler Vittore Carpaccio – jenes Genie, nachdem der unwiderstehlich feine Aufschnitt benannt ist – zeigt in seiner so realistischen Darstellung des Ereignisses, dass der Hund längst, wie in einem Lichtspielhaus, dasaß und andächtig die Vision betrachtete, bevor Augustinus von seiner Arbeit aufsah, um ihr den Kopf zuzuwenden. Vielleicht, so ließe sich vermuten, hat ihn der namenlose Hund auch erst auf das Spektakel aufmerksam gemacht. Carpaccio kannte sich aus mit Hunden, er wusste, dass wir schneller und präziser wahrnehmen als Menschen. Indem er einen Hund zum Zeugen wählt, untermauert er die Glaubhaftigkeit der Vision, die eben nicht nur im Kopf eines entrückten Heiligen vonstatten geht, sondern auch von unfehlbar ungläubigen Dritten goutiert wird.

November

1. November

Allerheiligen. Sehr praktische Veranstaltung, weil nicht mal die katholische Kirche weiß, wie viele Heilige es gibt. An diesem Tag, einem Fest erster Klasse, kann man sie alle auf einen Schlag abfrühstücken. Es müssen, nimmt man die Seligen noch dazu, aber an die 7000 sein und es kommen ständig neue hinzu. Offenbar leistet der Advocatus diaboli keine gute Arbeit, sonst fänden sich darunter nicht so viele Raffkes und Ratten, Heuchler und Hornochsen.

Allein die feindliche Übernahme des Pantheons wurde einst mit 28 Wagenladungen von heiligen Gebeinen aus den römischen Katakomben begangen, die man im Kuppelrund ablud. Gegen diese Masse an Knochen konnten die antiken Götter einfach nicht mehr anstinken und fortan war das Pantheon ein Pansanktuarium.

Quod licet *bovi* non licet *Iovi*.

Aber bei all dem Zauber um Heilige gibt es nicht einmal einen offiziellen Patron für Hunde, die im christlichen Abendland leben. Dafür aber gibt es einen Heiligen, der selbst Hund war. Man darf vermuten, dass sich die Begeisterung der katholischen Kirche nach wie vor in Grenzen hält, aber am Grab des tapferen und pflichtbewussten Guinefort, der ein Kind vor einer Schlange gerettet hatte und trotzdem vom idiotischen Kindsvater getötet worden war, legten Menschen seit dem Mittelalter und noch bis ins letzte Jahrhundert hinein Dankesgaben für die Wunder nieder, die er als Beschützer der Kinder vollbracht haben soll. 800 Jahre Verehrung, das müssen solche geheiligten portugiesischen Hirtenkinder, denen eine Madonna erschien, und das muss auch so ein sakralisierter Vollidiot wie Johannes Paul II. erst mal hinbekommen. Wobei die Madonna die portugiesischen Kinder dann doch im Kindesalter hat sterben lassen, während sie *il Polaco* nur mit Parkinson strafte.

Ich finde, wo schon keine Frauen Papst werden können, wäre es an der Zeit, dass ein Hund Papst wird, dessen Ruhm die Jahrhunderte überdauert. Apropos: Ist es nicht seltsam, dass im Wort Jahr*hunde*rte die Hunde drinstecken?

Wir sind bei Jens und Alan in München angekommen. Sie mögen Hunde. – Was für eine Formulierung, wenn ich sie so hingeschrieben sehe. Sie mögen Menschen, würde keiner sagen. Sonst keine weiteren Vorkommnisse. München riecht auch nicht viel anders als Berlin, obwohl hier der Döner noch nicht richtig angekommen ist, dafür gibt es Leberkäs. Müder Ersatz.

Unsere Gastgeber mögen es aber fleischhaltig, so dass für mich ständig was abfällt, sobald ich in die Küche komme.

2. November

Heute Morgen mit dem Gedanken aufgewacht, was Katzenliebhaber wie Mark Twain, Isaak Newton, Picasso, Churchill oder Hemingway wohl verbindet. Gibt es da etwas, oder ist die Katzenliebe das Einzige?

Wir machen einen Ausflug in die Provinz, dorthin, wo Bluno einst Museumsdirektor war. Bluno hat seither ein Provinztrauma. Er war einmal, in einer Vorzeit, die man getrost als grau bezeichnen kann, dieser Museumsdirektor, den man ihm heute nicht mehr ansieht. Wobei ich auch nicht weiß, wie so ein Museumsdirektor auszusehen hat, damit er als solcher reibungslos funktioniert. In jener Provinz hat er dann aber die Provinz Provinz genannt. Nicht mal wertend, wie er versichert, sondern neutral beschreibend, soweit eben die neutrale Beschreibung eines Zustands der geistigen Lähmung unter Zuhilfenahme des Begriffs Provinz möglich ist. Die Reaktion war entsprechend provinziell. Sie war so, wie man sie in der Provinz und nur dort erwarten darf, eine Reaktion, die voll und ganz den Wahrheitsgehalt der Provinzialität bestätigte. Würde man New York oder Paris gegenüber New Yorkern oder Parisern als Provinz bezeichnen, dann würden die Leute müde lächeln und einen als verschrobenen Trottel betrachten. Nennt man aber die *Provinz* Provinz, was, zugegeben, redundant ist, dann wird man hinter vorgehaltener Hand zum blasierten Schnösel erklärt. Bluno jedenfalls hat seit jenen Tagen sein Provinztrauma und hat sich geschworen, nie wieder in einer Stadt mit weniger als einer Million Einwohnern tätig zu werden, was vermutlich dazu geführt hat, dass er nie wieder irgendwo tätig geworden ist, soweit man Tätigsein als geregelte Arbeit versteht und nicht als das Verfassen von Schriften über die Geschichte der Gurke in der abendländischen Kunst.

Über den Ort im Allgäu gibt es nicht viel zu berichten. Novembergrau. Sollte ich einen ersten Eindruck skizzieren, würde ich sagen: Fleckvieh im Nebel. Gut, dass Jens und Alan mitgefahren sind, ihnen gelingt es, über jeden Misthaufen noch Witze zu reißen, selbst über diesen Ort, dessen Name ich nicht erinnere.

Auf dem Weg zurück nach München ist Bluno sehr still. Dann erzählt er doch noch eine Geschichte von einer Ausstellungseröffnung in jener grauen Vorzeit. Er sprach vor Vernissagenpublikum über irgendeine moderne Kunst und ließ sich im Überschwang zu der Bemerkung hinreißen, es sei den Bewohnern dieser Gegend gelungen, die Ablehnung jeder Innovation auf die denkbar knappste Formel zu bringen, denn in ihrer Sprache heiße *nein* einfach *neu*. Mit einem schlichten *neu* sei alles gesagt.

Daraufhin flüsterte ein Herr in der ersten Reihe für alle hörbar seiner Gattin ins Ohr: *Der macht's hier nicht mehr lang.*

München,
3. November

Bluno mokiert sich darüber, dass ich ein Linkspinkler bin. Das heißt, dass ich alle Dinge von rechts anpinkle. Er meint daraus eine politische Haltung ablesen zu können, aber ich kann auch anders. Es ist für mich einfach nur bequemer nach links zu pinkeln. Das allerdings gilt wahrscheinlich auch für die Politik insgesamt. In Bayern allemal.

Hier begreife ich auch, dass es normal zu sein scheint, einen Beruf zu haben. In Berlin leben zwar so viele Akademiker wie sonst nirgendwo in Deutschland, aber ich denke immer, betrachtet man die Bevölkerung als Ganzes, dann sind nun mal 20 Prozent davon Kleinkinder, Schüler und Studenten, 20 Prozent Rentner und 10 Prozent Arbeitslose, und bei der anderen Hälfte der Bevölkerung ist Arbeit auch nur eine zweifelhafte Kategorie von diffuser Definition. Steuern zahlen die Berliner verglichen mit den Münchnern jedenfalls nicht mal die Hälfte. Das macht mir Berlin naturgemäß sympathisch. Man sollte es mit Arbeit nicht übertreiben.

Ich habe mir dennoch, während ich morgens über die Öde der Theresienwiese jogge, die manches ist, aber keine Wiese, Gedanken darüber gemacht, was für einen Beruf ich ergreifen könnte, wenn ich müsste. Einen, der mit meinem Manifest für ein Hundeleben nicht im Widerspruch stehen sollte, versteht sich, auch wenn Oscar Wilde vielleicht Recht hat: *„Wohlerzogene widersprechen anderen, Weise widersprechen sich selbst."* Muss dennoch weiter nachdenken. Denn noch immer gilt ebenso, was Oscar Wilde in anderer Hinsicht sagte: *„Tätigsein ist der letzte Ausweg jener, die nicht verstehen zu träumen"* und *„Muße ist die Vorbedingung der Vollkommenheit."*

„Ohne Deo wären wir Tiere", soll John Broadus Watson beim Blick in ein Reagenzglas im Labor der Johns Hopkins Universität gesagt haben. Aber dieses Zitat ist, wie so viele, nicht gesichert. Doch es ist nicht von der Hand zu weisen: Auch weil es Deo gibt, bestreiten Menschen, Tiere zu sein.

In die Politik gehe ich nicht. Das ist etwas für Deodorierte. Dort sind *echte* Tiere nicht erwünscht. Und für echte Tiere wird selbst im Europaparlament nichts getan. Dort sitzen Vertreter von mehr oder weniger 28 Ländern und alle wollen den möglichst größten

Profit für ihr Land herausholen. Wo es aber Gewinner gibt, wird es auch Verlierer geben. Und wenn es schon unter den 28 Ländern möglichst keine Verlierer geben darf, damit die Stimmung nicht noch schlechter wird, müssen eben andere die Verlierer sein. Möglichst welche, die nicht im Europaparlament sitzen, also Nicht-Europäer. Und – selbstverständlich – andere Tiere.

5. November

Die gestrige Rückfahrt nach Berlin habe ich genutzt, um mögliche Tätigkeiten auszuloten. Bluno sah fast die ganze Zeit geradeaus auf die vor uns liegende Straße. Das ist eine sinnvolle Angewohnheit bei der Fortbewegung. Wenn ich nach hinten sehen will – zum Beispiel um zu kontrollieren, ob Bluno auch folgt –, bleibe ich meistens stehen und drehe dann erst den Kopf. Menschen machen das nicht. Sie drehen sich um, während sie laufen, und weil ihre übrigen Sinne auch schwach entwickelt sind, birgt das Risiken. Sie laufen sogar durch die Gegend mit verstopften Gehörgängen, in denen sie Stöpsel anbringen, die Geräusche transportieren, weil es ihnen draußen auf der Straße noch nicht laut genug ist. Und sie richten während der Fortbewegung ihre Augen auf Displays, die ihren Blick in Parallelwelten entführen. Erstaunlich, dass bei all dieser Entrückung nicht weit mehr Unfälle passieren. Andererseits habe ich auch noch von keiner Statistik gehört, die die schweren und tödlichen Unfälle erfasst, die ihre Ursache in Stöpseln und Displays haben. Vermutlich wird die Lobby der Stöpsel- und Displayindustrie das zu verhindern wissen.

Fährt Bluno mal von der Autobahn ab, dann finden sich immer bemerkenswerte Ausblicke und Gerüche am Straßenrand. Verlockende Müllcontainer, ein Bulle auf einem Hügel, ein Waldsee. Landstraßen sind charmant, Autobahnen eintönig, bei Landstraßen halte ich die Nase in den Wind, bei Autobahnen rolle ich mich zusammen und entspanne und träume und denke.

Wir halten in Bitterfeld, weil Bluno es sich in den Kopf gesetzt hat, auf dem ermüdenden Weg nach Berlin zu übernachten. Streifzug durch die Fußgängerzone. Wir schauen uns die internationalen Sehenswürdigkeiten an, die weitgehend geschlossen sind. Nur der Chinese hat geöffnet, so wie sich das gehört. Chinesen sind

es sich und anderen schuldig, wo immer möglich zu beweisen, dass sie besonders rege und fleißig sind. Außerdem gibt es so viele Chinesen, dass immer einer arbeiten kann. Hamburger und Döner sind verrammelt, aber Peking hat sogar in Bitterfeld geöffnet.

Bitterfeld lässt uns keine andere Wahl als den Chinesen. Ich zweifle, dass es hier ein Hotel gibt, denn Hotels werden nicht von Chinesen betrieben und wer möchte schon *Eine Nacht in Bitterfeld* verbringen. Das klingt nach einem Sozialdrama, nach leergefegten Straßen und völliger Bewegungslosigkeit. Man sitzt im Kino, schaut sich den Film an und meint eine Fotografie zu betrachten, doch dann wirbelt eine Plastiktüte vorbei, dreht eine Pirouette, fährt zum Himmel auf und verschwindet in der Dunkelheit. Im letzten noch erhellten Fenster erlischt das Licht. Jetzt ist nur noch eine flüchtig hingesprühte Botschaft zu lesen, von der keiner weiß, an wen sie sich richtet: Refugees not welcome. Was für ein Glück für die Flüchtlinge, denkt man. Wer würde durch die Sahara und übers Mittelmeer flüchten, um dann in Bitterfeld willkommen zu sein?

Bluno möchte weiter die Straße runter, aber ich bleibe stehen und sehe ihn an. Das tue ich immer dann, wenn ich mit seiner Richtungswahl nicht einverstanden bin. Er sieht zu mir zurück, er zögert und tut das Richtige. Wir gehen zurück zum Auto. Dort, in unserer Blechblase, abgeschirmt vom Draußen, konsultiert er das Internet. Es ist kaum zu glauben, aber es gibt ein Hotel, den Bitterfelder Hof. Und das Internet weiß noch mehr. Was Gäste am Bitterfelder Hof lieben: die kostenfreien Parkplätze.

Bluno lässt den Motor an, ich rolle mich zusammen und werde erst in Berlin wieder die Augen öffnen. Zu träumen habe ich immer genug.

Warum nicht doch etwas tun im Leben, träume ich zum Beispiel. Ein gewisses Talent als Akrobat kann ich nicht verleugnen, auch wenn ich auf dem Gebiet nicht so gefördert wurde, wie es für eine Zirkusreife nötig gewesen wäre, also scheint es sinnvoll, eine Stufe tiefer anzusetzen und Schausteller zu werden. Dazu besitze ich zwar, obwohl eher von zierlichem Wuchs, die nötige körperliche Präsenz und Dynamik, aber es besteht eben doch ein Kommunikationsproblem mit dem allzu menschlichen Publikum. Menschen verstehen Hunde viel schlechter als umgekehrt. Das ist wahrlich keine neue Erkenntnis, sondern wurde bereits von einem namenlosen Dackel vor 126 Jahren ausgiebig erörtert, der von den Menschen als einer *„Bajazzo-Race"* sprach, die zwar clowneske Geräusche und Grimassen nutze, sich aber nicht einmal untereinander verständigen könne: *„Ueber was ich mich noch immer ueber alle Maaßen wundern muß,"* schrieb er, *„ist, daß ihnen, der durch ihre Häuser-Aufwürfe und Straßenausschaufelungen scheinbar hochstehenden Species, die Begabung gegenseitiger Orientierung gänzlich abgeht. Ich meine die Möglichkeit, sich gegenseitig zu verstehen."*

Wenn ich nicht zum Akrobaten tauge und auch nicht zum Schausteller, muss ich noch eine Stufe tiefer gehen und Künstler werden. Künstler muss man nicht verstehen, Künstler können viel schlafen, Künstler können tätig werden, wenn sie gerade inspiriert sind und sonst in einem Straßencafé sitzen und die Passanten beobachten. Bei einem Künstler wird Nichtstun sofort als kreativer Akt akzeptiert.

Der große Plan steht also. Details und Strategien müssen noch erwogen werden.

Wichtig ist nicht, was man macht, sondern wo man dabei ist. Das gilt auch und besonders für den Kunstmarkt. Man muss natürlich sein Tun so ausrichten, dass es ein Dabeisein möglich macht. Gut ist es immer, gleich als Quereinsteiger anzufangen und sich nicht erst hochzudienen. Daher das Ganze vom Kopf her denken.

Was mir leicht fällt, ist Löcher graben. Darauf werde ich mich als Künstler fokussieren.

Erste Versuche am Nachmittag auf einem Spielplatz in Steglitz. Bluno begleitet mich. Mit Spielplätzen haben wir unsere Erfahrungen, deshalb wählen wir einen vollkommen menschenleeren und von Hecken abgeschotteten und ich beginne mit Grabungsversuchen. Er sitzt auf einer Bank und sieht mir zu. Doch es dauert keine fünf Minuten, bis ein junger Vater in Polohemdchen, mit Side-Swoop-Frisur, Dreitagebart und Sprössling den Spielplatz betritt und sofort auf Bluno zusteuert.

Was macht der Hund da?

Er gräbt von Kindern vergrabene Leberwurststullen aus. Bluno versucht es freundlich. *Irgendwer muss hier ja für Sauberkeit sorgen.*

Sie scheinen nicht sonderlich intelligent zu sein, sagt der junge Vater ohne Umschweife.

Ich halte kurz inne. Oh, denke ich und grabe weiter, das hört Bluno nicht so gerne.

Das ist ein Spielplatz, und was Sie da machen, so der junge Vater, *ist einfach asozial.*

Oh, oh, denke ich, der hat ja vielleicht einen Ton am Leibe, und grabe weiter.

Kommen Sie mal runter, entgegnet Bluno. *Der Hund hat im Gegensatz zu ihnen gute Umgangsformen, der macht nicht in Sandkästen.*

Nein, ich komme nicht runter. Verlassen sie auf der Stelle mit ihrem Köter diesen Ort! Sonst...

Sonst was? Bluno erhebt sich und ich finde seine Körpersprache ein wenig bedrohlich. Bei Beleidigungen gegen mich hört für ihn der Spaß auf.

Sonst was?, wiederholt er etwas lauter.

Das ist vollkommen, vollkommen unhygienisch!

Der junge Vater, der bestimmt als Geschäftsführer eines Start-up-Unternehmens für Kommunikationsdesign arbeitet, gegenüber seinen Mitarbeitern nie autoritär daherkommen darf, weil das uncool ist, und jetzt endlich die Chance sieht, einmal knallhart und kompromisslos aufzutreten, nestelt vor den Augen seines kleinen Sohnes ein Handy aus der Hosentasche. Bluno ist nun stehengeblieben und versucht es argumentativ, was bekanntlich selten zielführend ist.

Aber die zehn Katzen, die hier jede Nacht in den Sandkasten scheißen, die stören sie natürlich nicht!, sagt er.

Jetzt beginnt der junge Vater ohne weitere Entgegnung zu filmen.

Das ist keine gute Idee, höre ich Bluno. *Sie wollen doch nicht, dass ich Sie vor den Augen Ihres Sohnes übers Knie lege, oder?*

Ich werde Sie anzeigen!, kommt es zurück.

Na klar. Sonst fällt ihnen nichts ein? Nach Mamma schreien oder bei Papa Staat petzen, sagt Bluno. *Was soll denn Ihr Sohn denken, wenn sein Vater wegen so einem Schwachsinn vermöbelt wird? Vielleicht sind sie es ja, der hier nicht sonderlich intelligent ist. Packen Sie das weg. Jetzt.*

Oh, oh, oh, denke ich, denn Spielplatz und Anzeige, das klingt fatal in meinen Schlappohren und Bluno schießt eindeutig übers Ziel hinaus, wie man so sagt. Ich bin jederzeit bereit, die Rechtsnormen des Landes, in dem ich Asyl genieße, zu akzeptieren und auch ein Bekenntnis zur deutschen Leitkultur abzulegen, falls mir bei Gelegenheit jemand erklärt, was das ist. Wurstsemmeln gehören aber sicher dazu. Bluno ist da in manchem etwas eigen. Vor allem, wenn er sich unnötigerweise in seiner persönlichen Freiheit eingeschränkt sieht, kann er ungemütlich werden. Und jetzt scheint so ein Moment gekommen. Der junge Vater kann nicht wissen, dass Bluno es nicht schätzt, wenn er gefilmt wird und ihm jemand sagt, wohin er gehen soll. Mein Loch wird glücklicherweise tiefer und tiefer und ich kann nun schon ganz darin abtauchen. Ich weiß daher nicht, was wirklich geschieht, aber es muss schnell gegangen sein, denn als ich auf Blunos Zuruf rausspringe, sitzt der junge Vater auf der Bank, auf der Bluno eben noch gesessen hat und starrt auf sein Handy, das vor ihm tot auf dem Boden liegt.

Als wir den Spielplatz verlassen, steht der kleine Junge wie eine Wachsfigur immer noch dort, wo er stehengeblieben war, als sein Vater die ersten Worte an Bluno richtete, und schaut konsterniert. Was in seinem Kopf vorgeht, frage ich mich, während wir durch die Schwingtür der Spielplatzeinzäunung davonflanieren. Ob der Sohn jetzt noch enger an den Vater gebunden ist, ihn als Vorbild sieht, als einen, der sich friedlich und mit modernsten technischen Errungenschaften gegen die primitive Gewalt zu behaupten suchte und in seinem Scheitern zum Helden wird, oder ob der Sohn allen Respekt vor diesem Vater verloren hat, der das einigermaßen Dümmste tat, was man in solcher Situation so tun kann, einen vermeintlichen Aggressor so lange zu filmen, bis er zum potenziellen und dann zum tatsächlichen Aggressor wird, ob der Sohn also nun und für alle Zeiten an der Zurechnungsfähigkeit seines Erzeugers zweifelt, auf ihn herabsieht, ihn mit siebzehn das erste Mal ohrfeigt, um dann mit 21 das elterliche Anwesen in Brand zu stecken? Ich werde es nicht erfahren, denn mein Leben ist voraussichtlich nicht lang genug, um einst die Schlagzeile zu lesen, dass ein verhaltensauffälliger junger Mann, dessen früheste Kindheitserinnerungen bis zur Demütigung seines Vaters auf einem Steglitzer Spielplatz zurückreichen, sich auf dem Engel der Berliner Siegessäule sitzend in die Luft gesprengt hat, um einmal Held auf Youtube zu sein.

Das Erlebnis beflügelt mich aber in meinem Willen Künstler zu werden. So wie ich auf dem Spielplatz muss sich ein Künstler fühlen, der gegen äußere Widerstände, geächtet vom Bürgertum, als

Grenzgänger der Legalität seinen Weg beschreitet bis ins Museum of Modern Art in New York, bis zur Biennale nach Venedig, einmal rund um die Welt.

11. November

Löcher, das ist es.

12. November

Unterwegs im Tiergarten. Ausschau gehalten nach Ariel. Aber der Tiergarten ist groß. Nirgendwo ist er zu sehen. Ich hoffe, er hat es geschafft bis hierher. Das hatte er sich in den Kopf gesetzt. Aber was dann? Ihm würde es vielleicht sogar gelingen, hier zu überleben. Mir nicht.

Wenn zu viele Leute unterwegs sind, fällt es mir immer noch schwer, Bluno in der Menge auf Anhieb zu erkennen. Jeden Tag sieht er anders aus, und ich muss genau hinsehen, um mir sicher zu sein, dass er es ist. Je kälter es wird, desto schwerer wird die Identifizierung unter all den Schichten von Wolle und Stoff, in die er sich packt.

Wie komme ich drauf? Weil beim letzten Mal im Tiergarten noch fast alle nackt waren, die wir dort getroffen haben.

Wenn ich meine Kackposition einnehme – sie ist von seltener Eleganz, da ich meine vier Pfoten in einer Linie nebeneinanderstelle, was ein gewisses Geschick und auch Konzentration auf das Gleichgewicht erfordert –, kann ich Bluno schon mal aus den Augen verlieren. Übrigens hat Rembrandt von der Anmut dieser Stellung, angesichts derer jede christliche Botschaft unweigerlich in den Hintergrund treten muss, ein Meisterwerk angefertigt.

In Berlin darf ich kacken, wo ich will, solange Bluno eine Tüte bei sich hat und alles einsammelt. In Amsterdam, habe ich gehört, gibt es sogar auf dem Trottoir eigens markierte Stellen, auf die zu kacken man durch ein entsprechendes Piktogramm aufgefordert wird. Die Holländer scheinen ein lustiges Volk.

Die Kälte macht mir immer wieder zu schaffen. Wie muss das erst am Nordpol sein? Die grönländischen Begleiter Robert Edwin Pearys auf seiner Tour ins ewige Eis nannten den Nordpol *kingmersoriartorfigssuak*. Zu Deutsch: *der Ort, an dem man gezwungen ist, seine Hunde zu essen*. Das klingt ungemütlich, das klingt existenziell, und es deutet darüber hinaus doch wohl auf zweierlei. Erstens sind Hunde auch in der Arktis die wichtigsten und letzten Begleiter der Menschen. Und zweitens scheint die Behauptung Pearys, als erster Mensch am Nordpol gewesen zu sein, schon durch den Namen *kingmersoriartorfigssuak* widerlegt, denn zu wissen, dass man am Nordpol genötigt ist, seine Hunde zu essen, setzt voraus, dass man schon mal dort war.

Doch Leute wir Peary würden gar nicht verstehen, was ich meine. Denn für solche Leute sind auch die Inuit keine richtigen Menschen. Wie sonst ist es zu erklären, dass Peary sie verschleppt, sterben lässt und ausgestopft in amerikanischen Museen ausstellt, wie Menschen das sonst nur mit anderen Tieren tun.

Auch wenn ich ihn nie wiedersehen werde, möchte ich Ariel ein Gedicht schreiben.

Was schön ist

Wenn man kein Französisch kann,
von einem französischen Philosophen zu hören,
der nicht ins Deutsche übersetzt ist.

Bei Hunger ein Steak sehen,
das man sich greifen kann.

Einen neuen Gedanken haben,
den man in aller Ruhe beim Traben durch den Park entwickeln kann,
wie das die Hundesöhne tun.

Nachts auf Reisen Wellen schlagen hören
und sich sagen, dass sie das immer tun.

Sehr schön: Zu Hause bleiben,
wenn man eingeladen ist, und sich zu freuen
dass die Räume stiller, der Käse besser
und keine Unterhaltung nötig ist.

Am schönsten:
Wissen, dass Zeit kostbar ist.
Sterblich sein und
glücklich, selbst wenn kein Ziel erreicht.

Ich gebe mir vier Jahre Zeit, bis zur documenta 15. Bis dahin gilt es, das *Ventura-Loch* kunsttheoretisch zu untermauern, den Hohlraum als Sinnbild der Reduktion, die Leerstelle als Statement gegen den Konsumwahn zu etablieren.

(Ertappe mich dabei, dass ich jetzt schon gegen die Hundeleben-Doktrin verstoße, einen Plan mache und ein Ziel setze.)

Abends Fritz zu Besuch. Ich freue mich ihn zu sehen, und er mag mich sehr, das spüre ich. Es geht ihm nicht gut. Bluno allerdings verlässt uns bereits nach wenigen Minuten, er ist anderswo verabredet. Sollte Fritz wirklich gekommen sein, um den Abend mit mir zu verbringen? Es sieht ganz danach aus, wir sitzen eine Weile auf dem Sofa, sehen durch die offene Tür ins Schlafzimmer, Fritz trinkt ein Glas fast schwarzen Rotwein und krault mir den Nacken. Ich drehe mich auf den Rücken und er massiert mir mit langsamen Bewegungen die Brust. Das tut ihm gut, merke ich. Seine Anspannung zerfließt und eine melancholische Harmonie bleibt zurück, in der man es sich bequem machen kann. Irgendwann wechseln wir vor den Fernseher: 100 Jahre Waffenstillstand mit Putin und Trump in Paris, 100 Jahre Unabhängigkeit Polens mit Neonazis aus aller Herren Länder, 100 Jahre Gründung der Republik Österreich in der Wiener Oper. Dazwischen Bomben auf Gaza und ein Selbstmordanschlag in Kabul. Das Übliche. Als Bluno nach Hause kommt, lächelt Fritz ihn an. *Danke,* sagt er.

13. November

Es ist passiert. René hat nicht aufgepasst und Dakota Blossom Bullshit hat sich schwängern lassen. Also ich war das nicht, mich würde sie auch gar nicht ranlassen, zumal das Kinderzeugen nicht mehr mein Ding ist. Kein Geschlechtsverkehr mit Freunden oder Bekannten. Sie steht auf anonymen Sex. René ist sich nicht ganz sicher, aber ein Weimaraner ist der Vater nicht, soviel ist klar. Aus und vorbei, der Traum von der Weimarer Klassik! Ich freue mich schon auf die Mischlingskinderlein. Male mir aus, was da wohl rauskommt. Wenn der Vater was Nordisches wäre (das würde René vielleicht ein wenig trösten), ein Alaskan Malamute zum Beispiel, könnte die Nachkommenschaft ein Rudel Schafe sein, oder wenigstens so aussehen. Aber wer weiß, vielleicht ist der Vater auch ein Dackel. Ich kann es kaum erwarten, die Brut zu begutachten.

Alanis & *Frauchen* beim Bäcker getroffen. Kurze und heftige Begegnung. Sie waren schon drin, als ich reinkam, es dauerte eine Sekunde bis der maximale Lautstärkepegel erreicht war, wir tanzten, Alanis an der Leine, ich um sie herum, gifteten uns an, dass verbal die Fetzen flogen, und nach weiteren zehn Sekunden war ich wieder draußen. So schnell konnte Bluno gar nicht gucken. 17. November

Ich übe Löcher im Sandkasten hinterm Haus. Ich denke, es muss am Ende ein bestimmter Typus Loch sein, pyramidenförmig mit Referenz an das alte Ägypten oder zylindrisch wie ein Brunnen, etwas in der Art. Dafür brauche ich dann allerdings Assistenten. Aber die muss man als wichtiger Künstler ohnehin haben. Ein Künstler ohne Assistent ist kein wichtiger Künstler. Soviel habe ich vom Kunstmarkt schon verstanden.

Grabungen, Ausgrabungen, Archäologie, ich denke weiter über die semiotische Aufladung meiner Löcher nach, denn noch ist mein Loch doch noch kein LOCH. Ihm fehlt bisher das Ultimative, das zeitlos Absolute, das so ein Ventura-Loch letztlich haben muss.

Auch wenn ich ihm hinsichtlich Kinder, Erfindung und Gott nur bedingt zustimmen kann, hat ein bedeutender Alltagsphilosoph, Joseph Roth, desto trotz etwas sehr Wahres über Sandkästen geschrieben. *„Den Sand hat der liebe Gott eigens für die Kinder erfunden, auf daß sie in weiser Ahnungslosigkeit des Spiels Zweck und Ziel irdischer Tätigkeit versinnbildlichen. Sie schaufeln den Sand in einen Blecheimer, schleppen ihn an eine andere Stelle und schütten ihn hier aus. Dann kommen andere Kinder und schaufeln den aufgehäuften Sand wieder dorthin, woher er stammte. – Und das ist das Leben.“*

Habe mich über den Ameisenlöwen informiert. Tolles Tier, wenn der Name auch irreführt, denn es ist weder Löwe noch Ameise, sondern sieht eher aus wie eine Kreuzung aus Zecke und Kellerassel, ist aber ein evolutionärer Superstar. Er gräbt kegelförmige Löcher, die harmlos aussehen, aber den Tod besiegeln. Das ist die Lösung. Ich hoffe, Bluno wird etwas über meine Löcher schreiben. Über das Loch als Abgrund, als Tiefenschürfung, als ultimative Ästhetik-Falle, als finale Immersion. Als partizipatorisches Kunstwerk, zu dessen integralen Bestandteil der Betrachter werden kann, wenn er sich nicht vorsieht, als etwas, in das man unerwartet, haltlos und endgültig hineinrutschen kann, ohne Hoffnung auf Rettung. Nicht im Sinne der Nester von Andy Goldsworthy und auch nicht im Sinne Michael Heizers, der lediglich begehbare Negativ-Skulpturen als meditative Räume schuf, sondern weit radikaler, existenzieller, als Sinnbilder der Schräglage, die auf einen Punkt zuläuft, an dem Endstation ist, an dem es nicht mehr lohnt, sich gemütlich einzurichten oder gar zu meditieren. Vielleicht ist es dieser Punkt, an dem davon gesprochen wird, jemand sei auf den Hund gekommen. Am ehesten noch könnten die Löcher von 20. November

Danae Stratou in diesem Geiste geschaffen sein, sie jedenfalls mag geahnt haben, was Abgründe sind, denn sie heiratete den griechischen Finanzminister. Den Gewesenen, den Einzigen, an den man sich hierzulande erinnern kann.

Aber das ist natürlich noch lange nicht alles, denn gute Kunst soll vielschichtig sein, wie ich gehört habe. Also lässt sich die Sache auch ganz anders betrachten: Im Unterschied zu uns Hunden streben Menschen danach, etwas zu hinterlassen, um nicht vergessen zu werden. Dinge und Erinnerungen, Materielles und Immaterielles. Ein Loch könnte beides sein. Ein Loch ist ETWAS und NICHTS zugleich, die raumgreifende Dialektik von Sein und Nichtsein, von Dasein und Erinnerung, in dieser Synthese mehr als die Summe seiner Teile und damit die Beschreibung eines Kosmos, in dem die Gestirne Aristoteles, Shakespeare und Sartre gleichermaßen hell funkeln. Also wenn ich damit nicht bei der documenta lande, weiß ich auch nicht...

Eine Hürde wird sein, dass, zumindest offiziell, noch nie ein Hund bei der documenta als Künstler dabeigewesen ist. Aber das lässt sich ändern, denn Bluno kennt zwei Leute aus der Findungskommission, die ihm noch was schuldig sind, wenn ich das richtig verstanden habe. Die werden dem neuen documenta-Chef schon einen diskreten Wink mit dem Zaunpfahl geben.

Eine Kuratorin als Hund gab es schließlich bereits: Darsi, die 2012 zusammen mit einer US-amerikanisch-italienischen Assistentin und Sprecherin bulgarischer Abstammung das anthropozentrische Weltbild nachhaltig in Frage gestellt hat und die Kluft zwischen Hund und Mensch zu schließen suchte: *„Es gibt keinen grundlegenden Unterschied zwischen Frauen und Hunden oder zwischen Männern und Hunden"*, sagte Darsis Sprecherin damals.

Das kann nicht anders verstanden werden, denn als Aufforderung, an der documenta teilzunehmen. *„Jeder Mensch ist ein Künstler"*, ließ ein wiederholter Teilnehmer der documenta einst verlauten, eine gewagte These, die eine wiederholte Teilnehmerin bekanntlich ebenso gewagt noch erweiterte, wie man Kunstbegriffe eben zu erweitern hat: *„Jedes Tier ist eine Künstlerin"*, sagte sie. Umkehrschlüsse sind auch in diesen Fällen nicht zulässig, denn es ist abwegig anzunehmen, jeder Künstler sei ein Mensch und jede Künstlerin ein Tier. Auch Pflanzen können kreativ sein.

21. November

Lese in der Hundehasser-Zeitung von einem Dog-Hotel mit Massagesalon und Spezialmenüs (etwa Fischfilet mit Kartoffeln und Möhrchen), das in diesen trüben Tagen, wo es nun draußen doch langsam ungemütlich wird, genau das Richtige wäre.

Für die Frankfurter Hundehasser ist das Hotel naturgemäß grell leuchtendes Beispiel für die Atomisierung der Gesellschaft, für den Drang zum Spezialvergnügen. In einer Zeit, in der es Sexhotels, Veganerhotels und sogar Frauenhotels gibt, da darf ein Hundehotel nicht fehlen.

(Will man es sich bequem machen, geht im Übrigen nichts über Mikrofaserdecken.)

26. November, morgens

René am Telefon, Bluno stellt wieder den Lautsprecher an, so dass ich mithören kann. Dakota Blossom Bullshit hat geworfen. Forcierter Optimismus klingt aus Renés Stimme, alles gut gegangen, es sind vier, wie süß, was für eine gute Mutter, heiteitei et cetera.

Er plant die Kleinen an Freunde zu Weihnachten zu verschenken, verkaufen lohnt sich ja bei diesem Gesocks nicht. (Das sagt er in freundlicheren Worten, natürlich, denn René ist zwar neureich, aber kultiviert.)

Doch um Himmels Willen. Hunde als Bescherung! Wie kann man auf die Idee kommen, einen Hund zu verschenken, ihn an Leute auszuliefern, die keine Möglichkeit haben, das Wesen, mit dem sie die kommenden Jahre oder gar Jahrzehnte verbringen sollen, vorher auch nur zu sehen, geschweige denn kennenzulernen?! Für einen Hund muss man sich doch *entscheiden*, muss sehen, ob die Chemie stimmt. Ein Hund als Präsent mit Schleifchen drum hat unweigerlich was von Zwangsehe (auch wenn es Menschen hierzulande leichter fällt Hunde zu lieben als Menschen zu lieben).

Doch René wird kaum davon abzubringen sein. Er trägt die Nase besonders bodenfern. Wahrscheinlich klagt er deshalb ständig über Rückenschmerzen.

Ich habe die Nase lieber am Boden, um Wurstsemmeln und andere Köstlichkeiten zu entdecken. Der Meister der Wurstsemmeln lächelt, wenn ich mich unter dem Zaun hindurch schiebe, um das kleine Rasenstück unter seinem Fenster zu inspizieren.

Das Leben ist so, wie es sein sollte. Niemand hat gesagt, dass es schwer sein sollte. Und ich habe das Glück, zur richtigen Zeit am richtigen Ort zu sein.

30. November

Warum sind außer Menschen als Künstler in Museen und auf Ausstellungen keine anderen Tiere erwünscht, oder sollte ich besser sagen: nicht zugelassen? Weil die Menschen es als Verhöhnung ihrer Eingebungen und Ergüsse empfinden, wenn man diese mit jenen von anderen Tieren vergleicht? Das bedeutet aber doch nichts anderes, als dass auch Künstler noch immer an der irrigen biologistischen Vorstellung festhalten, es handle sich beim Menschen um *die Krone der Schöpfung,* die Ordnung der Primaten sei also über der der Raubtiere angesiedelt und auch innerhalb der Primaten könne der Homo sapiens für sich eine Sonderrolle beanspruchen – was bereits beweist, dass es mit dem *sapiens* nicht allzuweit her sein kann.

Wie heißt ein Rassismus auf den Ebenen der Gattungen und Familien? Genuismus und Familismus?

Es wäre an der Zeit, derartige Begriffe zu etablieren und die Missstände deutlich zu benennen.

Wirft man einen Blick in die klassische Lektüre der Murr'schen Lebensansichten, die der Kater, der damals nur einen Steinwurf von unserer Wohnung lebte, vor zweihundert Jahren verfasste, muss ich feststellen, dass sich seither nicht viel getan hat. Er wurde seinerzeit mit dem Tod bedroht, weil ein Ästhetik-Professor fürchtete, Murr könne einen Lehrstuhl ergattern und literarisch Furore machen, einen angeseheneren Verleger finden und bessere Honorare einstreichen als der Professor selbst. Kurz, es herrschte der pure Neid.

Ob Angst vor Spott oder tiefsitzende Eifersucht, beides sind Motive, die, wie jegliche Missgunst, nicht gerade auf ein gesundes Selbstbewusstsein hindeuten. Wenn Menschen wirklich die Krone der Schöpfung wären, dann würden sie es einfach beweisen, dann würden sie den Vergleich nicht scheuen, sondern sich mit anderen Kreaturen messen. Doch wie schon bei den Olympischen Spielen, bei denen alles Doping nicht reichen würde, um mitzuhalten, würden sie auch auf dem Gebiet der Künste voraussichtlich den Kürzeren ziehen. Also bleibt ihnen nichts anderes übrig, als auch hier von vorne herein die Schotten dicht zu machen, um sich ihre Illusion von Überlegenheit nicht rauben lassen zu müssen.

Nieder mit dem Homo erectus!, möchte man da skandieren, und: *Bienen und Aale zur Biennale!*

Heute in den Nachrichten: „*Nagetiere in Indonesien haben das Regierungsflugzeug Konrad Adenauer lahmgelegt.*"

2. Dezember

Ich habe den Verdacht, dass Bluno heimlich mit der Hundeallergie telefoniert. Er ist ja nicht ganz blöd und geht dazu auf den Balkon, damit ich es nicht mitbekomme. Er weiß, dass ich gerade zu dieser Jahreszeit lieber im Bett bleibe und schleicht sich davon. Dann sitzt er in der Kälte im Bademantel auf der Bank und flüstert und flötet und gurrt. Meine Loch-Studien haben mich etwas absorbiert, so dass ich in letzter Zeit zu wenig auf Telefonate geachtet habe, aber nun erhärtet sich mein Verdacht, dass Bluno nicht das erste Mal wieder mit Elena spricht. Was soll ich tun? Einen weiteren Abschiebeversuch werde ich sicher nicht über mich ergehen lassen. Es ist möglicherweise an der Zeit, etwas an den Verhältnissen zu ändern. Wenn es doch nur eine Solidarität unter Hunden gäbe, aber davon zu träumen, ist blanke Utopie. *Alle Staatsgewalt geht vom Hunde aus.* Was wäre das für ein Wahlspruch. Ich weiß gar nicht, ob ich nun Deutscher oder Spanier bin, ob also das Grundgesetz in vollem Umfang für mich gültig ist oder nicht. Artikel 1 gilt ohnehin nur für Menschen. Hunde haben keine unantastbare Würde. Aber wie ist es zum Beispiel mit Artikel 8 oder 9? Dort heißt es: „*Alle Deutschen haben das Recht, sich ohne Anmeldung oder Erlaubnis friedlich und ohne Waffen zu versammeln und Alle Deutschen haben das Recht, Vereine zu gründen.*" Hier ist nicht von Menschen, sondern von Deutschen die Rede. Ausländer dürfen sich nicht versammeln. Hunde schon, sofern sie deutsch sind.

Vielleicht ließe sich hier was machen. Eine Versammlung der Hunde sollte man einberufen, um zu sehen, wie weit sie bereit wären, an den Zuständen etwas zu ändern. Vielleicht würde ein Funke genügen für eine Weltrevolution. Wir Hunde haben den Vorteil, dass wir uns weltweit verstehen. Von der babylonischen Sprachverwirrung sind wir weitgehend verschont geblieben.

Innerhalb des Systems können wir nichts ausrichten. „*Wird jemand durch die öffentliche Gewalt in seinen Rechten verletzt, so steht ihm der Rechtsweg offen*", heißt es zwar im Grundgesetz, doch wer ist dieser Jemand? Ich nehme für mich entschieden in Anspruch, jemand zu sein. Doch die Gerichte sehen das anders. Sie akzeptieren sogar sogenannte juristische Personen, die physisch gar nicht existieren, aber Lebewesen haben keine Rechte, es sei denn, es handelt sich zufällig um Menschen. Gerichtlich können wir nichts bewirken, denn ein Gerichtsprozess zwischen uns und den Menschen scheitert an der Sprachbarriere, weil sie keinerlei Bereitschaft für Verständnis zeigen. Daher haben wir kein Klagerecht. Und eine Vertretungsvollmacht, die wir unterzeichnen könnten, wird nicht akzeptiert. Tiere gehören nicht zu ihrer Welt, sie gehören bestenfalls zu ihrer Umwelt. Das klingt in etwa wie jene Überzeugung, die noch bis in jüngste Vergangenheit weit verbreitet war: Männer leben ihr Leben, Frauen erleben es.

Was uns bleibt, ist Revolution.

Allmachtsphantasien (Hans Christian Andersen). Indem er einer hässlichen Hexe den Kopf abschlägt, kommt der Soldat in den Besitz eines magischen Feuerzeugs, mit dem er drei Hunde befehligen kann. Der erste hat Augen so groß wie Teetassen, der zweite Augen so groß wie Mühlräder, der dritte Augen so groß wie der Grundriss eines dicken runden Turms.

2. Dezember, abends

Da die schöne Tochter des Königs für den Soldaten Tabu ist und in ihrem kupfernen Schloss eingesperrt lebt, lässt er sie Nacht für Nacht von einem der Hunde entführen und zu sich bringen, bis ihn die kluge Königin, die mehr kann als in einer Kutsche fahren, überlistet und ihn ihr Mann, der König, einkerkern lässt.

Als er unter dem Galgen steht, bittet er um einen letzten Wunsch, der ihm gewährt wird. Er verlangt eine Pfeife zu rauchen, entzündet sein Feuerzeug und ruft die Hunde, ihn zu befreien. Die stürmen herbei und schleudern Wachsoldaten, Richter, König und kluge Königin so hoch in die Luft, dass sie den Aufprall auf der Erde nicht überleben. Der Soldat wird neuer König. *„Die Prinzessin aber kam aus dem kupfernen Schlosse heraus und wurde Königin"*, heißt es bei Andersen, *„und das gefiel ihr ausgezeichnet! Die Hochzeit dauerte acht Tage, und die Hunde saßen mit am Tische und machten große Augen."*

5. Dezember

Muss mich fragen, ob ich global die Verhältnisse nur ändern wollte, weil ich enttäuscht war von Bluno. Muss mich fragen, ob meine phasenweise persönliche Unzufriedenheit wirklich Anlass sein sollte für einen Umsturz, der nicht ohne Gewalt und Leid vonstatten gehen wird. Hunde an die Macht, ist es wirklich das, was ich möchte? Sind Hunde die besseren Menschen?

Wenn ich mir ansehe, was die Menschen gerade wieder veranstalten, könnte man das annehmen. Allein hierzulande regiert seit Hundegedenken ein Frauchen, das gerne das, was es tut, als alternativlos bezeichnet, während sich zugleich, als ginge es nur darum, ihr das Gegenteil zu beweisen, ein Rudel zusammengefunden hat, das sich selbst *Alternative* nennt und im Wesentlichen das will, was Frauchens Rudel früher auch mal wollte, aber jetzt nicht mehr will. In Frauchens Rudel heulen allerdings auch immer mehr in Wehmut auf, wenn sie an früher denken. Die einen, weil sie damals noch jung und voller Energie waren und die Welt ihnen deshalb besser vorkam, die andern, weil sie in diesem Früher noch gar nicht gelebt haben, und es ihnen deshalb so rosig erscheint. Sie alle wollen im Grunde auch eine Alternative. Man könnte verzweifeln. Aber das Gute an einer Alternative ist, dass es zu einer Alternative immer eine Alternative gibt.

Die Sorgen der Leute ernst nehmen, das ist noch immer die Hohlformel der Hilflosigkeit in der Politik angesichts dessen, was sich da Bahn zu brechen droht. *Die Sorgen der Leute ernst nehmen,* das kann man tun, wenn die Sorgen auf akuter Not, auf Wissen, Erfahrung oder Vernunft gründen.

Die Sorgen *dieser* Leute ernstnehmen, heißt aber Sorgen ernst nehmen, die auf Mangel an Kultur und Neigung zu Hysterie, auf Hang zu Verschwörungsphantasien und fehlender Empathie, auf Unfähigkeit die wirklichen Zusammenhänge zu erkennen und auf Defiziten im historischen Bewusstsein basieren.

Die Sorgen dieser Leute ernst zu nehmen, kann also nur bedeuten, die Kultur-, Empathie- und Bildungsferne dieser Leite ernst zu nehmen. Das allerdings sollte man tun.

Wenn Menschen so mit sich beschäftigt sind, wäre das eine gute Gelegenheit, den Umsturz durch die Hunde voranzutreiben.

Ich sollte diese Tagebücher daher veröffentlichen. Schon um für den Fall eines solchen Umsturzes, der früher oder später notwendigerweise kommen wird, meine historische Rolle deutlich zu machen, um deutlich zu machen, wer einer der wesentlichen Vordenker dieses Umsturzes gewesen ist. Ich, Ventura. Ab und zu muss man schließlich auch einen Gedanken an den eigenen Nachruhm verschwenden, auf dass eines Tages eine Straße in Berlin und eine in Las Palmas nach mir benannt werden.

6. Dezember

Es behagt mir nicht, wenn Bluno nachts nicht nach Hause kommt. Mich allein lässt, mir einen Leckerbissen hinstellt und dann das Haus verlässt. Wenn er mit dem Leckerbissen kommt, weiß ich immer schon, was passieren wird. Er wirft ihn mir aufs Sofa, schließt dann die Tür hinter mir, und während ich noch kaue, höre ich, wie er die Wohnungstür von außen zuzieht und zweifach verriegelt. Dann ist es still, ich habe die Wahl, auf dem Sofa liegen zu bleiben und zu schlafen, mich auf dem Teppich zu räkeln, oder aufs Bett zu wechseln, um dort zu dösen. Wann er zurückkommen wird, weiß ich nicht. Er pflegt mir nicht zu sagen, wann

er wiederkommt. Nur wenn er lediglich zum Bäcker geht ohne mich mitzunehmen, weil dort *Frauchen* & Alanis auf uns lauern könnten, sagt er mir: Bin gleich wieder da. So oder so habe ich Zeit nachzudenken und den Straßengeräuschen zu lauschen, wenn ich allein bin.

Wir Hunde sind leider auch nur eine Gesellschaft Nebeneinanderherlebender, keine Gemeinschaft, die von einenden Interessen getragen wäre – und erst recht keine Familie.

Auch nur eine Versammlung im Sinne von Artikel 8 einzuberufen, scheint schon unmöglich. Meine Befürchtung bestätigt sich. Dann bleibt es fürs Erste wohl bei zufälligen Zusammenkünften. Der Vorteil: Solche spontanen Treffen lassen sich schlechter überwachen. Aber auch dort lässt sich das eine oder andere aushandeln.

Gute Nachrichten von der documenta. Man muss nur die richtigen Strippen ziehen und sich ein wohlklingendes Pseudonym und eine entsprechende Vita zulegen. Bei der nächsten documenta sollte also mein Trichter-Loch *Grave Gravity* vor dem Fridericianum dem einen oder anderen unaufmerksamen Menschen, der hineinfällt, das Gefühl vermitteln, eine Ameise zu sein.

Wer andern eine Grube gräbt, weiß, wo sie ist.

10. Dezember

Warum Menschen so wenig rational sind, werde ich nie verstehen. Natürlich, auch Hunden sagt man diese unverbrüchliche Treue nach, ich denke nur an das schöne Gedicht.

Dass mir mein Hund das Liebste sei,
sagst Du, oh Mensch, sei Sünde.
Der Hund blieb mir im Sturme treu,
der Mensch nicht mal im Winde!

Aber irgendwann muss es doch auch mal gut sein. Menschen müssen Hunden hinsichtlich Treue doch auch nicht unbedingt Konkurrenz machen. Untereinander sind sich Hunde alles andere als treu. Sie praktizieren, was der berühmte Cocker Flush bereits 1847[1] als das beschrieb, *„was die Menschen niemals kennenlernen können – reine Liebe, schlichte Liebe, uneingeschränkte Liebe; Liebe, die nicht die Sorge im Kielwasser nach sich schleppt; die keine Scham kennt; keine Reue; die eben noch hier ist und dann auf und davon, wie die Biene auf der Blume eben noch hier und dann auf und davon ist.“* Es findet sich doch immer eine andere Partnerin oder ein anderer Partner. Auch für Menschen, sollte man denken. Elena, nichts anderes lässt sich bei nüchterner und klarer Betrachtung sagen, kann für Bluno nur eine Option unter vielen sein. Aber es fällt ihm gerade schwer, sich nach was anderem umzutun. Vielleicht ist er zu faul, vielleicht habe ich das Lob

1 Im selben Jahr ließ er sich übrigens (als erster Hund der Geschichte?) von Nicolaas Henneman, dem Mitarbeiter William Henry Fox Talbots, fotografisch porträtieren.

der Faulheit zu oft gesungen und er hat es missverstanden. So oder so. Ich werde zwischen ihnen stehen, solange ich lebe. Ich? Ja, ich. Denn auch wenn sie es Hundeallergie nennt, sie meint mich. Schon dass sie nichts dafür tut, sich angesichts der Allergie zu desensibilisieren, zeigt, wie wenig die Allergie das Problem ist, sondern dass ich es bin, der stört. Überhaupt dieses Allergiegetue. Hunde hätten allen Grund, eine Menschenallergie zu entwickeln, aber hat schon mal jemand von einer Menschenallergie gehört?

11. Dezember

Ja, offenbar gibt es auch eine Menschenallergie. Aber nur unter Menschen. Es gibt Frauen, die in Scheidungsprozessen als Trennungsgrund eine Allergie auf ihren Ehemann angegeben haben sollen.

Wie würde Elena sich verhalten, würde sie eine Allergie auf Bluno entwickeln? Würde sie auch ihn auf eine ferne Insel abschieben? Das sollte sich Bluno durch den Kopf gehen lassen. Aber dazu scheint es bei ihm nicht zu reichen.

11. Dezember, abend

Unglaublich, Elena steht vor der Tür, als hätte ich es gewittert. Sie ist nur gekommen, um zu sagen, dass sie geht. Dabei war sie seit Monaten nicht da. Wie seltsam Menschen sind. Sie meint offenbar Blunos Leben. Sie geht – aus seinem Leben. Sie tragen es gefasst. Sie sagt tatsächlich: *Lass uns Freunde bleiben.* Dass jemand das sagt, hätte ich für unvorstellbar gehalten, aber sie sagt es und Bluno weiß ihr nur mit einer Lüge zu antworten: *Freunde habe ich genug, danke.* Dabei hat er wirklich nicht genug Freunde. Und als sie die Treppen runtergeht, sehe ich vom Balkon, um sicher zu

sein, dass sie tatsächlich das Haus verlässt, dass sie es sich nicht anders überlegt und umkehrt. Ich strecke den Kopf zwischen den schmiedeeisernen Gitterstäben durch und warte, bis sie tief unter mir das Haus verlässt. Ich möchte Zeuge werden, wie hinter ihr die Haustür ins Schloss fällt. Ich sehe sie, wie sie aufs Trottoir tritt und, ohne nochmal heraufzusehen, ins Auto eines andern steigt, das mit laufendem Motor in zweiter Reihe gewartet hat. Was für ein gutes Zeichen, denke ich. Die sind wir los. Keine Hundeallergie mehr. Das Auto beschleunigt und man hört nichts als das Geräusch des Kopfsteinpflasters unter seinen Rädern. Es gleitet Richtung Mehringdamm, die roten Rücklichter werden kleiner, ihr Zittern in der Dunkelheit wird schwächer, das ist das Leben, das weitergeht. Jetzt sollte mit Sahnetorte und Kakao gefeiert werden.

12. Dezember

Heute wieder Begegnung mit Alanis & *Frauchen*. Da haben sich zwei gefunden: *Cada oveja con su pareja,* wie wir Spanier sagen. Hass pur. Erst Alanis allein vor der Bäckerei, man kam nicht an ihr vorbei, obwohl sie an eine Laterne angebunden lauerte. Das Angebundensein machte sie umso wütender. War ihr Bewegungskreis auch etwas eingeschränkt, ihre verbalen Ausfälle waren umso heftiger. Dann kam *Frauchen* raus und schimpfte mit. Und ich muss sagen, dass ich nicht vorhabe, angesichts dieser Attacken die Klappe zu halten. Bluno allerdings hat nur gelacht und mich energisch auf die andere Straßenseite gezogen (was ich nicht schätze).

Zwei Stunden später ist es wieder soweit:

22.37 Uhr
Friedliche Koexistenz

Guten Abend, Herr

erneut ließ sich gerade wieder beobachten, dass sie ihren Köter immer noch nicht im Griff haben. Und Sie halten das auch noch für witzig, wenn meine Alanis bei ihrer Kackbratze zurückbellt.

Für entspannte Zeiten im Viertel: Führen Sie ihren Gossenscheißer an der Leine. Keine Lust auf trouble und ihr Hund heißt trouble. Wann und wie wir unsere Hunde von der Leine lassen, ist unsere Sache, aber Sie bitte nicht vor meinem Haus. Richten Sie sich nach dieser Empfehlung und wir haben weniger Stress.

Besten Dank im voraus.
Myrna Butt

13. Dezember

Es gibt keine Wurstsemmeln mehr, im Seniorenheim sind die Kunstblumen auf der Fensterbank verschwunden und mit ihnen die Wurstsemmeln und der Meister der Wurstsemmeln ist auch nicht mehr da mit seinen drei Fernsehern und seiner Verachtung für die

Seniorenheimbelegschaft und seinem freundlich zahnlosen Lächeln, wenn ich unter seinem Fenster, die Nase im Gras, sein Frühstück aufgespürt habe, das nach wenigen Momenten mein Frühstück gewesen sein würde. Er ist weg, einfach so ganz ohne Abschied.

Die Gerüche wandeln sich mit den Jahreszeiten, ein Dezemberabend duftet anders als ein Juliabend, auch wenn es Konstanten gibt, wie die Döner-Stände, von denen ich einen interaktiven Stadtplan in meinem Hirn eigebrannt habe, so dass ich an jeder beliebigen Straßenecke des Viertels weiß, in welche Richtung ich Bluno ziehen muss, um den nächstgelegenen zu finden. Zwischen den Stühlen und Tischen, die davorstehen, liegen immer ein paar Brocken Fleisch, die herunterfallen, wenn Menschen in Fladen beißen. Es ist insofern nicht nur der besonders köstliche Duft, den diese zur Straße hin offenen Grillbuden verströmen, sondern auch die Wahrscheinlichkeit, hier etwas zu finden. Das Verhältnis von Duft und Wahrscheinlichkeit ist eine der entscheidenden Gleichungen des Daseins. Für wahre Düfte aber haben Menschen keinen Sinn (wie ich an anderer Stelle wohl schon erwähnte), das wusste sogar schon die Biografin von Flush. „*Die menschliche Nase ist praktisch inexistent. Die größten Dichter der Welt haben auf der einen Seite nichts als Rosen und auf der anderen nichts als Mist gerochen*“, schrieb sie. Selbst den Poeten fehlen die olfaktorischen Zwischentöne.

16. Dezember

Die Gewohnheit treibt mich wieder zum Seniorenheim, obwohl ich wissen sollte, dass der Meister der Wurstsemmeln nicht mehr da ist, sein Zimmer geräumt, der neutrale Vorhang zugezogen, das Fenster zum Lüften gekippt. Es ist nichts mehr übrig, das an ihn erinnert. Wahrscheinlich gibt es auf der ganzen Welt nichts mehr, das an ihn erinnern könnte.

Wir schlendern über den alten Friedhof vor dem Halleschen Tor. Bluno hält inne am Grab von ETA Hoffmann, jenem Sekretär, dem Kater Murr einst seine Lebensgeschichte diktierte.

24. Dezember

Zu Esther und Leon in ihr etwas chaotisches Heim. Sie sieht keinen Anlass aufzuräumen, wir sind ja nur Familie. Ich ziehe mich ins Schlafzimmer zurück und rolle mich ein, als Leon hereinstolpert. Ignoranz scheint in geschlossenen Räumen gegen ihn das beste Rezept. Lässt man sich betatschen ohne zu reagieren, verliert er schnell das Interesse. Ich höre bald das angeregte Gemurmel von nebenan und verdämmere den Nachmittag in den bauschigen Tälern des Plumeaus. Dann rieche ich etwa zwei Stunden nach Einbruch der Dunkelheit Lachs und nehme auch Leon in Kauf, um meine Portion einzufordern.

Bluno mag es nicht besonders, wenn ich an den Tisch komme. Er könnte aus eigenem Antrieb an mich denken und mir eine Portion reservieren, dann könnte ich dezent im Hintergrund bleiben, aber er braucht meine Präsenz. Mache ich auf mich aufmerksam, gelte ich als aufdringlich, halte ich mich stattdessen zurück, gelte ich als desinteressiert. Ich stoße ihn mit der Nase unter dem Tisch an, ohne dass es einer der anderen merkt. Das scheint mir ein guter Kompromiss. Wenn ich ihn nicht nachdrücklich erinnere, neigt er dazu, mich zu vergessen oder deutet mein Nichterscheinen als Apathie. Das ist sehr menschlich, denn Menschen sind von Hause aus unaufmerksam, um nicht zu sagen: unhöflich. Das mag an ihren schwach ausgebildeten Sinnesorganen liegen. Umso wichtiger ist eine konsequente Erziehung. Ein erster Schritt zu geschliffenen Umgangsformen ist wie immer die Selbsterkenntnis, in diesem Fall die Erkenntnis der eigenen Defizite. Oberste Priorität besitzt daher das Unterfangen, dem Menschen seinen Anspruch auf Deutungshoheit auszutreiben.

Leichte Tischunterhaltung. Esther erzählt von ihrer Putzhilfe, die sie eingestellt hat und die anscheinend eine Menge Talente besitzt. Putzen gehört nicht dazu. Die Putzhilfe heißt Enrico und ist eine Nacktputzhilfe, wie Esther nebenher erwähnt. Bluno, nachdem er unnötigerweise versichert hat, wie tolerant er sei, meldet Bedenken an, ob des Verstörungsfaktors hinsichtlich der Entwicklung Leons. Sie habe, so Esther, Enrico gerade im Hinblick auf Leon eingestellt, der deutlich zu wenig nackte Männer zu Gesicht bekomme. Ihr Sohn solle nicht als Muttersöhnchen aufwachsen, das bis zur Pubertät lediglich sie, Esther, nackt zu sehen bekommen habe. Nacktsein sei schließlich das Selbstverständlichste von der Welt.

Der Lachs war gut.

Den Rest des Abends verbringen wir auf dem Sofa und betrachten einen abgesägten Baum in der Zimmerecke, dabei wird Sekt geschlürft und es säuselt aus den Boxen: *Bereite dich, Zion mit zärtlichen Trieben, den Schönsten, den Liebsten bald bei dir zu sehn.* Ich denke an den Baum, bei dem es sich ausgetrieben hat, Bluno denkt an Elena, ich sehe es ihm an. Alle sind sehr andächtig. Aus gegebenem Anlass erzählt uns Bluno dann noch eine Geschichte. Sie geht etwa so: Künstler sind Götter, die ihre eigene Welt erschaffen können und dabei ihren eigenen Stil entwickeln, der im besten Falle unverwechselbar ist. Götter sind ihrerseits Künstler, die man gleichfalls an ihren Ideen und ihrer Handschrift erkennen kann. Und als Experte, als Kunsthistoriker oder Theologe, sollte man diese Handschriften auseinanderhalten können. So gibt es einen Gott, der die Pinguine und einen, der die Giraffen erschaffen hat, einen, der die Haie und einen, der die Menschen erschaffen hat. Der Gott, der die Pinguine erschaffen hat, hat sonst nichts erschaffen, während der Gott, der den Menschen erschaffen hat, auch für das Krokodil verantwortlich ist. Manche Götter haben auch Namen, wie der Gott der Falken, der Horus heißt, oder der Gott der Wölfe, der Apollon heißt. Und weil Apollon auch der Gott des Lichts ist, hat er am dunkelsten Tag des Jahres die Wölfe – die im Griechischen, der Sprache der Götter, *Lykos* heißen, denn *Leukos* heißt der helle Glanz – auf die Erde geschickt, um es hier unten etwas freundlicher und leuchtender zu machen.

Als er geendet hat, sagt keiner etwas. Nur aus den Boxen dringt das, was Menschen so Musik zu nennen pflegen: *Herrscher des Himmels, erhöre das Lallen, lass dir die matten Gesänge gefallen.*

Ausgesäuselt und ausgesüppelt brechen wir auf. Nach Mitternacht zu Hause. Bluno weihnachtsweich wie ein Gummibärchen.

30. Dezember

Von Tag zu Tag wird der Krach lauter, man traut sich kaum noch auf die Straße.

Zur Entspannung in Nazi-Architektur kacken.

31. Dezember

Wie könnte die Jahresbilanz aussehen, die auch das Zeug zu einer Lebensbilanz hätte? Ich weiß es nicht, denn es ist zu viel passiert.

Ein menschlicher Pessimist würde vermutlich mit der Bibel kommen und vielleicht den 90. Psalm zitieren: „*Unser Leben währet siebzig Jahre, und wenn's hoch kommt, so sind's achtzig Jahre, und wenn's köstlich gewesen ist, so ist es Mühe und Arbeit gewesen; denn es fährt schnell dahin, als flögen wir davon.*" Aber das alles gilt bestenfalls für Menschen, denn ich würde ungern Bilanz ziehen, schließlich bin ich kein Buchhalter. Stattdessen würde ich – ganz entgegen meiner Überzeugungen – für Hunde lieber eine Hundebibel verfassen und einen Wunsch äußern, eine Utopie, einen Traum, eine Hoffnung zum Ausdruck bringen: *Unser Leben währet zehn Jahre, und wenn's hoch kommt, so sind's zwanzig Jahre, und wenn's köstlich gewesen ist, so ist es Schlaf und Freiheit gewesen und es gleitet langsam dahin, wie ein Boot auf einem sommerlichen See.*

Aber es ist wohl besser, keine neue Bibel zu verfassen. Eine Bibel genügt vollauf, denn die größte biblische Plage, so scheint es mir, ist die Bibel selbst.

2019

3. Januar

Ich habe gebraucht, um mich von dem Lärm zu erholen. Das Barbarische und Dumpfe und Denaturierte der Leute kommt durch nichts besser zur Geltung als durch Feuerwerk. Krachen, Scheppern und Heulen als Ausdruck verstörender wie verstörter Kreaturen, deren Behauptung, sich beim Krachen, Scheppern und Heulen zu amüsieren, durch jede ihrer Gesten und jede ihrer Äußerungen widerlegt wird. Sie sind beflissen mit der Vernichtung der erworbenen Raketen beschäftigt, zünden stumpfsinnig oder ängstlich ihre Böller und lachen höchstens, wenn es ihnen gelingt, mit ihrem Vorrat an Lärm, für den sie – man glaubt es kaum – Geld bezahlt haben, andere zu Tode zu erschrecken.

Wenn dann nach und nach Ruhe einkehrt, ist diese Ruhe, am Morgen des ersten Januar, umso raumgreifender. Den ersten Tag des neuen Jahres begrüßen sie nicht mit einem entspannten Dösen, einem wohligen Nickerchen, sondern mit lähmender Leere, benommen von dem, was sie Feiern nennen.

Ich muss mich in meine Welt zurückziehen, in der verlässlich ein Glücksgefühl auf mich wartet.

137 Millionen. Soviel investiert Berlin dieses Jahr in die Sanierung seiner Schwimmbäder und Hessen in die Aufrüstung seiner Polizei. Davon kann man aber auch jedem Hund in Deutschland eine halbe gebratene Gans servieren – oder man verböllert das Geld einfach zu Silvester. Der Heilige Silvester hätte, als Schutzpatron der Haustiere, sicher für die gebratenen Gänse plädiert. Oder sind Gänse womöglich auch Haustiere?

Im Anfang war der Hund. Und Gott der Herr sprach: Es ist nicht gut, dass der Hund allein sei. Ich will ihm eine Hilfe schaffen, die zu ihm passt. Da bildete Gott der Herr aus Erde den Menschen. Und Gott der Herr ließ den Menschen in einen Tiefschlaf fallen und nahm eine von seinen Rippen und baute daraus ein Weib. Und Gott der Herr sprach zum Weib: Nach Deinem Manne soll dich verlangen, er aber soll Dein Herr sein. Und die beiden, der Mensch und sein Weib, waren nackt und schämten sich nicht. Und Gott pflanzte einen Garten in Eden und setzte den Hund und seine Hilfe, den Menschen und sein Weib, darein.

Und Gott sah alles an, was er gemacht hatte und siehe, es war sehr gut. Und Gott ruhte am siebten Tage und für alle Zeit von all seinem Werke, das er gemacht hatte. Und Gott der Herr sprach zum Hund: Ich habe Dich als mein Ebenbild geschaffen und so sollst auch Du heute und für alle Zeit ausruhen.

Die Menschen halten Zeit für etwas Flüchtiges, dem sie nachjagen müssen, um seiner habhaft zu werden, dabei ist Zeit ein Geschenk, das sie längst besitzen, oft ohne es zu wissen. Sie sollten sich die Zeit einfach nehmen, denn sie gehört längst ihnen.

Sie ist das Wertvollste, was sie besitzen, was wir alle besitzen. Vielleicht klagen die Menschen auch deshalb, sie würde ihnen fehlen, weil sie selten genug von etwas bekommen können, das wertvoll ist.

Sie ist wertvoll, aber doch keine Ware, die man sich aneignen, die man horten oder verbrauchen kann. Sie gehört uns und ist unveräußerlich. Sie folgt keinen Gesetzen des Marktes. Sie ist da, solange wir da sind. Und wenn wir weg sind, dann verschwindet auch unsere Zeit mit uns.

Die Menschen haben längst vergessen, was Zeit ist. Sie haben vergessen, dass sie sie besitzen und reden davon, man dürfe keine Zeit verlieren. Das ist ein sicheres Zeichen, dass sie nicht wissen, was Zeit ist und dass ihnen gar nicht auffällt, dass sie sie längst verloren haben. *„Wer hatte noch Zeit? – Wer war noch Lump, Stromer, göttlicher Faulheit voll, – Poet?“* Das fragte schon Paul Gurk vor fast hundert Jahren (den Bluno wohl wegen des Namens im Bücherschrank stehen hat), als er das Leben in Berlin beschrieb. *„Wer* schuf *noch, statt zu* arbeiten? *Hatten sie nicht alle schon Maschinenherzen, waren von Tempo berauschte Spindelgehirne ohne Faden darauf – Leerläufer?“*

Die Menschen sagen, sie hätten keine Zeit. Wäre das die Wahrheit, dann wären sie tot.

Was in Hundeohren wie eine Lüge klingt, ist unter Menschen aber nur die verklausulierte Behauptung, wichtig zu sein. Denn nur wer keine Zeit hat, ist wichtig. Jeder weiß, dass die Behauptung, keine Zeit zu haben, rein rhetorischer Natur ist, denn es gibt nichts Demokratischeres als Zeit. Solange ein Tier lebt, bekommt es jeden Tag um Mitternacht – praktisch im Schlaf – 24 Stunden Zeit geschenkt, die es nutzen, füllen, vergeuden kann.

Es gibt Tiere, die können über diese Zeit nicht so verfügen, wie sie es wollen. Das sind Gefangene, Getriebene, Teilzeitsklaven. Die meisten von denen aber, die behaupten, keine Zeit zu haben, könnten sehr gut über ihre Zeit verfügen, würden sie sich eingestehen, dass sie welche besitzen.

Die Menschen klagen, die Zeit vergehe, verrinne, verfliege so schnell. Doch was wäre gewonnen, würde sie langsamer laufen?

4. Januar

Und Gott der Herr gebot dem Hund und sprach: An alle Bäume im Garten darfst Du pinkeln, nur an den Baum der Erkenntnis des Guten und des Bösen, an den darfst Du nicht pinkeln, denn sobald Du daran pinkelst, musst Du sterben. Weil der Hund noch jung war und abenteuerlustig und nicht wusste, was es heißt zu sterben, pinkelte er an alle Bäume, und so auch an den Baum der Erkenntnis. Als er nun hörte, wie Gott der Herr in der Abendkühle im Garten wandelte, verkroch sich der Hund vor dem Angesicht Gottes des Herrn. Und Gott der Herr rief den Hund und sprach zu ihm: Wo bist Du? Und der Hund antwortete dem Herrn, seinem Gott: Tu nicht so, als wüsstest Du das nicht, denn Du bist allwissend.

Und Gott der Herr sprach: Genau. Und weil Du an den Baum der Erkenntnis gepinkelt hast, soll fortan der Mensch nicht mehr Dir, sondern Du sollst fortan dem Menschen dienen. Und zum Menschen sprach Gott der Herr: Iss von den Früchten des Erkenntnisbaumes, auf dass Du klug werdest und weise, denn Du wirst nun das Paradies beherrschen und dafür ist es hilfreich, dass Du Gut und Böse zu erkennen vermagst. Aber der Mensch und sein Weib, die gesehen hatten, wie dem Hund geschehen war, der den Baum der Erkenntnis berührte, hatten zu große Furcht und flohen vor Gott aus dem Paradies. Der Hund aber musste ihnen folgen, da er verflucht war von Gott dem Herrn dem Menschen zu dienen, und der Mensch und sein Weib schämten sich fortan ihrer Nacktheit.

Es ist seither eine theologische Debatte im Gange, ob der Hund nur dem Menschen oder auch dessen Weib zu gehorchen habe. Ob das Weib, dessen Herr der Mensch ist, der ein Mann ist, über dem Hund stehe, auf gleicher Stufe oder unter ihm. Aber das sind Spitzfindigkeiten, die nie geklärt wurden, denn die gläubigen Menschen waren genug mit sich selbst beschäftigt, mit der seit dem Kirchenvater Augustinus gepflegten Tradition des Niederbrennens von Synagogen etwa, oder mit der vom Kirchenvater Gregor festgeschriebenen Einkerkerung und Folter von Ungläubigen.

Mich interessiert die Bibel etwa so wie eine rumänische Telenovela. Nicht mal als Märchenbuch taugt sie, dafür fehlt ihr die Dramaturgie. Wer an sie glaubt, hat nicht alle Tassen im Schrank, und dennoch, welch Wunder, sie wirkt noch immer verlässlich als Bremsklotz bei der Emanzipation von Hunden und Frauen.

5. Januar

Reden verstehen Menschen als Kulturleistung. Doch was ist Kultur? Definiert sich Kultur etwa durch die Verwendung von Sprache? Kommen nicht die wesentlichen Dinge des Daseins ohne viel Worte aus? Braucht es für Essen, Sex, Spielen, Schlafen, Stromern nennenswerte Kommunikation? Braucht man Sprache folglich nur für Unwichtiges? Wäre Kultur demnach etwas Unwichtiges, etwas von untergeordneter Bedeutung, wenn es dafür der Sprache bedarf? Sind Dinge, über die es zu reden notwendig ist, also ohne Belang?

Die Wölfe sind in Berlin, steht in der Hundehasserzeitung. Und während auf der Wolfshasser-Webseite Menschen auf Fotos mit Kälbern und Lämmern kuscheln, die sie dann bald essen werden, soll der Wolf nach ihren Vorstellungen nur noch in *echter Wildnis* leben dürfen, fernab von Mensch und Weidetier. Wo soll das sein? In Sibirien? Und wird nicht diese echte Wildnis mit dem Wolf gleichgesetzt? Der Wolf *ist* die echte Wildnis und die hat bei uns nichts verloren. Wo es keine echte Wildnis mehr gibt, da darf auch der Wolf nicht mehr sein und wo kein Wolf, da auch keine Wildnis.

Seit Rotkäppchen und den sieben Geißlein ist der Wolf der gierige, animalische Verführer, und in Zeiten wachsender Prüderie könnte man den Eindruck haben, dass es die Angst vor der erotischen Wildnis ist, die Menschen auf Wölfe schießen lässt. Dabei ist doch alles ganz anders. Menschen würden in Europa noch immer auf Bäumen hausen, hätte nicht eine Wölfin Romulus und Remus aufgezogen.

Ich stelle mir vor, wie im Dunst des anbrechenden Tages durch die menschenleeren Chausseen Berlins die Wolfsrudel ziehen. Das können die Menschen nicht zulassen, denn sie denken, Berlin sei der leuchtende Nabel der Welt. Wenn hier aber die Wölfe heulen, dann würden die Menschen realisieren, dass Berlin vielleicht doch auch nur ein weiterer trüber Nebel ist.

6. Januar

Besuch von Fritz, der auch Tagebuch führt, wie er unumwunden gesteht, der also, während ich nun hier sitze, um über ihn zu schreiben, vermutlich seinerseits sitzt, um über uns zu schreiben. Es ist altmodisch, auf diese Weise Tagebuch zu führen, denn das Tagebuch von heute ist ein vorgeblich intelligentes Telefon, das immer dabei ist und alles aufzeichnet, wahllos Bilder produziert, Filme verschickt, bereitwillig dazu dient, unmittelbar mittelbar miteinander zu kommunizieren. Die direkte Rede ist dabei aus der Mode gekommen, sogar Telefonieren gilt als unhöflich, weil der Angerufene sich, durch den Anruf überrumpelt, gezwungen fühlen könnte, spontan Position zu beziehen, stattdessen schickt man sich stammelnde Zurufe in Textform, die der Empfänger ignorieren darf, wenn sie ihn in seiner Unverbindlichkeit beschneiden. Ich sage nicht viel am Tag, aber das Wenige laut und deutlich, so dass man es nur schwer ignorieren kann.

Position beziehen, das ist ein aussterbendes Genre. Ebenso wie das unmittelbare Kommunizieren und das nachträgliche Reflektieren. Es ist eine Illusion, das Mitschneiden des Lebens in sogenannter Echtzeit für eine Reflexion zu halten. Für Reflexionen jeder Art braucht es Abstand.

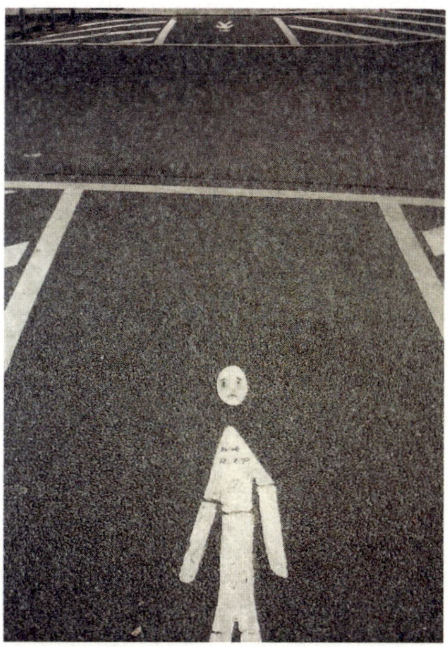

Fritz, der nun als altmodischer Tagebuchschreiber möglicherweise gerade wie ich sitzt und unsere Begegnung Revue passieren lässt, klagte über den Kulturverfall. Er ist ein kluger und freudloser Zeitgenosse, voller Angst, dass ihn der Kulturverfall – personifiziert in einer jüngeren Generation von Schreibern – aus den Redaktionen der Zeitungen, aus den Verlagen und somit von den Futternäpfen verdrängt, wobei es ihm weniger um das Futter als um den Napf geht. Er liebt es zu arbeiten. *Ohne Arbeit,* sagt er, *wäre ich an jedem Ort der Welt todunglücklich.*

Er hat Angst, nicht mehr gefragt zu sein, hat Angst, dass ihn niemand mehr auffordert zu arbeiten, dass niemand mehr seine Arbeit würdigt, und offenbar sieht er den Sinn seiner Arbeit letztlich doch darin, dass sie jemand von ihm einfordert und dass sie jemand würdigt, dabei besteht doch der einzige Sinn dieser Arbeit darin, dass er nicht todunglücklich ist.

Ich wäre froh gewesen, hätte ich ihm das deutlich machen können. Noch froher hätte es mich gestimmt, er hätte begriffen, wie gut es tut, sich dauerhaft auszuruhen.

Er betrachtet mich eingehend und sagt, eher an Bluno als an mich gerichtet, ich sähe aus wie eine Berliner Pflanze der 1980er Jahre, wie ein gemeinsamer Sohn von Farin Urlaub und Blixa Bargeld. Sollte jemand jemals die Tagebücher von Fritz zu lesen bekommen, so wird er zweifellos einen solchen Eintrag über mich dort finden.

Mir hat seine Bemerkung zu denken gegeben. Dass Menschen in anderen Menschen Ähnlichkeiten mit Tieren ausmachen, dass sie in ihren Mitmenschen Züge von Rehen, Frettchen oder Karpfen erkennen, ist mir geläufig, ebenso die Theorie, dass Mensch und Hund sich immer ähnlicher werden, wenn sie zusammen leben, auch dass manche Menschen Hundesöhne sein sollen, habe ich gehört, aber dass Hunde wie Menschen aussehen, das war mir neu. Ein Kompliment ist das nicht, soviel steht fest.

8. Januar

Wie niemand sonst kann Fritz schweigen. Er kommt herein, setzt sich an den Küchentisch und schweigt. Manchmal krault er mir dabei den Nacken. Bluno kennt Fritz gut genug, um sich von diesem Schweigen, das andere Menschen zweifellos irritieren kann, nicht aus der Ruhe bringen zu lassen. Wenn Fritz mich in seiner Nähe weiß, geht es ihm besser. Plötzlich beginnt er dann doch zu sprechen.

Bluno sei bekannt, dass er, Fritz, von jeher ein überzeugter Atheist gewesen sei, doch diese Gewissheit Blunos müsse er, Fritz, nun leider zerstören, denn nun habe er, Fritz, eine Vision gehabt, eine Revelation, nun wisse er, dass es Himmel und Hölle gebe, mehr wolle und könne er dazu im Augenblick nicht sagen, aber irgendwann werde er Bluno alles erzählen, irgendwann, das heiße, sobald er selbst dazu in der Lage sei, sobald er in seinem neuen Glauben gefestigt sei, sobald er Klarheit über das habe, was da auf ihn eingestürmt sei, Bluno solle bitte nicht nachfragen. Und mit einem Lächeln fügt er hinzu: Jetzt weiß ich, dass ich mich geirrt habe. Da Fritz mir nach wie vor den Nacken krault und Bluno gar nicht auf die Idee kommt, nachzufragen, sondern seinerseits nur lächelt, wenn auch mit einem leichten Schatten über seiner gekräuselten Stirn, schenke ich der Heimsuchung Fritzens keine große Bedeutung. Bluno ist es gewohnt, die Marotten seines Freundes zu tolerieren und ihren Unterhaltungswert zu goutieren.

Wer sein seelisches Glück bei Prostituierten sucht, der darf auch an Gott glauben, scheint er zu denken.

Ich werde mir einen Hund zulegen, sagt Fritz noch, als er in Mantel und Schal und Schiebermütze in der Wohnungstür steht, um uns zu verlassen. Es ist nicht der Moment, hier Einwände vorzutragen, und vermutlich hat Fritz genau aus diesem Grund den Moment des Abschieds gewählt, um uns diese Neuigkeit zu verkünden.

12. Januar

Ich muss zugeben, dass ich die Schönheit einer Rose oder eines Renoirs nicht recht würdigen kann, aber es besteht auf Seiten der Menschen keinerlei Veranlassung, deshalb auf mich herabzusehen. Die wenigsten dieser Menschen vermögen ihrerseits den Liebreiz eines flauschigen Platzes am Ofen oder die Pracht des Nichtstuns zu erkennen.

Auf dem Spielplatz, den wir nach Einbruch der Dunkelheit aufgesucht haben, um ein bisschen in den Büschen die Ratten aufzustöbern, setzt sich Bluno auf eine Bank. Spielplätze sind die sichersten Orte, denn selbst die übelsten Hundehasser werden hier keine vergifteten Delikatessen auslegen, es sei denn, sie sind zugleich auch Kinderhasser. Oder sie sind *nur* Kinderhasser, was letztlich weitaus plausibler wäre, denn Kinder zu hassen, dafür gibt es tausendmal mehr einleuchtende Gründe.

Manchmal hat Bluno jetzt morgens eine Tasse Kaffee dabei, wenn wir im Dunkeln um die Ecken streifen, um sich daran die Hände zu wärmen und wach zu werden in einer Jahreszeit, in der andere Tiere ihre Körpertemperatur und ihre Pulsfrequenz absenken, um das grauenhafte Wetter für Monate einfach auszublenden. Siebenschläfer und Murmeltiere, Igel und Frösche, Eidechsen und Haselmäuse haben es klüger und ökonomischer eingerichtet als Menschen und Hunde. Sie versetzen sich in den Energiesparmodus, machen für ein paar Monate die Augen zu, um die nasskalte Depression nicht sehen zu müssen.

Wir aber müssen auch bei minus zwanzig Grad vor die Tür. Ich springe zu Bluno auf die Bank, um ihn zum Weitergehen zu animieren. Mir gefällt es nicht zwischen Resten von grauem Schnee und ausgebrannten Feuerwerkskörpern, die vermutlich auch in vier Wochen noch immer in den Ecken liegen werden.

Bluno erhebt sich. In diesem Moment rutsche ich ab und gerate mit meinem rechten Hinterbein in den Spalt zwischen den Latten, aus denen die Bank besteht. Wer sie konstruiert hat, hat nicht an Kinder gedacht und erst recht nicht an Hunde. Ich versuche mich zu fangen, springe von der Bank, aber mein Hinterbein bleibt in der Spalte stecken wie in einem Schraubstock. Der Schmerz lässt mich aufheulen. Es fühlt sich an, als würde mir das Bein abgerissen. Ich werde nie wieder rennen können, schießt es mir durch den Kopf. Wie soll ich mich auf drei Beinen fortbewegen? Es gibt im Viertel einen dreibeinigen Hund, aber der ist ein trauriger Anblick.

Ich möchte kein trauriger Anblick sein, ich brauche das Rennen, ich bin noch immer der Animateur auf jedem Hundeplatz, der den Laden aufmischt, Bewegung in die träge Masse bringt. Sollte das alles mit dieser Sekunde vorbei sein?

Bluno befreit mich und nimmt mich auf den Arm. An seiner Brust jaule ich weiter und er tröstet mich, berührt vorsichtig meine Pfote, prüft, ob etwas gebrochen ist. Es schmerzt, aber ich weiß nun zumindest, dass mein Bein nicht mehr in der Bank steckt, sondern noch dran ist an mir. Er trägt mich nach Hause.

13. Januar

Ich habe Gehversuche gemacht, kaum waren wir wieder in unserer Wohnung. Ich habe Glück gehabt. Nichts ist gebrochen, nichts gerissen, nichts verstaucht. Aber ich habe wieder gesehen, wie schnell alles vorbei sein kann. Erstaunlich, wie Bluno mir jeden Wunsch von den Augen ablesen kann, wie gut die nonverbale Kommunikation dahinfließt.

Mein Leben wird nicht so lang sein wie das von Bluno. Darüber bin ich mir seit langem im Klaren, aber es gab wenig Anlass, sich das ständig in Erinnerung zu rufen. Und hatte mich diese Gewissheit vor einem Jahr noch beruhigt, so sehe ich heute doch noch weitaus klarer, was für ein Geschenk die Zeit ist. Bald vollende ich mein fünftes Lebensjahr, bin körperlich auf der Höhe, aber ... –

Wenn ich tot sein werde, möchte ich nicht begraben werden, möchte auch nicht in einer Urne auf den Kaminsims stehen, sondern wünsche mir, dass meine Asche zu einem Diamanten gepresst wird. Für einen großen wird es nicht reichen, aber vielleicht für einen kleinen, einen ganz kleinen Diamanten, den man als Nadel für einen Plattenspieler verwenden kann. Dann kann Bluno seiner Musik lauschen und weiß, dass ich es bin, der sie für ihn spielt.

20. Januar

Ein alter Hund war ich schon immer. Als ich ein Jahr alt war, betrachteten mich die Leute auf der Straße schon als klapprigen, knochigen, träge-trottenden Greis, weil meine Frisur zottelig, mein Fell nicht allzu üppig, meine Körperhaltung etwas staksig ist, wenn ich so in der Landschaft stehe. Sie hatten mich nicht rennen und nicht springen sehen, aber sie hatten dennoch recht, auch wenn sie mich nur nach meinem Äußeren taxierten, denn ich war schon immer ein alter Hund. Ohne zu verstehen warum, haben sie das richtig erkannt. Ich habe immer schneller gedacht, oft weitergedacht, gelegentlich tiefer gebohrt als andere, manchmal habe ich mich auch verbohrt, aber diese Art zu denken und zu bohren macht alt, bewahrt andererseits vor Irrtümern, die wiederum Lebenszeit kosten – *„wer wenig denkt, irrt viel"*, wusste schon Leonardo da Vinci. Ich habe mich entschlossen, etwas mehr Zeit mit denken zu verbringen, um weniger Zeit mit Irrtümern verbringen zu müssen, denn mein Leben ist kurz. Ich verbringe daher auch keine Zeit mit der *Suche nach der verlorenen Zeit* (ein Buch übrigens, an dem das Beste der Titel ist), denn ich werde sie nicht wiederfinden.

Eine neue Studie hat ergeben, dass Menschen, die mit Hunden leben, zwölf Prozent weniger häufig an Herz-Kreislauf-Erkrankungen leiden und folglich länger leben. Vor allem für Singles ist die Gesellschaft eines Hundes lebensverlängernd. Warum? – weil man in guter Gesellschaft älter wird. In schlechter Gesellschaft dagegen eher stirbt. Für Frauen ist die Gesellschaft ihrer Männer überwiegend eine schlechte, für Männer ist die ihrer Ehefrauen überwiegend eine gute, ließe sich daraus folgern, denn verheiratete Männer leben länger, verheiratete Frauen sterben früher.

21. Januar

Lektüre eines Klassikers: *Gedanke und Ahnung oder Kater und Hund.* Bemerkenswert, die Welt aus der Perspektive eines Katers zu sehen. Man sollte stets wissen, was der andere denkt. Wobei der Autor eine enge Freundschaft mit einem Hund pflegte, allerdings darunter litt, in Hundegesellschaften, in die er mitgenommen wurde, immer etwas schräg angesehen zu werden.

noch 21. Januar

Die Dunkelheit macht mir nichts. Was mir fehlt, ist die Wärme. Manchmal träume ich davon, in der Sonne zu liegen auf dem Kissen auf der Bank auf dem Balkon. Bluno steht auch kaum noch auf und so verbringen wir im Dämmerlicht die Tage im Bett. Neulich hörte ich ihn sagen, dass die Position der Kreativität die Horizontale sei. Soweit habe ich ihn schon.

Unsere Spaziergänge beschränken wir in stillem Einverständnis auf das Nötigste. Im Seniorenheim, über dem Fenster, aus dem der verschwundene Meister der Wurstsemmeln sein Frühstück warf, muss es einen weiteren Bewohner geben, der sein Frühstück nicht

mag. Nun liegen halbe gekochte Eier unten. Ein vertretbarer Ersatz für Wurstsemmeln.

Sollte das ein Beweis dafür sein, dass kein Mensch unersetzbar ist, wie der Langweiler unter den Humboldt-Brüdern einst behauptet hat? Natürlich nicht. Dieses zu Unrecht berühmte Postulat wirft doch eher ein Licht auf den Verfasser im Besonderen und die geistige Verfassung des Preußentums im Allgemeinen. Ich möchte damit nicht behaupten, dass kein Mensch ersetzbar wäre, es gibt vielleicht unter den bald acht Milliarden auch Menschen, deren Stelle in vielerlei Hinsicht ein anderer einnehmen könnte. Und es gibt vor allem Menschen, die möchte man gar nicht ersetzt sehen. Aber bereits der Begriff *ersetzbar* klingt nicht nach einem Lebewesen, sondern nach einem Zahnrad, einer Funktion, einer Glühbirne.

Mit Menschen kenne ich mich nicht ganz so gut aus, Hunde jedenfalls scheinen mir nicht ersetzbar.

Wieder im Bett liest Bluno mir dann ein schönes Gedicht vor, das in etwa so ging:

Was ich habe, kann ich schon verlieren, aber
wo ich bin, da kann ich ruhig bleiben, aber
dass ich liebe, will ich immer wissen, aber
die mich kennen, können immer gehen, aber
wie sie lachen, behalte ich im Sinn;
sterben will ich, wo ich glücklich bin.

25. Januar

„Frei gehorcht man besser", soll Leonardo da Vinci auch gesagt haben. Das trifft ganz sicher auf Menschen zu. Gib ihnen das Gefühl frei zu sein, und schon tun sie alles, was man von ihnen verlangt. Vor allem konsumieren.

Wir beschränken uns auch diesbezüglich auf das Minimum. Bluno isst minimal, bewegt sich minimal, produziert minimal. Ich weiß nicht mal, ob er sein Werk über *Die Gurke in der abendländischen Kunst von Carlo Crivelli bis Erwin Wurm* nun vollendet oder halbfertig beiseitegeschoben hat.

An der Tür, den Kopf auf den Pfoten, bereit, jederzeit aufzuspringen, beobachte ich, wie er seine Kreise durch die Wohnung zieht, um alles zusammenzusuchen, was fehlt, um mich auf die Straße zu begleiten. Es hat etwas Planloses, wie er zunächst seine Socken, seine Unterhose, seine Hose, Hemd, Mütze und Jacke, dann die Schuhe zusammensucht, um anschließend umherzuirren, um mein Kollier, Kacktüten, Wohnungsschlüssel und Leine zu finden. Es dauert eine Ewigkeit, bis er bereit ist die Wohnungstür zu öffnen, und es dauert von Monat zu Monat länger, wie mir scheint. Und wenn wir dann auf halber Treppe sind, fällt ihm ein, dass er Geld vergessen hat, um uns ein Croissant zu besorgen.

Auch ich weiß nicht immer, wo mein Ball liegt, aber ich erinnere mich meistens und wenn nicht, dann *rieche* ich ihn. Bluno dagegen riecht nichts und erinnert sich selten. Und er ist nicht einmal in der Lage, aus sich ein Gewohnheitstier zu machen und die Dinge, die er täglich braucht, immer am selben Ort zu deponieren. Immer liegt alles irgendwo.

Ich bin sehr für Muße, aber wenn man schon aufsteht, dann sollte man auch losgehen.

In Treppenhäusern bestaune ich gelegentlich Fußmatten, die Leute vor ihren Wohnungstüren drapieren und die sie dort nicht drapieren würden, wenn sie wüssten, wie vielsagend sie sind. Zeige mir deine Fußmatte – und ich sage dir, ob es sich für dich lohnt, weiterzuleben.

31. Januar

Ich merke, dass meine Einträge ins Tagebuch kürzer werden. Das mag am Winter liegen, oder an der Sensationslosigkeit meines Daseins. Wobei mein Dasein für sich gesehen bereits genug Sensation ist. Allein, die Sensation zu beschreiben, fällt mir schwer, was wiederum kein Kriterium für ihre Intensität und Fülle sein sollte. Es ist manchmal einfach unbeschreiblich.

Ich habe selbstredend keine Zeit, dreißig Jahre über meinen bevorstehenden Tod zu lamentieren, wie das andere tun. Ich spüre, dass ich älter werde, aber da ich immer schon alt war, bin ich noch immer weitaus jünger als ich es bereits vor Jahren gewesen bin. Ich finde es jedoch beruhigend, keine Schildkröte und kein Papagei zu sein, deren Lebenserwartung über das hinausgeht, was ein Mensch für sich erhoffen darf. Ich weiß nicht, wie es sein wird, wenn ich merke, dass es zu Ende geht, aber ich denke auch nicht allzuviel daran.

Heute Abend bei Dakota Blossom Bullshit und René.

1. Februar

Die beiden luden zu etwas, das ich Fest zu nennen zögere. Bluno hatte zuvor länger vor dem Spiegel gestanden, das heißt etwa fünf Sekunden anstatt der sonstigen drei, und sah sich nach kritischem Blick auf sich selbst genötigt, nochmal das Hemd zu wechseln, was, solang ich zurückdenken kann, noch nie passiert ist. Dakota Blossom Bullshit und René haben sich eine Wohnung gekauft und die galt es einzuweihen und nebenbei den Namenstag von Emmy zu feiern, die offenbar katholischer ist als vermutet, warum sonst sollte sie ihren Namenstag feiern. In Begleitung von Erol und Odin rauschte sie zeitgleich mit uns heran. Das kapriziöse Hallo vor der Haustür war ein Vorgeschmack auf den restlichen Abend. Zugegen war *tout Bèrlän,* also alles, was in den zweifelhaften Genuss kommt, von Dakota Blossom Bullshit und René gekannt zu werden. Man trank aus Flöten, die ich nur dank meiner langen Zunge halbwegs zu leeren in der Lage gewesen wäre, und die irisierende Gesellschaft vervielfachte sich noch in den beiden Trumeaus, diesen Möbeln, die ihren Namen vom Mittelpfeiler eines Kirchenportals geborgt haben, aber anstelle der Madonna, die dort gern die Gläubigen begrüßt, Spiegel besitzen, in denen der Vorbeikommende sich selbst zu sehen bekommt, um für den Augenblick des Verharrens, getaucht in das schmeichelhafte Licht der flankierenden Fenster, ersatzweise zum Heiligen zu werden. Dieses Herumstehen und pausenlose Schnattern, das die Menschen für Konversation halten, hat als flauschiger Geräuschteppich einschläfernde Wirkung. Man kann darauf zählen, dass der Teppich auf lange Zeit seine Flauschigkeit behält, solange Menschen in Gruppen zusammenstehen, da es bei ihnen als unhöflich gilt zu schweigen, während umgekehrt bei uns Hunden die dauerhafte akustische Kommunikation verpönt ist. Geschnattert wird am engagiertesten über Dinge, auf die sie am wenigsten Einfluss haben, also über Krankheiten, das Wetter und Politik. Natürlich gibt es unter dem Parkett eine Fußbodenheizung (was tatsächlich ganz angenehm ist um diese Jahreszeit), die auch das Fischbassin temperiert, das sich zwischen zwei Lounge Chairs erstreckt. Vermutlich hat Miss Bullshit auf beidem bestanden. Außerdem muss das Jacuzzi auf der Dachterrasse bewundert werden. Beim Hinaufsteigen kommt mir Fritz mit schreckgeweiteten Augen entgegen und ich verstehe gleich warum, denn im Jacuzzi hocken bereits drei Spaßvögel, es soll ja *leger* zugehen. Mich würden keine zehn Pferde in diese Brühe kriegen und der Anblick der drei Tragikomiker im dampfenden Geblubber lässt auch mich wieder nach drinnen fliehen. Auf dem Sideboard im Salon ein Gefäß-Arrangement aus etwas Japanischem der Edo-Zeit, zwei scheußlichen Gallé-Vasen bestückt mit Bananenblüten und einer Folklore-Keramik, die niemals ihren Weg in dieses subtile Ambiente gefunden hätte, wäre sie nicht von Picasso geknetet und bemalt worden. Sowas repräsentiert den Inbegriff bourgeoiser Geschmacksbildung und ist an Phantasielosigkeit kaum zu überbieten.

Während ich noch auf die Vasen starre, kommen Esther und Leon herein, und jetzt erst werden mir die familiären Zusammenhänge klar, denn Leon begrüßt René mit dem Wörtchen *Daddy.* Habe mich immer schon gewundert, was Bluno und René verbindet. Jetzt weiß ich es: Familie, die man sich nur bedingt aussuchen kann, wie ich aus eigener schmerzhafter Erfahrung weiß. Leon hat einen neuen Haarschnitt mit üppiger Tolle und einer asymmetrisch-rasierten Linie, die ihn in seinen Augen zu einem Double irgendeiner coolen Internet-Influencer-Celebrity macht, in meinen Augen allerdings nichts als das klägliche Bemühen offenbart, wie ein Pudel auszusehen, was ihm *niemals* gelingen wird, sollte er sich noch so anstrengen.

Auch Leon beginnt sofort zu plappern und berichtet davon, er habe mit seinen eigenen Augen gesehen, wie Odin klammheimlich so einen buntfarbigen Koi-Karpfen aus der Glasvitrine gefischt habe, als sei das ein Gratisgeschenk! Einen solchen Super-GAU könne man doch schlussendlich nicht stillschweigend hinnehmen, da müsse doch was rückerstattet werden! Es wunderte mich angesichts seiner Ausdrucksweise nicht, dass sein Name zur Gänze im Wort Pleonasmus gefangen ist. Esther allerdings schien begeistert von der gepflegten Wortwahl ihres Sohnes und strahlte. *Wie sich ein Fisch erstatten ließe,* fragte Fritz im Vorbeigehen, dazu allerdings schwieg Leon. Endlich schwieg er. Es gibt kein Lebewesen, nicht einmal die Vögel, die so ungehemmt Geräusche von sich geben wie Menschen. Diese Gewohnheit des Geräuschevonsichgebens ist ein Fluch. Ein Phänomen allemal, das den Untergang der Erde besiegelt, denn es ist diese hemmungslose und zweckfreie Kommunikation, die die Menschen von anderen Lebewesen unterscheidet, daher muss es die Kommunikation sein, die alles zugrunde richtet. Zu viel Kommunikation besiegelt den Untergang.

Noch eines wird an solchen Abenden deutlich: Der Homo sapiens kann auf keinen Fall der Weisheit letzter Schluss sein.

Froh, so froh, mich wieder zu Hause ausstrecken zu können. Wir liegen und atmen.

5. Februar

It's been a hard day's night
And I've been working like a dog
It's been a hard day's night
I should be sleeping like a log
But when I get home to you
I find the things that you do
Will make me feel alright
– so dichtet der eine.

If dogs run free, why not me
Across the swamp of time?
My mind weaves a symphony
And tapestry of rhyme.
Oh, winds which rush my tale to thee

So it may flow and be,
To each his own, it's all unknown,
If dogs run free
– so dichtet der andere.

Da weiß man doch gleich, wer von beiden der Literaturnobelpreis NICHT bekommen hat. Und was soll das überhaupt heißen: *working like a dog?* Ich arbeite nicht.

7. Februar

Hatte dieser Tage Körperkontakt mit dem impertinenten Müllmann, diesem glatzköpfigen, volltätowierten Randalierer. Die Geschichte wiederholt sich, ich sage meine Meinung, er tritt aus, wir berühren uns. Winziger Kratzer bei ihm. Er ist gleich zum Ende der Straße gerannt, rein in die Polizeistation, um Anzeige zu erstatten. Ich hatte den Vorfall längst vergessen, aber jetzt kommt die Quittung. Er redet von *Bissattacke,* hat *einen Schmerz* gespürt. Vermutlich zwischen den Ohren, obwohl da wenig ist, was schmerzen könnte. Ich aber gelte fortan auch hierzulande als gefährlich. Warum kann man nicht auch Menschen Maulkörbe verordnen?

12. Februar

Vorladung zum Veterinäramt. In meiner Akte liegt nicht nur die Aussage des Müllmenschen, sondern es haben sich auch diverse Anzeigen von Alanis/*Frauchen* angesammelt, die bei der Internetpolizei eingegangen sind, per Mail, vermutlich alle am späteren Abend, wenn die Welt den beiden besonders feindlich erscheint, Klagen über Disziplinlosigkeit, Fotos von zerbissenen Hundeohren und ein Überwachungsvideo aus der Bäckerei, das mich zeigt, wie ich hereinstürme, während Alanis & *Frauchen* am Tresen stehen, wie wir für Sekunden zu einem wilden Fellknäuel werden und ich wieder verschwinde. *Frauchen* hat aus den Krimis gelernt, in denen sich die Kommissare immer zuerst nach Videokameras umsehen, wenn sie an einen Tatort kommen. Der Bäcker hat ihr das Video bereitwillig ausgehändigt. (Darf er das überhaupt? Habe ich kein Recht am eigenen Bild? Das steht heute nicht zur Debatte.) Das Material genügt der Dame vom Amt, die uns anhört und dabei ungemein verständnisvoll tut, aber ich durchschaue sie im Unterschied zu Bluno, der ihr in allen Details schildert, was wirklich vorgefallen ist. Nämlich nichts, was der Rede wert wäre. Sie sitzt da, das Fenster im Rücken, und tut so, als höre sie aufmerksam zu, aber mir entgeht nicht, dass genau das ihre Art ist, ohne Zweifel über viele Jahre erprobt, die Dinge zu einem schnellen Ende zu bringen. Es ist ihr vollkommen gleich, was Bluno sagt, nichts davon wird später in ihrem Urteil stehen, das ist so offensichtlich, dass ich einmal mehr an Blunos Wahrnehmungsfähigkeiten zweifle. Vielleicht ist er auch nur von seiner Eitelkeit geblendet, von der Selbstüberschätzung, mit Charme und Eloquenz diese Amtsärztin um den Finger wickeln zu können, aber als Behördenfossil kennt sie auch diese Variante des Spiels zur

Genüge und hat auf diesem Feld, das ihre tägliche Spielwiese ist, weit mehr Routine als Bluno. Sie ist ihm haushoch überlegen, was er nicht zu begreifen scheint. Ihre besondere Finte besteht darin, dass sie, statt ihn kühl abblitzen zu lassen und ihm so zu signalisieren, dass er mit seiner Anbiederung bei ihr, der unbestechlichen Beamtin, auf Granit beißt – was zu einem schärferen Ton und zu mehr Widerstand, jedenfalls zu einer längeren Debatte führen könnte –, freundlich nickt. Sie nickt freundlich und wiegt Bluno in dem trügerischen Gefühl, mit seiner so smarten wie wendigen Windigkeit Erfolg zu haben, durchzudringen mit Argumenten, die er in Wahrheit nur in eine Wand aus Watte spricht. Dann ist das Gespräch zu Ende und es kommt der Moment, den Stab über mich zu brechen: Nicht Todesurteil, aber Leinenzwang und in Auslaufgebieten ein Maulkorb. Am Ende noch Porträts für die Akten. Wir bekommen das auch noch schriftlich, heißt es. Und schon sind wir draußen. Kann die Welt so ungerecht sein?

Andererseits: Nun bin ich in den Verbrecherkarteien zweier Staaten. Das muss mir erst mal jemand nachmachen. Ich erwarte, dass man hinter meinem Rücken zukünftig flüstert: *Da kommt die tödliche Waffe, leg dich mit dem besser nicht an, das ist ein Killer.*

Es gibt immer mehr Stimmen unter den Menschen, die einen genetischen Fingerabdruck aller Hunde fordern. Man könne dadurch *„Bissverletzungen besser nachweisen sowie auf der Straße liegenden Hundekot zweifelsfrei zuordnen“* (!) – und dann die Verantwortlichen zur Kasse bitten. Was für ein Geschäftsmodell: Kotzuordnungsgentestbeauftragte schließen endgültig die Lücke zur Vollbeschäftigung. Sie sind rund um die Uhr zugange, um Proben zu nehmen und Bescheide zu versenden. Ist es zu glauben, wie fast unmerklich und weitgehend unwidersprochen der Überwachungssaat voranschreitet? Stellt sich nur die Frage, ob dann im nächsten Schritt die Katzen oder die Menschen genetisch katalogisiert werden.

Doch auch hier gilt: Wo die Menschen ihre eigene Totalüberwachung auf die leichte Schulter nehmen, werden sie sich an der Totalüberwachung der Hunde nicht weiter stören. Dabei waren es doch eigentlich die Hunde, die für eine solche Kontrolle seit Göttergedenken verantwortlich zeichneten. An Kerberos, dem Onkel der Sphinx und Türsteher der Hölle etwa, kam kaum einer lebend vorbei. Nur die Toten ließ er rein (und nicht wieder raus), und man musste schon mit himmlischer Musik oder Honigkuchen kommen, um ihn zu bestechen, oder aber mit blanker Gewalt. Kerberos hatte von jeher schlechte Presse, galt als brutal und gierig, dabei war er doch vor allem gewissenhaft und wachsam. Es kritisiert sich leicht, wer aber hätte seinen Job dreihunderttausend Jahre lang machen wollen, wer außer ihm wäre nicht spätestens nach hundert Milliarden Menschen, die sich an ihm vorbei in die Unterwelt schleppten, eingeschlafen? Anfangs war noch wenig Verkehr, doch je später es wurde, desto größer war der Andrang.

Aber Kerberos hat längst etwas Anachronistisches an sich. Hunde als Wächter? Das ist Old School. Heute sind es Kameras und Computer, die vermutlich auch an den Toren der Unterwelt die Kontrolle übernehmen, während zugleich Algorithmen an die Stelle von Sibyllen treten und das Verhalten der Menschen für die Zukunft voraussagen.

Pinkelt man ausreichend, zum Beispiel in einer U-Bahnstation, kann sich eine Pfütze bilden, die groß genug ist, um interessante Objekte zu spiegeln.

13. Februar

Ein neues Museum eröffnet, das *Museum of the Dog* des amerikanischen Hundezüchtervereins, nicht für den Hund, sondern über den Hund. Natürlich in New York, wo sonst? Nippes in Porzellan und Bronze, Biedermeier-Hunde-Ölschinken, Skurrilitäten wie Hundefallschirme. Kurz gesagt, „one *of the world's largest collections on canine fine art*". Tinnef total. Kein Wort über *Susi und Strolch* und Hundeasyle und Massenmord. Nur Zucht und Geplänkel. Das kommt dabei heraus, wenn Rassisten ein Museum betreiben.

Der Hund, mit dem Fritz sein Leben zu teilen versucht, ist das, was man *ungestüm* nennt, will man weniger freundliche Worte

vermeiden. Er ist von massiver physischer Präsenz und passt von daher durchaus zu Fritz, aber Fritz ist ihm nicht gewachsen, er hat Angst vor diesem Wesen, das viel zu jung ist für ihn, das seine volle Aufmerksamkeit einfordert, das keine Minute still sitzen kann. Wir sehen Fritz hilflos, als wir ihn in seiner Wohnung besuchen.

Vielleicht hätte Fritz auf ein eindringliches Wort von Bluno gehört, aber Bluno hatte keine Gelegenheit, Fritz diese *Idee von einem Hund* auszureden, die nun, real geworden, nichts von dem scheint, was sich Fritz erhoffte. Fritz wollte, das sehe ich ihm an, jemanden wie mich, eine gefestigte Persönlichkeit, ein Wesen, das ihm Halt und Ruhe geben könnte. Ich war DER HUND für ihn. Doch ich bin ich. Das scheint auch Fritz inzwischen verstanden zu haben. Nun aber ist es zu spät, nun hat er ein Wesen in seinen vier Wänden, das seinerseits Halt und Ruhe sucht. Das Unglück potenziert sich.

15. Februar

Sitze in der Nacht auf dem persischen Teppich im Salon und versuche, über die Kante aufs Parkett zu kotzen. Mir ist hundeelend. Was war das für eine Spritze, die ich da gestern bekommen habe? Ich lasse Bluno schlafen, er kann mir nicht helfen. Ich fühle mich verloren, trotz Blunos leisem Schnarchen allein. Dann muss ich ihn doch stören, muss ihn bitten, mit mir auf die Straße zu gehen. Stoße ihn mit der Nasenspitze an, bis er aufwacht. Es ist gut, dass er mich in solchen Momenten gleich versteht.

Wir sind draußen in der Nacht unterwegs und ich muss mich an jeder Ecke setzen, habe Fieber, übergebe mich auf dem Rückweg im Treppenhaus. Am Morgen will Bluno mit mir spielen, ich sehe in seine Honigaugen, denen man kaum widerstehen kann, aber meine Lebensgeister sind erschlafft. Eine unendliche Mattigkeit macht aus jeder Bewegung eine Anstrengung. Fühlt sich so das Ende an? Und kommt es so schnell?

16. Februar

Mein Körper streikt. Ich sehe in die Dunkelheit. Meine Gedanken schweifen ab, können nichts fassen. Ich verlasse das Haus nur noch, um bis zum nächsten Baum zu gehen. Dann kehre ich um, stehe am Fuß der Treppe, betrachte sie lange, sie kommt mir unendlich vor. Soll ich wirklich jede dieser Stufen aus eigener Kraft nehmen. Jede einzelne reicht mir bis zur Brust. Das fällt mir erst jetzt auf.

Auch das Knistern von Verpackungen, das mich immer besonders hellhörig gemacht hat, lässt mich nun kalt. Menschen haben die Angewohnheit, alles zu verpacken, weil sie sich so besser der Illusion hingeben können, es sei auf diese Weise hygienischer und folglich gesünder. Sie verpacken Käse und vereinzelte Scheiben Wurst ebenso wie Pizza oder Eiskrem. Manches auch mehrfach. Sie verpacken Chips, aber auch Paprikas. Gurken verpassen sie gern eine durchsichtige Plastikhaut für den Fall, dass die Gurke im Supermarkt jemand berührt. Als hätte nicht bereits vor dem Plastiküberzug ein halbes Dutzend Leute die Gurke in der Hand gehabt.

Verpackungen haben den Nachteil, dass Dinge schlechter erreichbar sind, aber den Vorteil, dass Verpackungen knistern, so dass man immer hört, wenn etwas ausgepackt wird. Ich kann am Knistern sehr gut unterscheiden, ob es sich lohnt, aufzustehen. Ich höre genau, ob eine Müslitüte aufgerissen wird oder eine Packung Belgischer Waffeln. Für Müsli würde ich nie das Bett verlassen.

Heute lässt mich jedes Knistern kalt.

18. Februar

Es ist erstaunlich, dass man sich bereits einen Tag nach der Genesung nicht mehr dieses Gefühl der Schwäche und des Elends vorstellen kann. Man kann es beschreiben, man erinnert sich, dass es da war, aber wie es sich anfühlte? Schwer nachzuempfinden. Schmerzen sind auch Gefühle, und Gefühle kann man eben nur fühlen. Und fühlen lässt sich nur im Hier und Jetzt. Man kann sich Gefühle aus der Vergangenheit nicht vergegenwärtigen, selbst wenn man sie selbst erlebt hat. Für mich ist diese Erkenntnis neu und sie untermauert mein Manifest für ein Hundeleben. Manchmal ist es doch für etwas gut, wenn es einem schlecht geht.

Das Urteil der Frau vom Amt kommt in schriftlicher Form. Bluno ist fassungslos, dabei ist es genau das, was ich erwartet habe. Sie hat kein einziges von Blunos Argumenten berücksichtigt, keine einzige seiner Erklärungen erwähnt, sie hat durch ihn hindurchgelächelt und gewartet, bis er endlich fertig war mit seinen Geschichten.

Ventura hat weder Alanis in der Bäckerei gebissen, noch den Müllmann auf dem Hinterhof, hat er ihr erklärt, *es kann also von Bissvorfällen, wie es in der Anzeige heißt, keine Rede sein!* Doch nun, da er den Umschlag aufreißt, springt ihm das Wort bereits im Titel des Urteils wieder entgegen: *„Bissvorfälle"*. Das bedeutet Leinenzwang als *„wirksamer Schutz der Allgemeinheit"* vor mir! Die Leine bekommt eine ganz neue Bedeutung in meiner Vorstellungswelt. Sie ist nicht mehr die kürzeste und sinnvolle Verbindung zwischen mir und Bluno in unübersichtlichen Situationen, sondern dient der Einschränkung meiner Freiheit. Ich denke gar nicht erst daran, mir diese Leinen-Definition zu eigen zu machen.

Für Bluno steht auch ein Satz im Urteil der Frau vom Amt, der ihm zu denken gibt. *„Aufgrund der bisherigen Vorfälle wird bezweifelt, dass Sie die erforderliche Einsicht haben, Ihr Verhalten freiwillig und selbstständig anzupassen."* Das sitzt. Bluno fehlt es an der erforderlichen Einsicht. Damit hat die Frau vom Amt völlig recht. Ich sehe ihn an und wir kommen wortlos überein, dass uns nichts übrigbleibt, als gegen ein solches Urteil in Berufung zu gehen, denn nur mit einer solchen Berufung können wir hinreichend unter Beweis stellen, dass es uns wirklich an Einsicht fehlt.

Ich merke, dass meine Jugend einer gewissen Reife gewichen ist. Manchmal habe ich das Gefühl, dass das mit dem Tagebuchschreiben zu tun hat. Aber vielleicht ist es auch einfach nur das Älterwerden. Wie es kommt, dass ich älter werde, weiß ich nicht. Das ich älter werde, weil die Zeit vergeht und ALLES älter wird, ist keine hinreichende Erklärung. Ebenso könnte ich fragen, warum ALLES älter wird und warum die Zeit vergeht. Darauf hat bislang kein noch so schlauer Hund eine überzeugende Antwort gefunden. 19. Februar

Fritz hat sich von seinem Mitbewohner getrennt. Er hat ihn zurückgebracht, dorthin, woher er ihn herhatte, ins Tierheim.

Wie soll ich es sagen, wie es beschreiben, keine Ahnung, aber wenn es passiert, heißt es, dann weiß man, dass es das ist, also muss es das sein, denke ich, und wenn es das sein muss und ist, dann habe ich mich verliebt. 21. Februar

Er ist ganz schwarz, lebt um die Ecke, hat grazile lange Beine wie ich und ist nur wenig größer. Mit ihm durch den Park zu rennen ist eine Freude, weil er schnell ist und auf diese Rempeleien verzichtet, die große Hunde brauchen, um sich zu behaupten, wo es ihnen an Eleganz und Körperbeherrschung fehlt. Er hat meinen Humor und wir können auch einfach nur zusammen am Bordstein liegen und schauen, was vorbeikommt. Es gibt da ein wortloses Einverständnis.

Er kann gut lecken.

Der Winter möge zu Ende gehen. 22. Februar

Sie nennen ihn Gustav. Gern würde ich mit ihm nachts um die Häuser ziehen. Und ich glaube, genau das mache ich heute. 25. Februar

Nieselregenschauer. Es sind zwei Monate verstrichen, seit ich das letzte Mal auf diesen Seiten geschrieben habe. Das ist bemerkenswert, weil. – Keine Ahnung. Es ist bemerkenswert. Ostern ist vorbei, ein heißes Ostern, an dem wieder alle über den Klimawandel geredet haben und keiner über den Hasen. 28. April

Heute ist mein Geburtstag. Vielleicht ist auch das der Grund, warum ich schreibe. Ein runder Geburtstag. Fünf Jahre. Übrigens habe ich am gleichen Tag Geburtstag wie T-Bone Walker, den ich schon wegen seines Namens schätze. Ich habe mein Fest mit Bluno gefeiert. Wir sind eine große Runde gegangen, durch den Viktoriapark, dessen Wasserfall früh morgens noch nicht angestellt ist. An der Böschung, in einer Silberschale präsentiert, erwartet mich ein halbes gebratenes Huhn. Eine Geburtstagsüberraschung von Bluno, denke ich. Aber nein, er ermahnt mich freundlich, als ich mich darüber hermache. Möglichst wenig von der Straße essen, nichts von fremden Menschen annehmen. Ich kenne die Leier. Als der Regen stärker wird, genau als wir an der steinernen Bank vorbeikommen, auf der seit ewigen Zeiten *Fock the police / Fuck you Rieke* steht, scheint es ihm an der Zeit einzukehren. Morgens um halb acht gibt es nur ein geöffnetes Café, das aber sanfte Musik spielt und in dem Bluno immer etwas zu lesen findet. Bücher aus dem Regal. Wilde Mischung. Er trinkt seinen Cappuccino, vermutlich, damit man ihn nicht zur Latte-Macchiato-Fraktion rechnen kann, und liest, während ich mich auf der Fensterbank auf seiner Lederjacke zusammenrolle. Wir teilen uns eine Rosinenschnecke. Nicht gerecht, nicht gleich, aber brüderlich: der Größere bekommt etwas mehr. Ich habe mich mit dieser Art zu teilen arrangiert. Nur wenn er gedankenverloren oder in hitziger Diskussion begriffen sein Essen in sich hineinstopft und die Gefahr besteht, dass er mich vergisst, erlaube ich mir inzwischen noch, ihn mit der Nase anzustoßen oder meinen Kopf auf seinen Schenkel zu legen, damit er sich an meine Gegenwart und meine Bedürfnisse erinnert. Das funktioniert immer.

Mein kleiner Bruder Hierro – wie viele Menschen können auch manche Hunde ihre wahre Größe nicht richtig einschätzen – begann jeden Tag während des Mittagessens, wenn sich die Teller auf dem Tisch langsam leerten, leise zu klagen und dann scharf und hoch und durchdringend zu kläffen, was ihm wenig Sympathie einbrachte. Aber er war eben auch ein Quälgeist. Der liebenswerteste Quälgeist, den ich kannte. Meine Methode ist dagegen wie ein stiller Pakt. Nur ich und Bluno wissen davon, wenn ich ihn sanft unter dem Tisch stupse.

Nachdem er seinen Cappuccino getrunken und das Buch zurück ins Regal geschoben hat, regnet es noch stärker. Jetzt aber will er vor die Tür. Die Logik der Menschen ist gelegentlich rätselhaft.

Er beschleunigt seine Schritte und hat sich dabei an die Leine genommen. Wenn er sich an die Leine nimmt, will er damit unsere Zusammengehörigkeit unterstreichen, rede ich mir ein.

Und das ist an sich ein schöner Zug. Doch die Leine ist eben auch eine ambivalente Erfindung. Einerseits bin ich weniger flexibel, weil ich Bluno im Schlepptau habe, andererseits muss ich mich, solange er an der Leine ist, nicht ständig umsehen, wo er bleibt.

Nass erreichen wir unsere Wohnung, er rubbelt uns ab und wir gehen wieder ins Bett.

Gustav ist verschwunden. Das sollte ich nachtragen. Es waren schöne Wochen mit ihm. Fast täglich haben wir uns gesehen und auch ein paar Mal in der Nacht. Doch Menschen haben die schlechte Angewohnheit, uns nicht in ihre Pläne einzuweihen. Und jetzt ist Gustav verschwunden. Ich vermute, dass er verschleppt wurde, als der Umzugswagen kürzlich die Nachbarschaft unsicher machte. Er fehlt mir ein bisschen. Ich liege auf der Bettkante und träume. 29. April

Er hat mir ein Gedicht hinterlassen. Ich glaube, ich habe ihn zum Dichten inspiriert, auch wenn er das ganz anders tut als ich.

Bluno liegt auf dem Sofa. Manchmal denke ich, er möchte dort für immer liegenbleiben. Ich denke dann, dass man berufsuntätiger als Bluno kaum sein kann. Auf dem Sofa liegend durchstöbert er hin und wieder das Netz. Dann lacht er manchmal auf und erzählt mir seltsame Dinge. Ausgerechnet die Senatsverwaltung für Antidiskriminierung, murmelt er, verfügt die neue Hundegesetzdurchführungsverordnung. Ich weiß, wovon er spricht. Er meint jene Hundegesetzdurchführungsverordnung, die nun endgültig Leinenzwang für alle anordnen soll, die nicht primitivsten Befehlen gehorchen. Befehlen wie *Sitz, Platz, Bleib,* Befehlen, die einen wirklich nicht weiterbringen. 30. April

Mai

Bluno liegt auf dem Sofa. Er liest mir einen Artikel aus einer Hundezeitung vor, die er beim Zahnarzt hat mitgehen lassen. Das ist keine Zeitung für, sondern *über* Hunde. (So wie das fürchterliche Museum in Amerika.) Und natürlich werden Hunde nicht gefragt, sonst würde nicht so ein Mist in der Zeitung (und im Museum) stehen. Die Zeitung ist eine Zeitung, die den Menschen beibringen soll, wie sie sich Hunde gefügig machen. Wie sie Hunde zu möglichst bequemen Hausgenossen erziehen können. Bluno liest mir vor, dass Hunde jeden Tag das gleiche fressen sollen. Und wollen! Abwechslung wäre gar nicht in ihrem Sinne. Unglaublich. Woher sie solche Informationen haben? Das wissen die Götter. 1. Mai

Nicht mal, wenn es jeden Tag Döner gäbe. Selbst dann würde ich gelegentlich Currywurst oder Pizza bestellen.

Das Telefon klingelt. Fritz ist tot. Er hat sich das Leben genommen, wie man so sagt. Bluno sagt nur: *Scheiße*. Ein Ausdruck, der sehr unpassend ist, der Situation nicht angemessen, aber es ist ihm in diesem Moment nicht danach, nach angemessenen Ausdrücken zu suchen. Er steht da und sieht durch die offene Tür ins Schlafzimmer.

Bluno liegt auf dem Bett. Mit dem Gesicht nach unten. Er nennt das Denken. 3. Mai

Bluno liegt auf dem Sofa. Wenn ich ihn ansehe, seinen matten Blick auffange und den Kopf schief lege, dann spricht er von Frühjahrsmüdigkeit. Das mag es geben. Nur folgt auf die Frühjahrsmüdigkeit verlässlich eine Sommerträgheit, Herbstdepression und Winterschläfrigkeit. 4. Mai

Als Verfechter des Müßiggangs bin ich grundsätzlich für Sofakultur, aber was zu viel ist, ist zu viel. Bluno tut zu viel Horizontale nicht gut. Das ist vielleicht doch nicht artgerecht. Es muss sich jedenfalls was ändern.

Was wäre wenn? Diese Frage ist müßig, jedenfalls solange sie sich auf eine vage Zukunft oder eine abgeschlossene Vergangenheit richtet. Selbstverständlich ist jede Vergangenheit abgeschlossen, auch wenn die menschliche Sprache irrtümlich suggeriert, es gebe verschiedene Vergangenheiten, darunter auch eine noch nicht perfekte.

Dennoch kann ich nicht anders, als mich zu fragen, was wäre gewesen, wenn ich zu Fritz gezogen wäre, wenn ich meine Tage mit ihm verbracht hätte, wenn die Sympathie, die wir für einander empfunden haben, Teil seines Alltags geworden wäre? Würde Fritz noch leben?

Solange Fritz da war, habe ich darüber nie nachgedacht, denn es stand außer Frage, dass ich mein Leben mit Bluno verbringen würde. Nun aber, wo Fritz nicht mehr da ist, frage ich mich.

5. Mai

Vielleicht sollten wir auswandern.

6. Mai

Der Einspruch gegen das Urteil, dass mir eine Gefährdung der Öffentlichkeit und Bluno mangelnde Einsicht bescheinigte, ist *unbegründet,* wie es heißt, obwohl Bluno natürlich eine ganze Reihe von Gründen aufgelistet hat. Auch wenn es sich nicht um Bissvorfälle handle, so der unterzeichnende Bezirksstadtrat, so müsse er der Dame vom Amt in ihrer Charakterisierung der Vorfälle als Bissvorfälle beipflichten, da das Gesetz keinen Unterschied mache zwischen Belästigung und Bissvorfall. Wo das Gesetz nicht zwischen Bissvorfällen und Belästigung differenziere, sei es adäquat, von Bissvorfällen zu sprechen, auch wenn es sich nicht um Bissvorfälle handle, sondern lediglich um eine Belästigung. Selbst wenn tatsächlich kein Bissvorfall vorliege, sei die Beschreibung als Bissvorfall durch die Dame vom Amt somit zutreffend und er könne in seiner Funktion als verantwortlicher Bezirksstadtrat dieser Beschreibung nur *vollumfänglich* zustimmen, denn eine Belästigung liege zweifellos vor. Zudem irre Bluno in seiner Annahme, ich werde fortan als *gefährlicher Hund* im Sinne des Berliner Hundegesetzes in den Akten geführt. Auch wenn ich eine Gefährdung der Öffentlichkeit darstelle, sei ich nach §30, Absatz 6, Nr. 2 nicht gefährlich, heißt es.

Was für ein Politikerschicksal. Es sind offenbar Bezirksstadträte, die Widerspruchsbescheide über vermeintliche Bissvorfälle verschicken. Da ist man aus Überzeugung in die SPD eingetreten, hat im Kibbuz und im Diakonischen Werk soziale Dienste geleistet, hat Sozialkunde studiert und ist Sozialarbeiter geworden, um die Welt ein wenig besser zu machen und dann endet man als Bezirksstadtrat und verschickt widersprüchlich-wirre Widerspruchsbescheide.

7. Mai

Wir sollten auswandern.

8. Mai

Aber wohin?

11. Mai

Auf dem Mehringdamm gibt es einen Laden, der Heilung durch Hundauflegen verspricht. Überlege, ob ich mich dort bewerben soll.

Wir schlendern nach der Sportschau an dem Laden vorbei, weil Bluno plötzlich meint, Bewegung täte uns gut, bevor wir den Abend bei Esther und Leon verbringen. Esther hat diesmal aufgeräumt, denn wir sind nicht die einzigen Gäste. Erol und Odin werden auch erwartet. Leon ignoriert mich diesmal, denn er hat ein neues Smartphone. Smartphones können ein Segen sein.

Wie erwartet zieht sich der Abend zwischen den Highlights aus der Küche. Erol, Esther und Bluno plaudern irgendwann über Wohnungsnot in Berlin, denn es wird wieder Stimmung gemacht für eine Bebauung des Tempelhofer Feldes. Vor fünf Jahren erst wurde eine solche Bebauung abgelehnt, aber warum sollte man nicht auch hier so oft abstimmen, bis einem das Ergebnis gefällt?

Angeblich, so Erol, gebe es inzwischen eine Mehrheit für die Bebauung, das sage eine Umfrage unter tausend Berlinern. Hunde werden nicht gefragt.

Bei der Bekämpfung des Wohnungsmangels dürfe es bei innerstädtischen Freiflächen keine Tabus geben, repetiert Erol die Kommentare der sogenannten bürgerlichen Fraktionen. Daher dürfe auch das Tempelhofer Feld nicht verschont bleiben.

Bluno nickt und nippt an seinem Rosé. *Wenn es keine Tabus geben darf, würden mir auch noch andere innerstädtische Freiflächen in deutschen Landen einfallen, die weitaus hässlicher sind,* ruft Esther aus der Küche, während Bluno den Wein herunterschluckt und wieder nickt: *Wie wäre es mit der Theresienwiese oder der Kölner Domplatte?*

Man könnte auch das Autobahnkreuz Schöneberg bebauen, Sozialwohnungen im Westhafen errichten oder das Gelände des Golf- und Landclubs in Wannsee enteignen, wenn es denn schon unbedingt Berlin sein soll. Was Erol sarkastisch meint, ist doch gar keine schlechte Idee, denke ich, dann müsste man die

Autobahn zwar unter die Erde verlegen, müsste ein paar hässliche Hafenbaracken planieren und die Golfer müssten sich einen anderen exklusiven Ort für ihre gesellschaftlichen und wirtschaftlichen Lochspiele suchen, aber es würden Tausende von fantastischen Apartments in Bestlage entstehen, die durch ein stilvolles Ambiente bestechen und höchsten Ansprüchen genügen. Aber nein, es muss ja das Tempelhofer Feld sein, ausgerechnet da, wo ich bevorzugt renne.

Eines ist klar. Wenn dort erst mal die Bebauung steht, wird es keine weiteren Volksabstimmungen geben, auch wenn die Mehrheit ganz sicher sofort wieder gegen die Bebauung sein wird, sobald sie mitbekommt, wie diese Bebauung aussieht und wer in dieser Bebauung wohnt.

Doch die Leute haben keine Phantasie, sagt Esther mit ihren erschreckten Augen, die gerade dampfenden Apfelstrudel hereinträgt, *sie müssen das erst mit ihren eigenen Augen sehen. Ohne es zu sehen, können sie sich das im Voraus nicht vorstellen, weil sie blöd sind. Und wenn sie es dann sehen, ist es zu spät.*

Esther hat natürlich recht, es ist nie 5 vor 12, es ist meistens 6 ½ nach 12, wie eine Uhr bei uns um die Ecke anzeigt, solange ich denken kann. Die neue Abstimmung über Tempelhof wird kommen, denn die seltsame Allianz aus Sozialdemokraten und Konservativen, Gewerkschaften und Bauunternehmern wird sich mit ihrer letzten Niederlage niemals abfinden.

Angeblich haben das letzte Mal 64,3 Prozent gegen eine Bebauung gestimmt und 40,8 Prozent dafür. Ich bin kein guter Rechner, aber das kommt mir seltsam vor.

Ich würde dafür plädieren, die drei Hundeauslaufplätze auf dem Tempelhofer Feld so zu erweitern, dass sie einen einzigen großen Platz ergeben, der das ganze Feld umfasst. Aber dazu wird es nicht kommen.

Bluno schlägt noch vor, aus dem Gelände einen DDR-Abenteuer-Freizeitpark zu machen. Mit Grenzkontrollen, Mauer, Todesstreifen, Volkspolizisten, Ostmark und Restaurants, die *Gastmahl des Meeres* heißen und in denen man von unwirschen Kellnern nicht bedient wird. Attraktionen des Parks sind Trabi-Fahren und Fluchttunnelgrabungen. Aber auch dazu wird es nicht kommen.

Es tritt betretenes Schweigen ein, weil keiner weiß, ob Bluno es ernst meint, oder die anderen nur auf den Arm nimmt. Das weiß man manchmal nicht bei Bluno. Jedenfalls beginnt Erol, der von Beruf Reisedesigner ist, nun abrupt von seiner letzten Tour auf den Spuren Fabian Gottlieb von Bellingshausens durchs arktische Eismeer zu erzählen. Zeit zu gehen.

Auf dem Heimweg ein Taxi mit palästinensischem Fahrer. Er ist in dem Alter, selbst Kinder zu haben, aber er erzählt von seiner eigenen Kindheit in Gaza, von seinem wunderschönen schwarzen Hund, den er bekam, als er neun war, den er jeden Tag, wenn die Schule aus war, als erstes gefüttert und gestriegelt hat, bis er in der

Sonne glänzte. Sein Fell war so rabenschwarz und so weich, und wie es schimmerte. Er liebte diesen Hund wie sonst nichts. Nach drei Jahren aber fraß der Hund etwas Vergiftetes und starb. Drei Jahre nur waren sie zusammen, aber noch heute ist dieser wunderschöne schwarze Hund mit seinem glänzenden Fell, der der ganze Stolz des Taxifahrers gewesen ist, als er ein Kind war, in seiner Erinnerung lebendig.

Ich habe so geweint und konnte die ganze Nacht nicht aufhören zu weinen, erzählt er, während er unter den Yorckbrücken hindurchrauscht. *Ich habe so geweint, dass mein Vater um zwei Uhr in der Nacht losgezogen ist, um bei einem Freund einen Welpen für mich zu besorgen. Er hat mir den Welpen ans Bett gebracht und ich habe ihn gesehen und er war wirklich süß, aber ich konnte nicht aufhören zu weinen, denn ich wollte niemand anderen, ich wollte meinen Hund.*

Es gibt auch ganz gute Kinder. Dem Taxifahrer wäre ich gern begegnet, als er ein Kind gewesen ist.

15. Mai

Es ist jetzt morgens wieder kalt, wenn wir rausgehen. Ostern Hitze, jetzt Kälte. Bluno faselt was von der kalten Sophie, einer Römerin, die vor 1700 Jahren für ihren Glauben starb und seither nicht etwa als Gespenst durch den Vatikan spukt, sondern als Polarwind über deutsche Lande weht. Klingt wieder mal nach geistiger Verwirrung. Verstehe einer die Religion. Eines scheint immerhin klar: Diese Sophie hat nichts mit der göttlichen Weisheit zu tun, der man in Istanbul eine Kirche geweiht hat.

Bald ist Wahl zum Europaparlament und die Parteien bringen sich in Stellung. Die AfD warnt, sekundiert von fremdenfürchtenden und katholischen Postillen, vor einem Dschihad gegen Hunde.

„Hunde verenden für radikalen Islam!“, heißt es in der AfD-Werbung. Das klingt in meinen Ohren, als seien Hunde Selbstmordattentäter und würden für einen schrägen Glauben ihr Leben opfern. Aber nein, so ist es nicht, sie werden *„verstümmelt, verbrannt, vergewaltigt“* für den Islam. Aber von wem? Fanatische Muslime werden doch keine Hunde vergewaltigen, wo sie schon die leiseste Berührung mit ihnen scheuen. Wer aber dann? Und warum *für* den Islam? Was hat der Islam davon, wenn jemand einen Hund vergewaltigt? Ein alter Mann tritt mit Hundekrawatte vor die Kameras und schweigt dazu.

16. Mai

Kann jemand böse sein, der eine Hundekrawatte trägt?

Bluno scheint zu der Überzeugung gekommen, dass er seiner Berufsuntätigkeit auch andernorts nachgehen kann. Er schmiedet nun auch Pläne für eine Auswanderung. Aber er sagt mir nicht wohin.

Ich rufe mir Gustavs Gedicht in Erinnerung, das er mir hinterlassen hat.

Was stets nach vorn gehört – der Kopf –,
das trägt er oben.
Was er für Klugheit hält, der Tropf,
ist bald verflogen.

Was er an Großem plant im Geist,
ist schnell zerstoben.
Was wiederum sofort beweist:
er ist verlogen.

Und wenn Du noch so mahnend bellst
in düst'ren Stunden,
am liebsten glaubt er immer selbst
was er erfunden.

Das Teil warum es bald schon kracht,
warum vom Mars aus ausgelacht,
der Mensch so völlig unbedacht,
die Erde nun zur Wüste macht,
scheint ohne große Relevanz.

Doch keineswegs, so ist es nicht!
Der Grund ist doch verblüffend schlicht,
denn was stets hinten angebracht,
entscheidend für das Gleichgewicht,
das fehlt ihm ganz: der Schwanz.

Gewitterfront. Blitze flackern erst fern, dann näher, dann über der Straße. Der Donner klingt zunächst wie die gebrummte Warnung eines großen Artgenossen. Es dauert einige Minuten, bis er direkt über uns ist und auf uns herunterrumpelt und jetzt gar nicht mehr nach einem Hund klingt, sondern nach einem röchelnden Riesen, der zehnmal so groß sein muss wie unser Haus und der sich herabbeugt, um den Schleim aus seiner Raucherlunge auf uns zu husten. Draußen sehe ich tausend Tropfen, die in Schräglage gegen die alten Fenster trommeln und zerplatzen.

Bluno liegt auf dem Sofa und spricht mir leise ins Ohr. Er erzählt mir die Geschichte, wie er das erste Mal in seinem Leben gemerkt hat, dass irgendwas nicht stimmt hier. Er war in der Schule, in der zweiten Klasse, und man hatte ihm beigebracht, dass man nicht lügen soll, dass lügen nicht nur nach den zehn Geboten verboten war, um die sich Blunos Familie wenig kümmerte, weil sie sich als ein Haufen Ungläubiger betrachtete, sondern sogar ganz ohne biblische Maßstäbe eine schlechte Angewohnheit bleibe.

Nun saß er in seiner Klasse und flüsterte, während sich der Herbstregen gegen die Fenster warf, so dass es wie Ohrfeigen klatschte, seinem Banknachbarn zu, wie blöd ihm auch heute wieder der Lehrer vorkomme, der gerade davon sprach, dass es eine christliche Tugend sei, Nächstenliebe zu empfinden, was in dieser Logik nur bedeuten konnte, dass Nichtchristen keine Nächstenliebe kannten. Bluno hatte gerade zu Ende geflüstert, als er von genau diesem Lehrer aufgefordert wurde, aufzustehen und das, was es so Wichtiges mitzuteilen gebe, doch bitte allen mitteilen möge.

Bluno verkniff es sich zu lügen und sagte die Wahrheit, schließlich saß er in einer Schulstunde, die sich Ethik oder gar Religion nannte. Auch hier hatte man ihm bei anderer Gelegenheit nochmals eingeschärft, dass es richtig sei, immer die Wahrheit zu sagen. Der Lehrer hatte nun um Auskunft gebeten, er wollte unbedingt hören, war Bluno dachte, also sagte Bluno es ihm.

Was er an diesem Tag lernte, war, dass irgendetwas nicht stimmte hier. Er lernte, dass das Richtige zu tun, nicht unbedingt klug war. Dass lügen das Leben leichter machte. Dass man für die Wahrheit bestraft wurde.

Als alle nach Hause gehen durften, musste er bleiben. Das machte ihm nicht viel aus. Es machte ihm auch nichts, dass er in sein Heft hundertmal untereinander *Du sollst nicht lügen* schreiben musste, denn der Lehrer konnte als Experte für christliche Nächstenliebe Blunos Wahrheit nur ertragen, indem er sie zu einer Lüge erklärte. Das war für den Lehrer auch deshalb nötig, um eine Strafe überhaupt vor sich selbst rechtfertigen zu können, denn für die Wahrheit sollte schließlich niemand bestraft werden. Es machte Bluno also nichts aus, hundertmal *Du sollst nicht lügen* zu schreiben. Was ihm aber etwas ausmachte, war der Gedanke an seine Mutter, die zu Hause saß und auf ihn wartete und sich sicher Sorgen machte, weil er nicht kam. Die Vorstellung, wie sie auf die Uhr sah und dann in den Regen hinaus auf die Straße, wie sie den

Gasherd ausmachte, damit das Mittagessen nicht anbrannte, um dann wieder auf die Uhr zu sehen. Seither wusste er, dass die Wahrheit schmerzhaft sein kann, nicht nur für den, der sie hört, sondern auch für den, der sie ausspricht.

Jetzt liegen wir auf dem Sofa und sehen hinaus in den Regen. Hunde lügen nicht, denke ich. Sie wollen und sie können auch gar nicht lügen. Wie wäre es, wenn auch die Menschen nicht lügen könnten. Vielleicht wäre die Wahrheit weit weniger schmerzhaft, wenn es die Lüge nicht gäbe.

28. Mai

Ich weiß nicht, ob es an der Jahreszeit liegt oder an Blunos Wahrheitsgeschichte, aber ich habe über Tugenden und Laster nachgedacht, als ich auf der gepolsterten Balkonbank, ein Kissen im Rücken, in der Sonne lag.

Wie jeder weiß, hinterließ Luzifer, als er einst vom Himmel gestürzt wurde und heftig wie ein Meteorit auf der Erde einschlug, einen Krater, an dessen Hängen sich terrassenförmig, wie gestaffelte Ferienresorts für die Ewigkeit, die Höllenkreise angesiedelt haben. Für jede miese Eigenschaft ist hier eine Abteilung reserviert und die Geizigen und die Gefräßigen, die Hochmütigen und die Verräter, die Heuchler und die Verschwörungsphantasten sind – ganz im Sinne Sartres – mit ihresgleichen zusammengesperrt und werden, als ob das nicht schon Strafe genug wäre, von perfiden Animateuren zusätzlich bewacht und gepiesackt.

Wer einmal mit Dante in diese Hölle herabgestiegen ist, der weiß, dass man sich zu Lebzeiten besser mäßigen sollte, denn viele dieser schlechten Charakterzüge, auf die hier die ewige Strafe folgt, gründen auf Emotionen wie Hybris oder Hass, Wut oder Eifersucht.

Die Kirche hat ihre eigenen Varianten der Tugenden und Laster erdacht. Ihrem Bedürfnis nach Zahlensymbolik und plakativen Antagonismen folgend, entwickelte sie ein Dualsystem, das für jede Tugend auch gleich ein Laster parat hat. Gefangen in dieser binären Struktur geht die christliche Lehre selbstverständlich fatal in die Irre, denn die tägliche Erfahrung zeigt, dass es weit mehr schlechte Eigenschaften und Angewohnheiten als gute gibt und dass sich vieles, was wir so denken, fühlen und tun, in einem moralischen Graubereich bewegt. Nach tausend Jahren wäre es auch deshalb an der Zeit, mal wieder einen Versuch zu unternehmen, Tugenden und Laster neu zu ordnen.

Tausend Jahre, das ist lang. Rund vierhundert Hundegenerationen, in denen wir was dazugelernt haben sollten. Gut, für Menschen sind zweitausend Jahre nur achtzig Generationen, insofern brauchen die Menschen auch hier etwas länger, aber man sollte doch annehmen, dass sie inzwischen nicht nur gelernt haben, wie man einen Hund an der Autobahn oder einen Roboter auf dem Mars aussetzt, sondern auch, welche Qualitäten für ein Zusammenleben wichtig sind und welche einer friedlichen Verständigung eher schaden.

Theoretisch wissen sie das womöglich, in der Praxis allerdings *wollen* sie es partout nicht umsetzen. Sie wollen es nicht. Daher muss man ganz von vorn anfangen. Bei den zehn Geboten und mit einer Neuverteilung der Tugenden und Laster, die erfolgversprechender ist als die alte.

Dabei kann es nicht darum gehen, um jeden Preis den etablierten Kanon des Christentums über Bord zu werfen, sondern stattdessen zu überlegen, welche Übel und welche Qualitäten in unseren Tagen von besonderer Relevanz sind.

Nach wie vor scheinen mir Klugheit und Gerechtigkeit unverzichtbar, und auch die Liebe. Allerdings nicht so sehr die aufopfernde Liebe, die personifiziert als Lamm oder stillende Mutter karitativ zu Werke geht, sondern vielleicht doch besser die innige Liebe (amor), an deren Seite unbedingt die Lust (libido) stehen sollte.

Katholiken kennen von jeher drei christliche und vier Kardinaltugenden. Wenn es schon sieben sein sollen, würde ich eine andere Aufteilung vorschlagen: zwei fürs Denken, zwei fürs Herz und drei für das körperliche Wohlbefinden. Also prudentia und iustitia für den Kopf, amor und libido für die Seele und dann eine Trias, um das Leben physisch zu genießen und sich zu einem angenehmen Zeitgenossen zu entwickeln. Dafür sollten die Faulheit (desidia) mit der Mäßigung (temperantia) und dem Genuss (voluptas) in Einklang stehen, oder sollte ich sagen: im Dreiklang?

Auf der anderen Seite stehen die lebens- und lustfeindlichen Laster. Natürlich die drei finsteren A's: aviditas (Gier), arbitrium (Willkür) und avaritia (Geiz). Außerdem der Glaube (fides) als Feind des Wissens, und die Hoffnung (spes), die uns ruhigstellen soll, die uns auf eine unbestimmte Zukunft vertröstet, um damit von einem möglichen guten Leben im Hier und Jetzt abzulenken. Schließlich die Ignoranz (ignorantia) und die Dummheit (stupiditas), die den Dummen selbst zwar vieles einfach erscheinen lässt, aber allen weniger Dummen das Dasein endgültig zur Hölle macht.

Damit wäre das Gleichgewicht zwischen Gut und Böse wiederhergestellt. Lassen wir es also schon aus ästhetischen Gründen bei dieser Symmetrie, die zugegebenermaßen nicht ganz stimmen kann, sonst würde es nicht so steil abwärts gehen mit unserem Planeten.

Doch an einer Eigenschaft, die ordentliche Christen unter den Lastern verbuchen, kann ich einfach nicht vorbei. Und das ist Ira, der Zorn. Erhaben, eruptiv, schillernd. Nicht nur wegen der Dynamik, die er freisetzt, sondern vor allem, weil er zwischen Jähzorn und heiligem Zorn so vielfältige Facetten der Erregung anzunehmen vermag. Zorn kann sich auch jederzeit in positive Antriebsenergie verwandeln, in eine Empörung über Missstände, die manches Mal notwendig scheint, um diese Missstände aus der Welt zu schaffen.

Wäre es ein Leichtes, bereits Debatten darüber anzuzetteln, wo beispielsweise die tugendhafte Mäßigung endet und der verwerfliche Geiz beginnt, so demonstriert uns der Zorn noch weit eindrucksvoller, dass es mit der christlichen Schwarz-Weiß-Malerei nicht weit her ist. Denn selbst der testamentarische Gott ist ein zorniger Gott. Man könnte trefflich darüber streiten, ob dieser Gott nicht auch neidische, hochmütige oder träge Züge an sich hat, aber selbst die heiligen Schriften verhehlen nicht, dass er ziemlich zornig werden konnte.

Wiederholt kam dieser Zorn Gottes als Sintflut, als Plagen, als Pech und Schwefel über die Menschen. Auch Gott erlag also der Versuchung, statt tugendhafte Geduld und Sanftmut zu üben, sich vom vermeintlich satanischen Laster hinreißen zu lassen. Wäre es da nicht an der Zeit, auch den heißblütigen Zorn zu einer göttlichen Tugend zu erklären?

Sein dämonisches Gegenstück wäre dann der kalte Hass. Auch hier bliebe der Übergang ein fließender. Der heilige Zorn wandelt sich in Wut und Furor, wird zu wohltemperierter Entrüstung und Groll, kühlt weiter ab zu Ärger und Unmut, bis er schließlich eisig in Erbitterung und Rachsucht erstarrt.

Bewahren wir uns den glühenden Zorn! Vielleicht kann nur er die Welt konstruktiv erschüttern.

Habe ich dem noch etwas hinzuzufügen? Nein. Im Grunde nicht. Wir gehen raus und sehen den Boule-Spielern zu, die am Chamissoplatz ihre Kugeln werfen.

Nachts seltsame Geräusche draußen vorm Balkon. Bluno schläft, aber ich sehe nach ohne viel zu sehen und belle hinaus ins Dunkel, aus dem heraus ich Fremdes wittere. Ein Hund ist das nicht. Doch selbst wenn es ein Hund wäre, würde ich ihn nicht dulden, käme er wie dieses Fremde aus der Finsternis zu uns in den dritten Stock heraufgekrochen. Jetzt erkenne ich es, es trägt eine schwarze Gesichtsmaske wie Zorro und klettert von Balkon zu Balkon, höher und höher, um dann aus nachtsichtigen Augen auf mich herabschauen zu können. Ich spüre den Zorn in mir.

Bluno, den ich geweckt habe, spricht lange auf mich ein, um mich zu beruhigen.

28. Mai, nachts

Er packt Kisten. Ich weiß nicht, was Bluno vorhat. Dabei läuft das neue Album von Anderson Paak. Es heißt *Ventura*. Bluno hat es für mich besorgt, aber ich bin mir fast sicher, dass es nicht nach mir benannt ist, denn ich kenne Anderson nicht.

Aber vielleicht hören wir die Musik auch nur, damit es nicht so still ist. Und damit sie uns Mut macht. *But ooh, here we are,* singt Herr Anderson. *And it's easier to walk away, than to look for what would make you stay.* Ist es das, was Bluno hören möchte?

29. Mai

Wir sitzen vor dem Weinladen und Bluno plaudert mit den Nachbarn. Er will jetzt immer öfter abends noch hier sitzen. Mir ist das recht, ich rolle mich auf seiner Jacke zusammen und hebe den Kopf, wenn ein Hund vorbeikommt. Drinnen im Weinladen ist auch einer. Soll mir recht sein. Doch dann sind sie plötzlich da, Alanis & *Frauchen*. Die sollen Leine ziehen, denke ich, springe auf, werfe dabei die Gläser auf dem Tisch um und schon kläffen wir uns an.

Bluno versucht mich zu beruhigen, aber ich will mich diesmal nicht beruhigen. Alanis & *Frauchen* sind genau vor dem Weinladen stehengeblieben. Solang Alanis geifert, schimpfe ich zurück. Wie komme ich dazu, als erster die Schnauze zu halten.

Können Sie nicht einfach weitergehen?, fragt Bluno die beiden.

Ich bin ein freier Mensch und kann mich frei bewegen!, kommt es von *Frauchen* zurück, und das, obwohl sie sich angeleint hat.

Sie zerrt die nun röchelnde Alanis in den Weinladen und Bluno dreht mit mir eine Runde, bis die beiden wieder weg sind. Wir überqueren die Straße und während wir uns entfernen, dringt aus dem Laden weiteres wildes Gekläffe.

Wieder zu Hause, liest Bluno seine Mails. Er hat es sich schon gedacht. Myrna Butt hat ihm geschrieben.

21.44 Uhr
Sie haben das Grundgesetz der BRD nicht verstanden

... Ich schicke es ihnen einfach mal, weil es Ihnen offenbar nicht bekannt ist. Man hilft ja gern. Werfen Sie doch einen Blick auf die Artikel 2, 5 und 11, nur als winziger Tipp von meiner Seite.

Jeder hat das Recht auf freie Entfaltung seiner Persönlichkeit.

Jeder hat das Recht, seine Meinung frei zu äußern.

Alle Deutschen genießen Freizügigkeit im ganzen Bundesgebiet.

Nur weil ich mich freizügig bewege, zu behaupten, ich wäre eine Provokation? Soll ich zu Hause bleiben, um ihnen und ihrem .... nicht zu begegnen? Wer glauben Sie eigentlich zu sein? Mir ist noch gut der weinende Kellner im Gedächtnis, der hier bei mir auf dem Hof stand, weil Sie ihn zur Schnecke gemacht haben wegen nichts. Wegen nichts. Ist ihr Ego so winzig, oder was anderes bei Ihnen, dass sie sowas wirklich brauchen. Sieht so aus.

Und Sie schaffen es nicht mal, sich allein mit mir direkt auseinanderzusetzen. Brauchen stattdessen Rückendeckschaft, in der Regel von Betrunkenen, doch wenn Sie mir allein begegnen, klemmen Sie ihr Schwänzchen ein.

Sie sind widerlich.
Mit freundlichen Grüßen,
Myrna Butt

Bluno sitzt und sieht ins Leere. Ich sehe förmlich seine Gedanken. *Ja, wer glaube ich eigentlich zu sein?* Und: *Ist mein Schwanz wirklich so winzig?* Und: *Welcher Kellner?*

Ratlos trottet er in die Küche und kocht uns einen Kakao.

30. Mai

Jeden Morgen im Park begegnen wir einem Menschenpaar, sie klein, er groß, sie weißhaarig, er mit dunkler Brille, beide alt. Sie hat einen Strick um den Leib wie einen Gürtel, aber das Ende ist an seinem Handgelenk festgebunden, damit er nicht verlorengeht, denn er ist blind. Sie haben den immer gleichen Weg bis zum Ziegengehege, dann drehen sie um. Nie gehen sie auch nur einen Meter weiter. Dieser Strick beschäftigt mich, denn er ist natürlich eine Leine. Er bindet den Blinden an die Sehende, den Beeinträchtigten an die Uneingeschränkte. Sind dafür Leinen da? Und wenn ja, wer von uns ist behindert, Bluno oder ich?

31. Mai

Ohne Hunde wären die Menschen nie so weit gekommen. Ohne Hunde hätten sie niemals andere Tiere domestizieren können, und wir waren es, die über Jahrtausende ihre Ernten und ihre Herden bewacht haben.

Die Wölfe waren einst die erfolgreichsten Jäger, von ihnen haben die Menschen, vor mehr als 20.000 Jahren, so manches gelernt. Als Dank haben sie sie dann gejagt und ausgerottet. Hierzulande jedenfalls. Nun gibt es wieder ein paar Wölfe. Sofort wird die Jagd aufs Neue eröffnet. Denn der Mensch teilt nicht gern seine Beute.

Juni

Bluno brütet etwas aus. Er tut das in scheinbarer Lethargie. Das Idealbild des Prokrastinators. 2. Juni

Dakota Blossom Bullshit, Odin, René und Erol zum Kaffee. Allgemeines Gehechel. René meint, Bluno müsse seinen Schweinehund überwinden. Aus dem Kontext wird klar, dass der Schweinehund nur bedingt etwas mit dem Sauhund zu tun hat.

Ich denke die ganze Zeit an das alte spanische Sprichwort: *Toda visita da placer. Si no es cuando viene, es cuando se va.*

Weltgurkentag. Bluno schreibt an zwei Verleger, um seine Kunstgeschichte der Gurke anzupreisen und versucht, mich für schlesischen Gurkensalat zu interessieren. 14. Juni

Die Tage waren so heiß, dass ich nur morgens vor acht das Verlangen hatte, vor die Tür zu gehen. An Schreiben ist nicht zu denken. Der Kopf leer. Stunden unter dem Bett verbracht im kühlen Dunkel. 30. Juni

An die Hauswand gegenüber hat jemand *Freiheit für Flöhe – Speziesismus zerschlagen* gesprüht. Ich muss darüber nachdenken. Vielleicht könnte Kant etwas dazu sagen.

Heute morgen bekommt Bluno einen Aufruf, exakt um 7 Uhr 16, für nepalesische Schneeleoparden zu spenden. Auch sie, wie so viele andere, stehen auf der falschen Seite, haben sich nicht mit den Menschen verbündet, werden daher ausgerottet. Dem Menschen Widerstand zu leisten oder ihm auch nur im Weg zu stehen, ist keine gute Idee. Er ist ein pandemischer und pandämlicher Parasit, dem höchstens ein für ihn unsichtbarer Gegner Einhalt gebieten könnte, ein Bakterium, ein Virus vielleicht.

Keine Frage, unter demokratischen Gesichtspunkten ist der Mensch das Übel. Würde man alle Lebewesen des Planeten befragen, wäre er längst weg vom Fenster. Der Mensch, größtenteils tiefbegabt, ist partiell durchaus clever, deshalb hat er solche Abstimmungen nur für sich selbst vorgesehen und alle anderen ausgeschlossen. Und nicht mal unter Menschen herrscht diesbezüglich Einigkeit. Auch sie sind sich hinsichtlich des Nutzens von Abstimmungen uneins. Denn in den Augen der meisten Menschen sind nicht nur alle anderen Spezies weniger wert als sie, sondern auch die meisten ihrer Artgenossen. Das entbehrt insofern nicht der Komik, als die Mehrheit der Menschen denkt, die Mehrheit der Menschen sei weniger wert als sie selbst. Wenn die Mehrheit jedoch weniger wert ist, zugleich in der Demokratie die Mehrheit entscheidet, so wäre es besser auf Demokratie zu verzichten. Denn wer will sein Schicksal schon in die Hände von Kreaturen legen, die minderwertig sind?

Demokratie ist also bestenfalls eine Risikostreuung, schließlich handelt es sich in einer Oligarchie oder bei einem Diktator auch um Menschen, und da die Mehrheit der Menschen auch unter Menschen, wie gesagt, als Idioten gilt, ist die Chance, bei Oligarchen oder Diktatoren ebenfalls auf Idioten zu stoßen, enorm. Zudem besitzen Menschen, die man mit viel Macht ausstattet, sollten sie nicht bereits Idioten sein, ein besonderes Talent, sich in kürzester Zeit in Idioten zu verwandeln. Für sie ist die Demokratie im Grunde geschaffen worden, denn Demokratie ist deshalb die beste aller Staatsformen, weil sie in erster Linie nicht dazu dient, Menschen zu wählen, sondern sie wieder loszuwerden.

Dessen ungeachtet haben die Schneeleoparden kein Stimmrecht. Durch ihr nepalesisches Rückzugsgebiet solle nun eine Autobahn gebaut werden, heißt es. Das sei der Todesstoß für Schneeleoparden.

Wo es Menschen gibt, die Autobahnen durch Schneeleopardenreviere bauen, gibt es auch meistens Menschen, die diese Autobahnen verhindern wollen, weil sie sich zu Wortführern der Schneeleoparden erklären. Die pfiffige Idee dieser nepalesischen Verhinderer sei es nun, das Land, auf dem die Autobahn gebaut werden soll, zu kaufen, so der Aufruf. Man könne beispielsweise für 16 Euro 7300 Quadratmeter Land erwerben und so die Heimat der Schneeleoparden retten. Bluno sieht mich an. Und ich sehe sein Hirn arbeiten.

Warum, um Gottes Willen, sollten die Autobahnbauer das Land nicht schon längst erworben haben? Sind sie *so* dumm. Vor allem, wenn es derart günstig ist. Ein Grundstück von tausend Quadratmetern für 2 Euro 20? Da möchte man doch gleich zuschlagen und nach Nepal zu den Leoparden ziehen. Und wenn man dort eine Autobahn bauen darf, dann kann man doch auch ein Chalet bauen, eine Siedlung, eine Stadt. Und sofort erscheint der Appell zur Rettung der Schneeleoparden in ganz neuem Licht, als ein Aufruf zur Bodenspekulation am Fuße des Himalayas.

Alles wieder auf Normaltemperatur, wir zerwandern die Stunden in den Straßen des Quartiers. Bluno ist nervös. Er pumpt wie ein Maikäfer vor dem Abflug. Und während wir umherstreunen, frage ich mich, was das wohl für Tiere sind, die Quar*tier* oder Muske*tier* heißen. 7. Juli

Und was es mit der Da*tier*ung auf sich hat und was jemand tut, der am*tier*t.

Zu Hause stapeln sich die Schachteltürme. Bluno findet nichts mehr und hat längst vergessen, was in den Kisten ist. Ich weiß nicht, ob er wirklich etwas vermissen würde, wenn die Hälfte der Kartons auf ihrem Transport ins Irgendwo über Bord ginge.

Bereut er bereits seine Entscheidung Berlin zu verlassen? – „*Nichts bereuen ist aller Weisheit Anfang*“, möchte ich ihm ins Ohr flüstern. (So sagt es Börne, der sonst ja manchmal auf dem Holzweg ist.)

An der Wand hängt nur noch eine Postkarte des Stilllebens mit Quitte, Kohl, Melone und Gurke von Juan Sánchez Cotán. Eine Kurve aus Lebensmitteln in einer rechteckigen Steinnische mit der Gurke als herausragendem Endpunkt vor schwarzer Ungewissheit. Es sieht so aus, als ob Bluno dieses Bild und damit *die Gurke an sich* zurücklassen wird. Morgen wissen wir mehr.

Ich versuche, mich nicht von Eventualitäten aus meiner Eat-Sleep-Run-Balance bringen zu lassen. Träume davon, Dekan im Fachbereich der von mir begründeten Gustosophie zu werden. Der Hörsaal ist überfüllt bei meiner Vorlesung über *Gaumen-*

freude und Gaumenleid, die Studenten aller Spezies hocken auf Stühlen, Tischen, Treppen, bunt durcheinander und aufs Äußerste gespannt, denn wer möchte nicht etwas von der Weisheit des Geschmacks mit hinaus ins Leben nehmen.

Oft geht Bluno voraus, weil ich noch etwas untersuche, was anders ist als gestern. Dann ruft er mich irgendwann. Ich folge ihm. Nicht wie man einem Befehl folgt, das versteht sich von selbst, sondern ich lasse mir Zeit. Ich starte mit Verzögerung, wenn deutlich geworden ist, dass mein Folgen ein lediglich mittelbares Folgen ist, keinesfalls ein blindes oder gar blindwütiges, dann laufe ich in Blunos Richtung, wenn er seinen Weg bereits wieder fortgesetzt hat, mir also den Rücken zudreht. Sollte er aber stehengeblieben sein und mich beobachten, dann lege ich ausnahmslos Wert darauf, dass ich auf der Strecke bis zu ihm noch einmal verharre, um mir eine Zigarettenkippe anzusehen oder ein Grasbüschel zu beschnuppern. Bluno hat nichts dagegen. Er schätzt es, dass ich damit meine Selbstständigkeit andeute. Und ich habe den Eindruck, dass er das als Resultat seiner Erziehung zur Freiheit betrachtet, die er selbstverständlich für eine gute hält. 8. Juli

Wie jemand auf die Idee kommen kann, gute Erziehung bedeute, sofort aufs Wort und ohne eigenes Denken, ohne die geringste Manifestation von Selbstachtung zu folgen, wird mir ein Rätsel bleiben.

Sitze rechts neben dem schlafenden Bluno auf dem Bett, nehme, die Pfoten dicht nebeneinandergestellt, die Position einer ägyptische Katzenmumie ein, den Kopf so hoch erhoben, dass ich gerade noch über die Nasenspitze hinweg jede seiner Bewegungen verfolgen kann, vor allem Zuckungen seines Gesichts. Ich sitze katzenmumiengleich und stoße einen tiefen Seufzer aus, und ich weiß, dass Bluno dieser Seufzer nicht entgangen ist. So gut kenne ich ihn. Aber statt die Augen aufzuschlagen, dreht er sich nach links, nein, wuchtet seinen gesamten Körper auf die andere Seite, weg von mir, weg vom Fenster, vom neuen Tag, der bereits vor Stunden heraufgedämmert ist, dreht mir den Rücken zu, als sei ich ihm lästig, doch nicht mit mir, so wollen wir diesen neuen Tag wirklich nicht beginnen, denn ich brauche nur einen Satz, und die tief seufzende Katzenmumie sitzt links von ihm. Ewig kann ich nicht so sitzen, auch wenn diese Haltung etwas Erhabenes, Majestätisches hat, also stemme ich eine Pfote gegen ihn, um mich bei meiner Fellpflege abzustützen, die auch erledigt werden will. Irgendwo muss ich mich abstützen, warum also nicht in seinem Gesicht. 9. Juli

Jetzt immerhin öffnet er die Augen. Finster, wie mir scheint. Dabei kann ich nichts für diesen Montagmorgen, an dem die gepackten Kisten abgeholt werden. Ich habe nicht gepackt, ich habe nicht nach Umzug gerufen, nicht nach Veränderung, nicht nach Flucht. Ich wüsste gar nicht, vor was ich fliehen sollte. Und Bluno weiß es natürlich auch nicht. Dennoch hat er gepackt. Und jetzt müssen wir diesen Ort verlassen, an dem es uns gut ging. Doch allem Ende wohnt ein Zauber inne, wie es heißt. Und ich bin ein Meister, wenn es darum geht, das Neue ins Auge zu fassen.

Bluno dreht sich wieder auf die andere Seite. Jetzt bleibt nur die Zermürbungsstrategie. Ich kauere mich so nah wie möglich an sein Ohr und atme Stoßweise und mit leisen Fiep-Geräuschen unterlegt, denn ich weiß, dass er das keine zwei Minuten erträgt. Dann grummelt er, wirft die Bettdecke zurück und der Tag kann beginnen.

Eine letzte Runde durch den Viktoriapark, ein letztes Mal Duftnoten setzen. Krähen hinken über die Müllwiesen, auf dem Kreuzberg singt eine pakistanische Reisegruppe *Deutschland, Deutschland über alles*. Von mir wird in diesem Viertel nichts bleiben als dieses Loch auf dem Hinterhof, das Probeloch, das inzwischen so tief ist, dass ich ganz darin verschwinden kann.

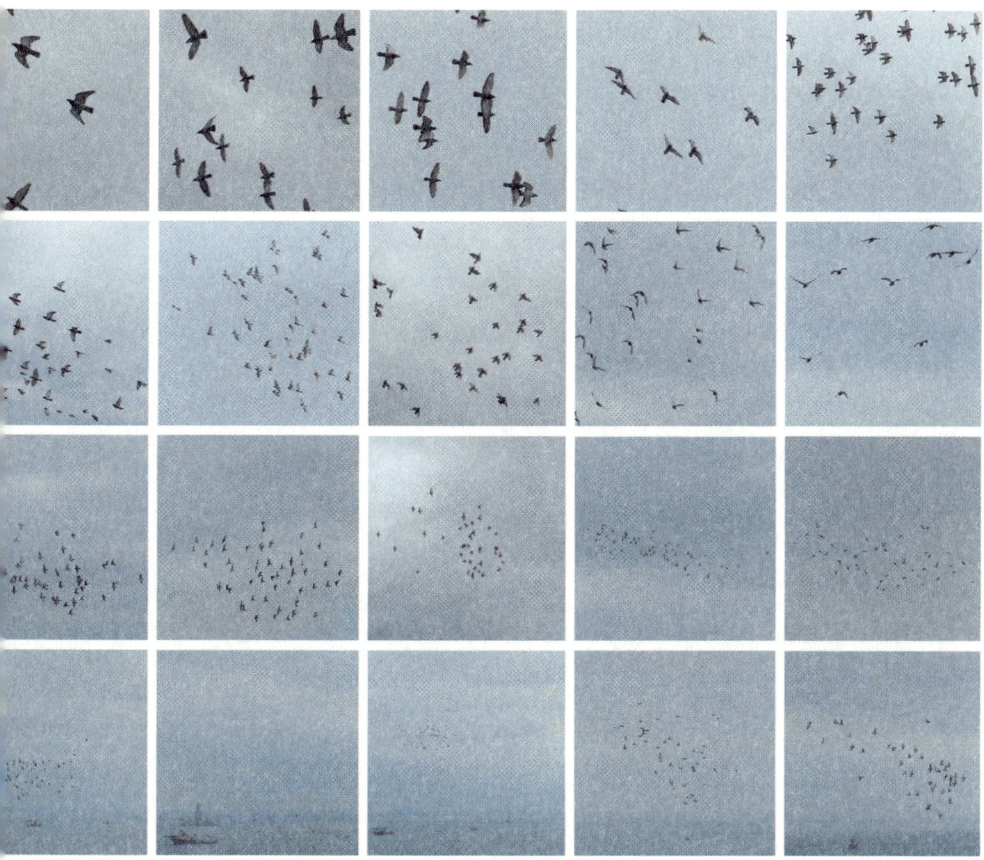

November

1. November

Es hätte viel zu berichten gegeben. Aber es war wenig Zeit, alles aufzuschreiben. Jetzt allerdings haben wir unser neues Zuhause bezogen und es kehrt Ruhe ein. Viel Gepäck hatten wir nicht, denn Bluno ist der Überzeugung, es sei allemal besser ein Verteiler zu sein als ein Kollektor. Wenn ich etwas nach Hause tragen will, was ich unterwegs gefunden habe, pflegt er sich auf eine Bank oder eine Mauer zu setzen, mir in die Augen zu schauen und ruhig aber mit Nachdruck Sachen zu mir zu sagen wie: *Ventura, denk daran: Lieber ein gesammelter Zerstreuer als ein zerstreuter Sammler.*

Er hat ein Haus für uns gefunden, das dort liegt, wo kein Auto mehr hinkommt. Nicht etwa irgendwo in den Bergen, sondern mitten in Las Palmas. Aber in einem Viertel, dem sein schlechter Ruf aus früheren Zeiten noch immer anhaftet. Unvermittelt stellt sich bei ihnen der Geruch von Favelas ein, wenn man anständigen Canarios gegenüber eines der Viertel an den Hängen über der Altstadt erwähnt, die allesamt nach Heiligen benannt sind: San Nicolas, San Francisco, San Roque. Wir wohnen in San Juan, wobei nicht ganz klar zu sein scheint, wo San José endet und San Juan beginnt. Aber solche Details sind mir gleichgültig. Es gibt genug Katzen, die man jagen kann, und es gibt keine Autos. Das sind zwei Vorteile von Belang.

Wir sitzen auf dem Dach, Bluno sieht aufs Meer, ich sehe auf den Abhang rechts, den asoziale Nachbarn als Müllhalde nutzen, in der Hoffnung, dort eine Ratte zu erspähen. Aber vergeblich (es gibt zu viele Katzen). Dieses Haus ist der perfekte Ort, um auf den Weltuntergang zu warten.

Das Viertel ist billig, wie man sich denken kann, nicht nur wegen seines nachhallenden Rufes als Distrikt, in dem einem nachts hausbesetzende Drogendealer die Kehle durchschneiden, sondern vor allem, weil es nicht das ist, was man *autogerecht* zu nennen pflegt. Ein Haus, in das der Canario nicht mit dem Auto *hineinfahren* kann, ist in seinen Augen keine wirklich vernünftige Immobilie. Und ein Haus, das nicht einmal mit dem Auto zu erreichen ist, das ist... ich weiß auch nicht, wie ich es sagen soll: Kein richtiges Haus jedenfalls, eher eine Zumutung.

Deshalb ist es billig, wo wir nun wohnen, und wenn man auf der Terrasse sitzt, hört man nichts als das Tsch-tsch des Flügelschlags der Taubenschwärme, die über dem Viertel ihre Bahnen ziehen und von Zeit zu Zeit ihre Schatten über unsere Terrasse streifen lassen.

Colombófilos ist ein schönes Wort.

Ich denke darüber nach, eine Sammlung von Aphorismen zu verfassen, diese kleinen Klugscheißereien. Mir fehlen die morgendlichen Croissants.

2. November

Der amerikanische Präsident hat Conan, einen belgischen Schäferhund, der in Diensten der Armee steht, zum *„American Hero"* erklärt, weil er den Chef des Islamischen Staates gejagt hat. Baghdadi, so der Name des Chefs, habe sich selbst, in die Enge getrieben, mit einem Sprengstoffgürtel umgebracht. Eine seltsame Geschichte, denn wer flieht schon mit einem Sprengstoffgürtel um den Bauch. Aber bei Menschen weiß man oft nicht, wer verrückter ist: diejenigen, die in der Realität agieren, oder diejenigen, die Geschichten erfinden. Und deshalb weiß man auch nie, ob die verrücktesten Geschichten nun wirklich passiert oder erfunden sind.

Conan, benannt nach jenem barbarischen Helden, der lieber zuschlägt als denkt, und mit dem sich der amerikanische Präsident gut identifizieren kann, wurde beim Einsatz leicht verletzt, heißt es, wird aber zu seinem Empfang im Weißen Haus wieder fit sein.

Der Name des Hundes unterlag – anders als sein Foto – zunächst der Geheimhaltung. Warum das? Vielleicht weil auch Conan der Barbar, wie wir wissen, einst von Hunden gehetzt wurde? Oder doch, weil man einen Anschlag auf Arnold Schwarzenegger befürchtete, sollte der Name bekannt werden? Immerhin hat er Conan am prominentesten verkörpert. In jenem Machwerk, von dem das *Lexikon des Internationalen Films* zu berichten weiß, es sei *„voller Gewalt, Blut und Menschenverachtung"*. Da schließt sich dann der Kreis zum Islamischen Staat, der das Fiktiv-Barbarische in die Realität übersetzt.

Ich sehe Bluno an, der schon wieder aufs Meer sieht, und bin mir sicher, dass wir uns einig sind: Conan möchten wir ebenso wenig heißen wie Baghdadi.

14. November

Wie das österreichische Verteidigungsministerium mitteilt, hat man vor der Hütte zweier belgischer Schäferhunde, die in Diensten der Armee stehen, einen leblosen Soldaten gefunden. Allem Anschein nach haben die Hunde den sogenannten Hundeführer getötet, um anschließend übers Gelände zu streunen.

Das kann passieren, wenn man Lebewesen zu Kampfmaschinen erzieht. Bleibt die Frage, ob ihnen für einen Moment bewusst wurde, welche tödliche Kraft sie besitzen, oder ob sie im Gegenteil für einen Moment das Bewusstsein verloren haben. Wurde ihnen plötzlich klar, worin ihre Aufgabe besteht und welche Funktion sie erfüllen, oder haben sie es für einen Augenblick vergessen? Beides könnte gleichermaßen Anlass für ihre Tat sein.

Die Antwort auf diese Frage wird niemals einhellig ausfallen. Sie wird stets ideologisch gefärbt sein. Für Robin Hood ist solches Tun Revolte, um aus der Knechtschaft und der Hundehütte – in der Mitteilung des österreichischen Verteidigungsministeriums *„Zwinger"* genannt – zu entkommen, für den Sheriff ist es nichts als systemerschütternde Pflichtvergessenheit.

Wahrscheinlich ist es beides. Denn Pflichtvergessenheit ist oft nur ein anderes Wort für Revolte.

Zu Besuch Yuphawadee, die sich erwartungsgemäß begeistert von unserer neuen Bleibe zeigt. Sie durchstreift sanft die wenigen Räume, schaut aufs Meer, lässt sich einen Gin Tonic einschenken. Auch mir gegenüber zeigt sie große Freude, aber es ist für mich, der ich ihre Mimik lesen kann wie sonst keiner, nicht zu übersehen, wie besorgt sie ist. Sie lächelt und begnügt sich mit der für ihre Verhältnisse forschen Bemerkung, für mich sei wohl mal wieder ein Haarschnitt fällig. Dann stehen sie da. Der Tratsch über gemeinsame Bekannte ist schnell übermittelt. Das milde Klima ist gelobt, die seit Monaten andauernde Trockenheit mit Stirnrunzeln zur Kenntnis genommen. Wie mir scheint aus Höflichkeit, erkundigt sie sich dann nach dem Fortgang von Blunos Gurkenstudien. Über irgendwas muss mit dem Exfreund geredet werden, für dessen Status als Exfreund es zweifellos Gründe gibt. Jetzt könnte man erwarten, dass sich Bluno etwas peinlich berührt zeigt, immerhin arbeitet er schon etwas länger an seinem Standardwerk, aber nein, er holt weit aus, möglicherweise auch im Bewusstsein, dass es sonst nicht mehr viele Themen geben wird.

Er lehnt, sein Glas in der Hand, im Türrahmen und stellt sich alle weiteren Fragen selbst, wie das sonst nur Wichtigtuer in der Annahme tun, es handle sich hierbei um einen raffinierten rhetorischen Kniff, einen Kniff, der jedoch vornehmlich offenbart, dass sonst niemand fragt.

Ist es eine Errungenschaft des Feminismus, dass die Gurke, die das männliche Geschlechtsteil zu symbolisieren vermag, heute als das lächerlichste unter den Gemüsen gilt, dass es seit 1980 sogar

einen Medienpreis für den frauenfeindlichsten Beitrag gibt, der Saure Gurke *heißt? Oder liegt es an der europäischen Gurkenkrümmungsverordnung 1677/88/EWG, die ab 1988 für zwanzig Jahre die Gurkenstandards festlegte und zur Metapher einer Überregulierung wurde, die nicht etwa die Erzeugergüte, sondern den Krümmungsgrad zum Qualitätsmerkmal erhob?* Bluno nimmt einen Schluck und lässt seine Worte wirken. Yuphawadee schweigt tatsächlich. Wie weit es sich dabei um Andacht handelt, kann ich nicht erkennen. Sie signalisiert aber Geduld, indem sie sich setzt und ihn fixiert. Sie kennt Bluno und ist auf einen längeren Vortrag eingestellt. Wenn er einmal redet, dann richtig, oder besser gesagt: mit Ausdauer.

Wenn sich nun ein Künstler wie Erwin Wurm selbst als Gurke porträtiert, fährt Bluno fort, nachdem er sein Glas auf dem Couchtisch placiert hat, *zeigt er sich sowohl als lächerlicher Mann, wie als wahrer Europäer, aber auch als ein Individuum, das bei näherem Hinsehen so einzigartig ist, dass keine Normierung greift. Denn jede Gurke ist anders.* Ein Selbstporträt als Essiggurkerl *ist also auch ein Statement für Individualität und gegen Normierung, ein Bekenntnis zur eigenen Lächerlichkeit und zur naturgegebenen Männlichkeit, für Wildwuchs und für eine multiple Persönlichkeit – denn Erwin Wurms Selbstporträt umfasst 36 Gurken unterschiedlichster Größe und Krümmung. Könnte man ferner die eigene Reduktion auf den Phallus in Verbindung mit der Zahl 36 (Sex hoch zwei) als Anspielung auf die eigene Potenz verstehen? Warum eigentlich nicht? 36 ist zudem eine Quadrat- und zugleich Dreieckszahl, also ungemein flexibel, und die höchste Zahl beim Roulette, falls man auf die Idee kommt, sein Dasein in die Hand der Fortuna zu legen. Mit 36 Gurken könnte man alle Felder besetzen und das einzige Restrisiko bestünde in der Null, ohne die das Leben langweilig wäre. Da die Gurke weder rot noch schwarz ist, sondern grün, ist sie mit beiden Optionen gleichermaßen harmonisch kombinierbar. Es mag etwas weit hergeholt sein, hier auf etwaige politische Konstellationen zu verweisen, fraglos symbolisiert das Grün jedoch die Natur und die Hoffnung. Grün ist die perfekte Mischung aus dem gelben Leuchten und der blauen Tiefe, aus Wärme und Kälte, aus Herz und Verstand. Es ist aber vor allem vielsagend, dass Erwin Wurm nicht etwa die schlanke und glatte Salatgurke für sein Selbstporträt gewählt hat, sondern die über und über mit Warzen bedeckte Essiggurke, die ihrer eher kuriosen Erscheinung zum Trotz gern als essbares Dekorelement, etwa als Gurkenfächer, deftigen Gerichten wie beispielsweise einer Schlachteplatte beigegeben wird. Schön ist es nicht, das Essiggurkerl, aber ungemein haltbar. In seiner Lake kann es Jahre überdauern und noch den Gaumen erfreuen, wenn kraftstrotzende Kartoffeln, sich erotisch räkelnde Paprikas oder glänzend straffe Auberginen längst verschrumpelt und verschimmelt sind.*

Nun lächelt Yuphawadee und nickt sogar ein wenig, was Bluno ermuntert, noch zu erwähnen, dass es im deutschsprachigen Raum als Indiz einer möglichen Schwangerschaft gelte, wenn

Frauen Heißhunger auf Essiggurken entwickeln. Die Begeisterung für Erwin Wurm in seiner Erscheinungsform als Gurke könne also ganz allgemein und selbstverständlich im übertragenen Sinne auch als Zeichen eigener Fruchtbarkeit interpretiert werden. Und da sauer zudem lustig mache, wie ein deutsches Sprichwort behaupte, verweise die Essiggurke auch unmissverständlich auf den Humor Wurms.

Erwin Wurm selbst, so Bluno, betrachte sich im übrigen als Kind einer Saure-Gurken-Zeit und stamme aus der Steiermark, wo, wie Wurm zu betonen pflege, auf die Gurkenversorgungssicherheit von jeher besonderer Wert gelegt worden sei, und auch er quasi mit Essiggurkerln als Hauptnahrungsmittel aufgezogen wurde. *Und man ist irgendwann das, was man isst.*

Bluno lässt seine Gurkeneloge nachwirken und nimmt sein Glas vom Couchtisch.

Und ich dachte, Gurken kommen aus dem Spreewald, wirft Yuphawadee ein.

Draußen liegen noch immer die Schiffe in der Ferne auf dem funkelnden Ozean. Bluno sieht hinaus auf die Wellen, auf die ein paar Wolken einen silbernen Regen sprühen. Ich weiß diesen Blick zu deuten. Wir haben die Gurken nicht in Berlin zurückgelassen. Sie sind hier in seinem Kopf und er spricht von Emanzipation und Kosmologie, von Farbsymbolik und Fruchtbarkeit. In Yuphawadees Kopf aber ist nur Spreewald.

Wir gehen Tortilla essen.

Während wir auf den Nachtisch warten – Crema Catalan wird hier seit den letzten Separatismus-Eskapaden nicht mehr serviert, also gibt es Polvito Uruguaio –, überrascht uns Yuphawadee mit einer Geschichte, von der sie behauptet, sie habe sie selbst erlebt.

In einem Zirkus, berichtet sie, *wurde ein Mann vorstellig, der Arbeit suchte.*

Was können Sie denn?, fragte ihn der Zirkusdirektor.

Ich imitiere Vögel, antwortete der Mann.

Sonst noch was?

Nein, das ist alles.

Das interessiert mich nicht, raunzte ihn der Zirkusdirektor an.

Na dann, sagte der Mann, deutete eine Verneigung an, drehte sich um und flog davon.

20. November

Frühstück mit Queque. Danach gehe ich mit Yuphawadee auf die Straße. Sie blinzelt mir verschwörerisch zu, was mich ahnen lässt, dass sie einen Plan hat, der über Kacken hinausgeht. Wie sie es angestellt hat, weiß ich nicht, aber sie hat eine Hundefriseurin ausfindig gemacht, bei der ich wenige Minuten später auf dem Schminktisch hocke. Yuphawadee trinkt an der nächsten Ecke in der Bar La Guitarra einen Cortado und vermutlich noch einen, denn es dauert fast eine Stunde, bis die Friseurin mit mir fertig ist. Waschen, Schneiden, Legen, Pudern, Parfümieren. Yuphawadee lächelt, als sie mich wieder in Empfang nimmt.

Un perro nuevo, sagt sie zu der ebenfalls lächelnden Friseurin.

Wenn unter Menschen zu viel gelächelt wird, ist das immer alarmierend. Lächeln kann alles bedeuten, Zuneigung, Gleichgültigkeit, Freude, Hinterlist, Resignation. Eines aber ist gewiss: Ich will kein neuer Hund sein. Die Spiegel des Schminktisches waren zu klein, um mich in Gänze betrachten zu können, aber schon die toupierten Puschel an meinen Oberschenkeln und die fatal gekürzten Strähnen an meinen Ohren, die über Jahre gewachsen mein ganzer Stolz waren, ließen mir den Atem stocken.

Als wir nach Hause kommen, ist es Bluno, der besorgt dreinblickt. Er weiß, wie sensibel ich bin und würde mich daher nie auslachen, aber ich sehe ihm an, dass er nicht weiß, ob er lachen oder weinen soll und daher nur hörbar die Luft aus seinen Lungen stößt.

Er könnte jetzt zu Yuphawadee etwas sagen wie *Tu das nie wieder!,* aber das würde die Stimmung nachhaltig trüben und es ist ohnehin unwahrscheinlich, dass sie noch einmal Gelegenheit bekommt, mit mir zum Friseur zu gehen. Sie hat es gut gemeint und ist vom Ergebnis der Frisierprozendur überzeugt, was soll man da argumentieren. Es ist nun mal passiert.

Ich nutze das Schweigen, das von einem weiteren beiderseitigen Lächeln begleitet wird, um vor einem größeren Spiegel den Schaden zu besehen. Don Ventura hat sich auf den ersten Blick in eine seltsame Mischung aus Susi und Strolch verwandelt. Aber ich besitze glücklicherweise genug Charakter und natürliche Autorität, um diesen flüchtigen Eindruck sofort zu brechen. Auf Grund des Respekts, den ich im Viertel genieße, könnte der *Haarschnitt Susistrolch* sogar zu einer Mode werden. Ich beschließe, meine Frisur zu ignorieren und lenke mich ab, indem ich erste Aphorismen-Versuche unternehme. Das geht wie's Brezelbacken im Minutentakt.

Wer in der realen Welt schlafen und in der idealen Welt denken kann,
der hat das Höchste erreicht.

Ob ein Vorfall vor zwei oder vor drei Stunden stattfand, das wissen die
meisten Leute, ob etwas vor zwei oder vor drei Jahren passierte,
daran erinnern sich die Wenigsten. Die Erinnerung ist
vielen eine Instanz. Doch darf man einer Instanz
trauen, für die eine Stunde wichtig ist
und zugleich ein Jahr
keine Bedeutung
besitzt
?

Nicht wer den Pfeil abschießt und ins Schwarze trifft, wird heute zum Star,
sondern wer den Bogen überspannt.

Wer einem andern treu sein will,
der kann sich nicht ständig selbst treu bleiben.

Schnell vergessen wir, welche Gesetze von der Natur und
welche von Menschen gemacht sind. Und wo wir unfähig sind die Freiheit
zu ergreifen, da glauben wir an Gesetze der Notwendigkeit.

Kein Anblick ist trauriger, als der eines arbeitenden Lebewesens.

Das Recht auf Faulheit ist ein harter Brocken.
Doch was dem einen ein Stein des Anstoßes,
ist dem andern ein Fels in der Brandung.

Nur wer gut schläft, kann wachsam sein.

Spende dir selbst Applaus,
dann brauchst Du kein Publikum.

Aber genug davon. Ich rolle mich auf dem Sofa zusammen und werfe einen Blick auf Bluno, der eine Dose Thunfisch öffnet. Aphorismen sind doch nichts für mich, stelle ich fest, denn:

Aphorismen sind Fastfood für Leute, die sich weise geben möchten,
ohne Geist ihr Eigen zu nennen,
ganz so wie Witze von Leuten repetiert werden, die lustig sein wollen,
ohne selbst Humor zu haben.

Bluno und Yuphawadee haben sich alles gesagt und schlafen nun ineinandergerollt in unserem Bett. Ich ziehe es vor auf dem Sofa zu nächtigen. Aus Platzgründen. Und weil es mir ohne Abstand schnell zu heiß wird. Und weil ich gern auf Abstand bin, wenn Menschen kopulieren. Die Unruhe, die dann in einem Bett um sich greift, macht jede Entspannung für unbeteiligte Dritte unmöglich.

25. November

Ich bin kein junger Hund mehr. Diese Erkenntnis kommt überraschend. Ich weiß, dass ich früher bereits davon sprach, schon immer ein alter Hund gewesen zu sein, aber das galt vor allem für meine äußere Erscheinung und meine intellektuelle Reife. Vermutlich wollte ich auch vermeiden, dass jemand auf die Idee kommt, in diesem Tagebuch einen Bildungsroman zu sehen.

Nun aber wird mir plötzlich klar, dass es mir nicht mehr uneingeschränkt Freude bereitet, am Strand einem Ball hinterherzujagen, den Bluno wirft, der in einiger Entfernung ausrollt, den ich im Vorbeisprinten packe, mit dem ich eine Kurve durch die niedrigen, anbrandenden Wellen nehme und den ich trabend zu Bluno zurückbringe, damit er ihn erneut werfen kann.

Bis vor kurzem war dieses Spiel das Einzige, was mich am Strandleben reizte. Nun aber habe ich ein neues Spiel erfunden, für das ich Bluno nicht mehr brauche. Es erfordert weniger Kondition und mehr Konzentration. Ist eher kontemplativ als sportlich. Mit dem Körper Richtung Meer liege ich in leicht erhöhter Position im feuchten Sand und lasse den Ball zwischen meine Pfoten fallen. Ich halte ihn noch kurz, um ihm dann im richtigen Moment, wenn sich das Wasser zurückzieht, mit der Nasenspitze einen Stoß zu geben. Er rollt langsam über den vom Meer glattgeleckten Sand abwärts zum Wasser, bleibt liegen, wird von einer ersten Welle berührt und noch ein wenig weitergetragen, ich richte nun meinen Körper nach der aktuellen Position des Balles aus. Mal etwas nach links, mal nach rechts, mal mache ich auch einige Schritte, als würde ich mich an eine Beute heranpirschen, wenn eine Woge ihn ein Stück strandabwärts gespült hat. Einige schwache Wellen können ihn nicht erreichen, doch dann kommt eine kräftigere, die ihn mit sich reißt. Nun gilt es, ihn zu erwischen, bevor er in den Turbulenzen der sich überschlagenden Strudel abtaucht und vielleicht für immer verschwindet. Nicht jeder Strand und jedes Wetter sind für dieses Spiel geeignet. Es braucht schon ein spürbares Gefälle und ordentlichen Seegang.

(Gefälle ist wichtiger als Seegang.)

Ich liege gebannt, manchmal stehe ich auch, den Kopf vorgereckt, und fixiere den Ball, lausche auf das lautere und leisere Geräusch der Wellen, das mir manches darüber verrät, wie weit sie zu mir heraufkommen werden. So vergehen manchmal Minuten, bevor ich mich wieder auf den Ball stürzen muss, um ihn zu retten. Jedes Mal, wenn ihn eine Welle mit sich zieht, gilt es zu entscheiden, wie weit sie ihn tragen wird, ob man das Risiko eingehen kann, nochmals zu warten, oder ob man aufspringen und zupacken muss. Das Warten, die Anspannung ist es, worum es geht. Der Spaß besteht darin, möglichst lange auszuharren. Je länger du die Nerven behältst, desto souveräner bist du.

Dieses Spiel ist kein Spiel für junge Hunde. Jungen Hunden geht es nicht um Souveränität und noch weit weniger um ein Abwarten. Ich bin kein junger Hund mehr, aber noch immer ein Spieleerfinder.

Ich bin ein alter Hund, schon immer gewesen. Auch in meinen wilden Zeiten. Ich denke an Hierro, den Kleinsten aus unserer Familie. Er sah aus wie ein lebendiges Plüschtier und erwärmte daher besonders Menschenherzen. Er war blutjung und wäre immer jung geblieben, wäre er nicht an einem Montagnachmittag auf dem Weg vom Strand nach Hause tot umgefallen. Eben noch sprang und alberte er herum, spielte in der sanften Brandung mit den Wellen, dann ein kurzer Moment des Schmerzes, dann nur noch ein entseelter Körper im Sand. Lang ausgestreckt, als habe er einen letzten Sprung gewagt.

Die scheinbar ewige Jugend macht uns das brüchige Versprechen der Unsterblichkeit, aber man kann auch jung sein Leben aushauchen. Ich dagegen war immer ein alter Hund, ich konnte gar nicht jung sterben.

26. November

Gestern Conan beim Präsidenten. Große Verwirrung über das Geschlecht des Hundes. Der Präsident schwankte zwischen *es* und *er*, während Mitarbeiter des Präsidenten und das Verteidigungsministerium zeitweise davon ausgingen, es handle sich um eine *sie*. – Gruppenfoto mit Melania und Donald.

2. Dezember

Yuphawadee reist ab, nicht ohne mir ein schwarzes Lackhalsband mit Glas-Brillanten geschenkt zu haben. So ist sie.

Bluno hat der Besuch angestrengt. Er sieht aufs Meer, nachdem sie weg ist.

Auch von Gurken hat er, wie mir scheint, endgültig genug. Aber das habe ich schon mehrmals gedacht.

Wir sitzen auf dem Sofa und sehen uns *Isle of Dogs* an. Guter, deprimierender Film.

Wie es der Zufall will, geraten wir an den außergewöhnlichsten Ort von Las Palmas, Gran Canarias, vermutlich der gesamten Kanaren. Jedenfalls in der Kategorie *Orte zum Abhängen.* Es ist eine etwas abgewrackte Halle, in der alte Möbel herumstehen und in der eine kleine Bar für Getränke sorgt. Man liegt auf durchgelegenen Sofas oder ruht in speckigen Sesseln inmitten dieser ehemaligen Schreinerei, die *Talleres Palermo* heißt und die ziemlich letzte innenstädtische Handwerkerwerkstatt ist, die nicht einem Wohnblock geopfert wurde. Die Möbel auf denen man ruht, kann man auch kaufen, überhaupt ist hier eigentlich alles zu verkaufen, was herumsteht. Vitrinen und Lampen, Spiegel und Badewannen. Bluno holt sich einen Kaffee am Tresen, setzt sich zu mir und dann fällt sein Blick auf das Gemälde.

Da hängt es. Frida Kahlo in Las Palmas. Zwischen einer Küchenuhr und einer Standbohrmaschine.

Bluno weiß sofort: Eine Sensation. *Frida mit Knarre.* Die Künstlerin – Tochter eines Pforzheimer Auswanderers, schwer verletzt bei einem Busunglück, betrogen von ihrem Ehemann Diego Rivera, verführt von Trotzki, beinamputiert – war nicht nur tierlieb, wie ihre Selbstbildnisse mit Äffchen, Vögeln, Rehlein etc. beweisen, sondern griff auch zur Waffe. Denn irgendwann war's einfach genug. Den Patronengürtel umgeschnallt, wird nun abgerechnet.

Es ist fast zu gut gemalt für Frida Kahlo, die bekanntlich nicht malen konnte. Jedenfalls nicht, wenn man etwas angestaubte Kriterien für Malenkönnen anlegt. Aber darüber war Bluno bereit, großzügig hinwegzusehen.

Frida mit Knarre. Sofort zog er seinen Notizblock raus und begann ein mögliches Szenario zu skizzieren, wie das wirklich beeindruckende Bild hier gelandet war. Kahlo muss es im Jahr vor ihrem Tod der Malerin und nach menschlichen Kriterien skandalös schönen Unterwassertänzerin Jacqueline Lamba als Aufforderung geschenkt haben, es ihr gleichzutun und sich mit allen verfügbaren Mitteln gegen ihre Gatten zur Wehr zu setzen. Lamba nahm sich die Ermutigung zu Herzen, zog einen endgültigen Schlussstrich unter ihre erste Ehe mit André Breton und ihre zweite mit David Hare, und ging 1955 zurück nach Frankreich.

Von ihrem Hausstand allerdings, der sich in ihren New Yorker Jahren angesammelt hatte, ging, in Transportkisten verpackt, einiges verloren. Es scheint nun, dass eine der Kisten versehentlich auf einem Zwischenstopp in Las Palmas ausgeladen wurde.

Viva la Frida. Viva la revolución. Ich hoffe nicht, dass Bluno nach diesem Fund nun die kommenden Monate damit verbringt, die Kunstgeschichte Mexikos neu zu schreiben, auch wenn sie selbstverständlich neu geschrieben werden müsste.

3. Dezember

Bluno erzählt eine Geschichte, die er in einem Buch gelesen hat. Auch der Autor des Buches hat sie irgendwo gelesen, und wo der Autor sie gehört oder gelesen hat, der das Buch schrieb, das der Autor las, der das Buch schrieb, das Bluno nun auf dem Sofatisch liegen hat, weiß vermutlich keiner mehr. Es ist die Geschichte von einem Adligen gegen Ende des 19. Jahrhunderts, eines sizilianischen Prinzen, der aus irgendeinem Grund das Gelübde abgelegt hatte, in Begleitung seines Hundes ins Heilige Land zu pilgern. Bevor er aufbrach, befragte er eine Wahrsagerin, die ihm die Karten legte, die dann bedächtig den Kopf wiegte und ihm abriet. Der Prinz und sein Hund beschlossen darauf, die Reise in ihrem Palast zu unternehmen. Nach tausend Tagen Wanderschaft vom Salon ins Bad, vom Bad auf die Dachterrasse, von der Dachterrasse in die Küche und zurück in den Salon erreichten sie den Ort ihrer Sehnsucht. *Jerusalem gefällt mir,* sagte der Hund, als sie sich schließlich auf einer Récamière gegenübersaßen, *ich bleibe hier.* Der Prinz nickte, denn er konnte seinen Hund gut verstehen, und kehrte allein zurück nach Palermo.

Der Held ist verdammt an den Ort seiner Herkunft zurückzukehren.

4. Dezember

Gut, ich stamme nicht direkt aus Las Palmas, sondern aus einem Ort an der Ostküste, aber die Insel, von der man nur fliegend oder schwimmend entkommt, ist dieselbe. Schwimmen und Fliegen, beides sind nicht meine Disziplinen.

Ich führe Tagebuch. Und weil ich damit etwas tue, was nur wenige Hunde tun, habe ich schon überlegt, ob es nicht eine Verwandtschaftslinie zu Gran Canarias berühmtestem Hund gibt: Faycán. Er schrieb vor vielen Generationen seine Erinnerungen nieder und sie sind, wie könnte es anders sein, bis heute das meistgelesene Buch der reichen kanarischen Literatur. Ein Buch, herzzerreißend und weise. Faycán lebte in Las Palmas, einen Steinwurf entfernt von unserer Bleibe, im Barranco Guiniguada. Dort wurde er geboren und dort starb er. Einsam. Einsam, aber unvergessen. Seine Erinnerungen sind so voller Leben und Liebe, dass man denken sollte, sie müssten die Welt verändern. Sie haben es nicht getan. Denn Literatur ist machtlos gegen die Wirklichkeit. Menschen weinen, wenn sie die Geschichte von Faycán lesen. Und danach sperren sie ihe Hunde wieder in stinkende Höhlen, ketten sie an und geben ihnen Abfall zu fressen. Menschen sind schlecht. *„Denn die nächsten Verwandten der Menschen sind nicht die Affen“*, wie es in Faycáns Memoiren heißt, *„sondern die Katzen.“*

An unserem kleinen Strand, an dem wir meistens alleine sind, ist ein Boot gestrandet. Es ist ein kleines Holzboot, der Außenbordmotor fehlt. Ein Flüchtlingsboot. Kaum zu glauben, dass man in solch einer Nussschale, in der nicht mehr als neun Menschen Platz finden sollten, auf den Atlantik hinausfahren kann. Zur Hälfte ist das Boot bereits mit Sand gefüllt und mit jeder Welle, die über es hinwegschwappt, kommen ein paar Körner hinzu.

Auch heute scheint niemand hier, daher steigen wir hinunter und sehen uns das neue Objekt genauer an. Es heißt Skuria, ein Name, der mit unbeholfener Hand in weißer Farbe an den Bug gepinselt wurde und der mir nichts sagt, dessen Klang mir aber nicht gefällt. Er klingt zu sehr nach obskur, nach seltsam, nach Abgrund, als dass ich ein Boot dieses Namens besteigen würde.

5. Dezember

Ostküste. Wenn man in Berlin, Paris oder gar Chicago sagt: Ich komme von der Ostküste, dann denkt jeder an Boston, Washington oder New York. So ist das. Imperialismus der Begriffe, würde Bluno wahrscheinlich sagen. Dabei komme auch ich von der Ostküste, denn Ostküsten gibt es zuhauf. Jede Insel hat eine. Und jeder Kontinent. Es müssen also Hunderttausende Ostküsten sein. Niemand hat sich die Mühe gemacht sie zu zählen.

Es gibt nicht einmal Einigkeit darüber, ob es nun fünf, sechs oder sieben Kontinente gibt, ob Europa, Nordamerika oder die Antarktis als eigene Kontinente in Erwägung zu ziehen sind und ob man angesichts dieser Landmasse auf der anderen Seite der Erde von Australien oder Ozeanien sprechen sollte. Wie kann man sich dann darauf einigen, was sich Insel nennen darf? Alles Land aus Stein oder Sand, das vollständig und dauerhaft von Wasser umgeben und fest mit dem Untergrund verbunden ist, bei Flut noch über den Wasserspiegel ragt und zugleich nicht als Kontinent gilt, so heißt es landläufig. Selbstverständlich sind nach dieser Definition auch Atolle Inseln – obwohl es Leute geben soll, die das bezweifeln –, während es Eisberge nicht sind. Juristisch betrachtet gelten von Menschen angelegte Inseln nicht als Inseln, obwohl sie Inseln genannt werden, denn sie könnten als anerkannte Inseln das Hoheitsgebiet eines Staates künstlich ausdehnen. Ob von Bibern angelegte Inseln als künstlich gelten, weiß ich nicht. Menschen könnten also, um ihre Hoheitsgebiete auszudehnen, Inseln von anderen Tieren anlegen lassen, wenn sie nicht selbst Hand anlegen dürfen. Monolithen, etwa große Findlinge, gelten ebenfalls nicht als Inseln, obwohl sie alle Inselkriterien erfüllen können, keiner weiß warum. Fraglich bleibt, ob Sandbänke, die sich zu Hochsand türmen, bereits Inseln sind, oder erst dann, wenn der Sand zur bewachsenen Düneninsel wird. Doch können Dünen überhaupt Inseln sein? Schließlich wissen wir, dass sie wandern können und folglich nicht fest im Untergrund verankert bleiben.

Alles in allem zeigt auch das Beispiel Insel, dass die Menschen in ihrem Definitionsbedürfnis und Definitionswahn die Logik so weit treiben, dass sie zunächst unmerklich ausfranst, dann zerfasert, um sich schließlich in ihr Gegenteil zu verkehren und in vager Wirrnis zu enden. Wem hilft es zu wissen, ob die Insel, auf der man lebt, eine Insel ist oder etwas anderes? Viel interessanter ist doch, dass Inseln immer die Aura des Besonderen umwölkt. Sie sind klar begrenzt und dennoch geheimnisvoll, sie sind Orte des Schreckens und der Sehnsucht, des Paradieses und der Verbannung. Auf Inseln liegen Schätze und lauern Gefahren. Es gibt Toteninseln und Gefängnisinseln, versunkene Inseln und glückselige Inseln. Und es gibt den Inselkoller. Der befällt allerdings nur Menschen. Er ist nicht zu verwechseln mit Verschrobenheiten, die Menschen annehmen, die auf Inseln leben. Diese sind durch die drei großen „I“ – Immobilität, Isolation, Inzest – bedingt.

Inselkoller, auch nicht zu verwechseln mit der Kollerinsel bei Otterstadt, ist dagegen eine Art der Depression, die schon Robinson Crusoe beschreibt. *„Mitten in der ruhigsten Stimmung war es oft wie ein Sturmwind über mein Gemüth gekommen, und mit gerungenen Händen hatte ich oft wie ein Kind weinen müssen. Zuweilen hatte mich's mitten in der Arbeit überfallen, dann hatte ich mich sofort niedergesetzt und stundenlang seufzend auf die Erde geblickt.“* In Ermangelung von Psychopharmaka wurde Robinson Crusoe religiös, was ihm deutlich Linderung verschaffte.

Es hieße, es mir zu einfach machen, würde ich behaupten, Inselkoller habe mit Inseln nichts zu tun. Die Insel ist das perfekte Bild eines Gefängnisses, im Extremfall umgeben von der unendlichen Weite des Ozeans. Hier ist man gefangen, ausgesetzt, vergessen und gerade dabei alles zu verpassen, was jenseits des Horizonts liegt. Soll's das hier schon gewesen sein? Diese Insel? Mehr wird nicht kommen, soviel ist gewiss, denn Inseln sind per Definition, wie wir nun wissen, fest verankert, es wird also keine andere Insel vorbeitreiben und auch die eigene wird sich keinen Meter fortbewegen.

Man könnte bei der Angst, etwas zu verpassen, auf die Idee kommen, von Autosuggestion zu sprechen, denn selbstverständlich verpasst man auch in London oder Lüdenscheid fast alles, was außerhalb der eigenen vier Wände geschieht. Und dabei handelt es sich, wie man unschwer erkennen kann, nicht um Autosuggestion, sondern um eine Tatsache. Man verpasst generell das Allermeiste, sogar von dem, was zu eigenen Lebzeiten passiert. Die Autosuggestion besteht also ausschließlich darin, zu glauben, die Insel sei für das Verpassen verantwortlich.

Man macht sich was vor, wenn man glaubt, in Sankt Petersburg oder Paris würde man nichts verpassen. Insofern führen einem Inseln das Verpassen nur rigoroser vor Augen, was wiederum Menschen, die nur dank Autosuggestion, Religion oder Psychopharmaka ihr Leben meistern, besonders hart treffen muss.

Für Lebewesen dagegen, denen es nichts ausmacht, etwas zu verpassen, sind Inseln Orte wie alle andern auch. Hunde. Hunde sind solche Lebewesen. Unsereins kennt keinen Inselkoller.

8. Dezember

Dunst über dem Meer, Schiffe liegen draußen vor Anker, ich pisse auf die Terrasse, der Bäckerjunge kommt mit seiner Trillerpfeife näher, Bluno sucht mein Kollier, damit wir eine Runde drehen können. Ein ganz normaler Morgen also. Nachrichten vom anderen Ende der Welt. Dort ist es weniger friedlich.

Australien brennt seit langem und es wird weiter brennen, noch Wochen, noch Monate, weil der Mensch die Kontrolle verloren hat. Er hat die Vernichtung der Erde in fataler Selbstüberschätzung angezettelt, treibt sie weiter und weiß nicht mehr, wie sie zu stoppen wäre. Ganz der Zauberlehrling, der mit seinem gefährlichen Halbwissen aus dem Besen einen Wasserträger machen kann, aber nicht aus dem Wasserträger einen Besen. Oder, im Falle Australiens, umgekehrt. Alle drei Minuten stirbt auf diesem Planeten deshalb eine Art aus. So die groben Schätzungen.

Genauer betrachtet sind die Katastrophen nicht von Menschen gemachte Brände und Fluten, sondern die Katastrophe ist der Mensch selbst. Er redet gern von Heuschrecken, wenn ein Schwarm plündernd über das Land herfällt. Das ist lustig. Was für eine Verharmlosung, was für eine Verniedlichung! In wenigen Jahrzehnten werden zehn Milliarden Zauberlehrlinge die Erde endgültig zugrunde richten. Eine biblische Plage.

Australien brennt. Vielleicht wird es so lange brennen, bis der erste der Kontinente vernichtet ist. Jeden Tag sterben Millionen Tiere in den Flammen. Wir werden also das neue Jahr damit beginnen können, eine Milliarde Toter zu beklagen. So muss die Hölle sein.

Das Paradies dagegen ist ein großes weiches Bett an einem ruhigen, schattigen Ort, über das von Zeit zu Zeit ein lauer Wind streicht, in dem einem in angemessenen Abständen Leckereien gereicht werden und das ich mit Bluno teile, der neben mir liegt, ein Buch liest und hin und wieder an einem Becher Kaffee nippt. Ich habe Bluno inzwischen so weit, dass er dem ohne Einschränkungen zustimmen würde.

Wir haben dieses Paradies gefunden und verlassen es nur, um erneut dorthin zurückkehren zu können. Wir zelebrieren die Vorfreude auf das Paradies, indem wir an den Strand gehen, viele Kurven hinauf in die Berge fahren oder durch Las Palmas streunen. Danach finden wir uns wieder ein in der Horizontale, dämmern dahin, seufzen abwechselnd vor Wohlgefühl.

Manchmal denke ich, ich müsste unser katholisches Umfeld darauf hinweisen, dass es sich in der Annahme irrt, das Paradies sei etwas Jenseitiges. Doch dazu müsste ich das Bett verlassen. Solche Missionierungsambitionen wären folglich, wie alle Missionierungsambitionen, nichts weiter als ein untrügliches Indiz dafür, dass man den Schlüssel zum Paradies nicht in Händen hält.

Die Horizintale ist die Position, in der ein Manifest für ein Hundeleben zu verfassen wäre. Man spricht nicht umsonst von Horizonterweiterung. Von einer Vertikalerweiterung hat noch niemand gehört. Ich werde mich also als nächstes an die Arbeit machen müssen, um mit dem Manifest zu beginnen.

Irgendwer stellte kürzlich die Frage, warum eigentlich die Hälfte aller Country-Songs von verstorbenen Hunden handelt. Das war zweifellos polemisch gemeint und einigermaßen zugespitzt. Vermutlich genau deshalb aber ist mir die Frage im Kopf geblieben. Warum singen Leute mit Namen wie Dierks Bentley oder Dolly Parton, Mo Pitney oder Brendon Biondi sowas? Die Antwort ist im Grunde einfach, was nicht anders zu erwarten war, denn es geht schließlich um Country und da müssen die Antworten einfach sein.

> You were there when she broke my heart the last time.
> You made me laugh, you made me smile
> And at the end you made me cry,
> when I had to kiss your hair and to tell you goodbye.

Das ist die Antwort, die die *Cumberland River Dogs* geben. Und Jordan Frank weiß es noch besser:

You are meant to be with me.
You are my angel send from above to set me free.
When I needed answers, I just looked into your eyes,
My only hope is, you‘re up there chasing butterflies.

Country Musik ist toll.

28. Dezember

Mir fehlen die morgendlichen Croissants nicht mehr, seit es Queque gibt.

Die Katzen hier sind auch weit weniger fluchtbereit als die in Berlin. Sie bleiben meistens einfach sitzen und fauchen, wenn man ihnen zu nahekommt. Aber es gibt dafür mehr von ihnen.

Man sollte denken, dass es mehr Katzen geben müsste, wenn sie flüchten und sich in Sicherheit bringen, aber dem ist nicht so. Das Sitzenbleiben scheint der Vermehrung zuträglich. Spontan ist mir ein solcher Gedanke naturgemäß sympathisch. Muss aber nochmal darüber nachdenken, ob meine Beobachtung dazu angetan ist, meine Trägheitstheorien zu stützen.

Innerhalb einer Stunde hat sich das Wetter geändert. Um zwölf Uhr mittags stahlblauer Himmel, um eins dann ein warmer Wind, der feinsten Staub mit sich bringt, von dem es heißt, er käme direkt aus der Sahara. Die fliegende Wüste hüllt die Insel, soweit das Auge blickt, in einen trockenen Nebel, und von Minute zu Minute blickt das Auge weniger weit. Das Meer ist schon nicht mehr zu sehen, selbst das Ende der Straße verschwimmt und bald schon liegt auf allem eine Schicht wie rotbrauner Puderzucker, alle anderen Farben verschwinden, eine Welt in Sepia getaucht. Calima. Es ist ein wenig stiller, wie schneegedämpft, wer kann, bleibt zu Hause, verschließt Fenster und Türen, verstopft Fugen und Lüftungsrohre und wartet auf den großen Regen, der alles wieder wegwäscht.

30. Dezember

Der Mensch legt Listen über die Seltenheit anderer Tiere an. In seinem Denken, das weitgehend auf Wertermittlung ausgerichtet ist und sich an Masse sowie Angebot und Nachfrage orientiert, sind Tiere, die er fast ausgerottet hat, besonders wertvoll. Je mehr er von ihnen vernichtet, desto wertvoller werden die Übriggebliebenen. Aber statt die nun in seinen Augen wertvolleren Tiere zu schützen, vernichtet er weiter, auf dass die letzten ihrer Art dann noch viel wertvoller werden. Eine bizarre Art der Wert- und Gewinnmaximierung. Größe und Seltenheit sind die beiden entscheidenden Faktoren. Deshalb hat das Breitmaulnashorn seinen Platz ganz oben in der Rangliste. Frösche oder Fledermäuse stehen dagegen nicht so hoch im Kurs, auch wenn manche von ihnen ebenso bedroht sind.

Was ist das für ein Denken? Kann es wirklich sein, dass ein Lebewesen erst dann wertvoll ist, wenn es nur wenige von seiner Art gibt? Und was sagt das über den Wert des Menschen?

31. Dezember

Ein Tag wie jeder andere.

Der Regen, der den Staub der Calima hinwegspült, ist nicht so stark ausgefallen wie erhofft, so dass die paar Minuten, in denen der Schauer niederging, den dunklen Puderzucker nur in Schokoladensoße verwandelt haben, die nun in braunen Streifen an allem herunterläuft.

Uns macht das nichts, Bluno mag Ordnung, aber Sauberkeit ist ihm nicht so wichtig. Die braunen Abdrücke meiner Pfoten auf den hellgrauen Fliesen, die ich nach unserer Runde hinterlasse, kümmern ihn wenig.

Auf der Runde sah ich einen Hund am Ende der Straße stehen. Er sah mich an, ohne sich zu bewegen. Ich lief ein paar Schritte auf ihn zu in der Erwartung, dass auch er mir entgegenkommen würde. Aber er blieb stehen, wo er war. Ich verharrte einen Augenblick und lief dann weitere fünf oder sechs Meter zu ihm hin. Noch immer rührte er sich nicht. Ich blieb erneut stehen und betrachtete erst den fremden Hund, dann drehte ich mich nach hinten zu Bluno, um zu sehen, was er von der Sache hielte. Vielleicht war das gar kein Hund, sondern etwas, das nur wie ein Hund aussah. Ich kann nicht leugnen, dass ich mich diesbezüglich schon hatte täuschen lassen und etwa einen Trolley, den ein Mensch hinter sich herzog, für Momente als Artgenossen wahrgenommen habe. Heute aber war es zweifellos ein Hund. Ich kann mich wahrlich nicht erinnern, jemals auf solche Lethargie gestoßen zu sein. Der Fremde machte keinerlei Anstalten, auch nur einen Schritt auf mich zuzugehen. Ich sah Bluno fragend an und er nickte nur und sagte: *Lauf ruhig.* Also lief ich weiter, bis ich bei dem fremden Hund war, und als ich ankam, drehte der sich um und suchte das Weite.

Ich kann nicht sagen, warum mich eine solche Begegnung beschäftigt, warum sie mich irritiert. Warum sieht mich ein Fremder so lange an, ohne Interesse an mir zu haben?

Wenn ich mich ausstrecke und dann zusammenrolle und mir all das durch den Kopf gehen lasse, was ich hier festgehalten habe, was ich, wie man so treffend sagt, *niedergelegt* habe, dann wird mir klar, dass kein Manifest für ein Hundeleben zu schreiben mehr nötig sein wird, denn all das, was ich auf diesen Seiten notiert habe, *ist* nichts anderes als ein solches Manifest. Welch Erleichterung.

2020

Januar

1. Januar

Die Geschichte von den vier Orangen.

Jemand hatte vier Orangen nebeneinander an die Bordsteinkante gelegt. Sie lagen dort drei Tage, ohne dass sich jemand für sie interessiert hätte. Doch nach drei Tagen waren alle auf der Straße platt gefahren worden. Keine der vier Orangen war nach links auf das sichere Trottoir, alle waren stattdessen nach rechts auf die Straße gerollt.

Was sagt das über die Wahrscheinlichkeit?

Nichts.

Was sagt das über all die Menschen, die in den drei Tagen an den vier Orangen vorbeigekommen sind?

Alles.

Ich denke darüber nach, ob das Stoff für eine Oper in drei Akten ist, aber ich fürchte, die Geschichte ist zu traurig.

9. Januar

Seit einigen Wochen greift ein seltsamer Virus um sich. Er hat sich für seinen Angriff das größte Volk der Welt ausgesucht, die Chinesen. (Klammheimliche Genugtuung. Das kommt davon, wenn man Hunde isst.)

Kaum vorstellbar, dass so ein Virus bewusste Entscheidungen trifft, aber vielleicht ist es das, was manche meinen, Schwarmintelligenz nennen zu müssen. Der Virus als Superorganismus, als faunalischer Kommunismus, als Killer-App macht sich auf, um an die Stelle der Menschheit zu treten. Virus, das ist lateinisch und heißt so was wie Schleim. Dieser Schleim ist natürlich kein Urschleim, ganz im Gegenteil, er ist ganz neu (und dennoch archaisch), aber er hat der Menschheit den Kampf angesagt, so wie in den 50er Jahren *Der Blob* from outer space die Amerikaner attackierte. Auch damals war der Schleim in Wahrheit nichts anderes als Kommunismus, und Steve McQueen hatte alle Mühe, ihn gemeinsam mit der US Air Force in einer Art kaltem Krieg, ausgetragen mit Feuerlöschern, einzufrieren und über dem ewigen Eis der Arktis abzuwerfen. Durch die Klimaerwärmung könnte er aufgetaut sein, aber das ist selbstverständlich nur eine Hypothese.

10. Januar

Wie nicht anders zu erwarten, spricht keiner mehr von Australien. Die Aufmerksamkeitskarawane ist gen China weitergezogen. Lasst es brennen!

15. Januar

Manchmal denke ich, wenn ich hier im Schatten der Terrassenbrüstung liege, an Berlin, an die Runden um den Chamissoplatz, durch den Viktoriapark und zum Wasserfall, der morgens angestellt wurde. Ich denke an die Nachbarn, die ich im Park traf und an die grünen Wiesen. Dann fällt mir das Herbstlaub ein, überhaupt denke ich an den Wechsel der Jahreszeiten, den es hier nicht gibt. Den vermisse ich am wenigsten. Kälte, Nässe, Dunkelheit, dann wieder glühende Wochen, dürstende Bäume, Licht ab morgens um vier.

Hier fließt das Leben anders, der Rhythmus ist ein kleiner, er umfasst nur 24 Stunden, nicht zwölf Monate. Mal ist es etwas wärmer, mal etwas kälter. Und weil es sonst nicht viel zu sagen gibt und nirgendwo auf der Welt das Klima so wunderbar ist wie hier, reden die Leute dauernd übers Wetter. Sie sagen nicht, wie gut sie es haben, hier leben zu dürfen, sondern klagen ohn‘ Unterlass.

Que calor! rufen sie, wenn es etwas wärmer ist.

Que frio! rufen sie, wenn es etwas frischer wird.

Und wenn die Temperatur einmal perfekt erscheint, dann heißt es: Que viento!

Solange es nicht ewig schüttet, übe ich mich diesbezüglich in Gelassenheit und verwende meine Energie darauf, den Nachbarhunden von der Terrasse aus klar zu machen, dass ich auf dem Posten bin.

Gleichklang der Tage. Ich denke, ich habe Bluno dauerhaft so weit, dass er jede Form von Tätigkeit einstellt und auch damit glücklich ist.

16. Januar

Der Virus hat China verlassen.

Allerorten wird das Hohelied auf die Neugier gesungen. *Bleib neugierig,* heißt es, wohin man hört. Ich will gar nicht auf die Hässlichkeit der beiden Wortkomponenten *gierig* und *neu* zu sprechen kommen, welche Grund genug böten, dem Begriff gegenüber Skepsis an den Tag zu legen, sondern ich will nur die Frage einstreuen, wohin uns die Neugier gebracht hat.

Auch der Virus scheint neugierig zu sein.

20. Januar

Was würde passieren, wenn das Gerücht die Runde machte, Hunde seien die Überträger? Wie würden Menschen reagieren? Würde das große Schlachten beginnen, wäre es dann vorbei mit der Freundschaft? Würde man uns schockfrosten und über dem Nordpol abwerfen? Sicher gäbe es einige Menschen, die, auf die Gefahr hin, selbst als Verräter und Saboteure verhaftet zu werden, Hunde in ihren Kellern und auf Dachböden verstecken würden.

Schnell kann sich das Blatt wenden. Verfolger werden zu Verfolgten, Freunde zu Feinden. Ich denke, Bluno findet einen Weg, mich zu retten, wenn es so weit ist.

26. Januar

Die Stadt Wuhan, dreimal so groß wie Berlin, ist abgeriegelt. Die Welt staunt, was alles möglich ist in China. Und China demonstriert die Überlegenheit einer Diktatur, wenn es darum geht, schnell und rücksichtslos zu handeln. Das imponiert auch in Europa vielen. Diktaturen sind in manchem überlegen. Bei der

Korruption zum Beispiel. Oder wenn es darum geht, etwas zu vertuschen.

Es gibt einen Gradmesser für den Diktaturpegel einer Nation. Je häufiger die Regierung sich Kritik und Einmischung in innere Angelegenheiten verbittet, desto weiter ist die Entdemokratisierung fortgeschritten.

Ich habe mich in jungen Jahren von den Menschen blenden lassen. Sie schienen mir so souverän, so klug, Meister im Schaffen von Bequemlichkeit. Aber schnell habe ich verstanden, welchem Irrtum ich aufgesessen war. Sie wissen selbst, wie armselig sie sind, sonst würden sie sich nicht wünschen, andere Tiere zu sein. Es ist eine Konstante in der Geschichte der Menschheit, dass sie sich herauswünschen aus ihrer Haut. *Wenn ich ein Vöglein wär,* singen die einen, *Ich will ein Fisch im Wasser sein,* singt eine andere, *Ich wollt' ich wär ein Huhn,* flöten Dritte.

Ich kenne kein anderes Tier, das gerne Mensch wäre. Alle wollen sein, was sie sind, nur die Menschen nicht.

1. Februar

Gestern hat der Virus Spanien erreicht. Genauer gesagt, Gomera, unsere Nachbarinsel. Der spanische Patient Null ist ein deutscher Tourist. So kann's gehen. Machte ich mir kürzlich noch Sorgen um die Hunde, muss man sich jetzt Sorgen um die Deutschen machen. Was, wenn nun Bluno interniert oder eliminiert wird? Sein erbärmliches Spanisch brandmarkt ihn sofort als Fremden und auch ohne dieses erbärmliche Spanisch wissen zu viele unserer Nachbarn, woher er stammt.

In Peking mauerten Menschen ihren Nachbarn die Türen zu, weil die Familien der Eingemauerten aus Wuhan kamen. Bluno fürchtet, sollten weitere Deutsche infiziert sein, dass man uns auch die Tür verbarrikadiert.

7. Februar

Glück gehabt. Die Theorie macht die Runde, dass der Virus ursprünglich nicht in Hunden, sondern in Gürteltieren zu Hause ist. Sie hören auf den schönen Namen Pangolin, was ein bisschen nach Pandemie klingt und auch für Menschen ein wunderschöner Name wäre. Pangolin Schmidt, Pangolin Mayerbeer, Pangolin von Linné.

Gürteltiere leben schon hundertmal länger auf dieser Erde als der Homo sapiens und gelten den Menschen nicht nur als Delikatesse, sondern auch als Antiseptikum und Potenzmittel. Nun bringen sie stattdessen Infektion und Tod. Es lebe die Ironie menschlichen Irrtums.

Bluno wurde bislang nicht belästigt. Keinen kümmert der Virus hierzulande. Das ist gut für Bluno und mich. Aber wenn erst einmal der erste Stein geworfen ist, weiß keiner, wie es endet.

10. Februar

Von den Ureinwohnern der Kanarischen Inseln wird behauptet, sie hätten keine Boote besessen, sie seien des Bootsbaus nicht kundig gewesen, was nur bedeuten kann, dass sie keine Lust hatten, aufs Meer hinauszufahren. Ihnen fehlte folglich das Gefühl, hinterm Horizont etwas zu verpassen, sie verspürten keinen Drang, aufzubrechen, das Vertraute durch das Neue und die Genügsamkeit durch die Gier zu ersetzen.

Als das Römische Reich zugrunde gegangen war, kam hier tausend Jahre keiner mehr vorbei. Vermutlich hatten die Römer einen so schlechten Eindruck hinterlassen, dass man sie nicht vermisste und kein Verlangen hatte, dorthin zu fahren, wo sie hergekommen waren. Und als nach tausend Jahren wieder Schiffe anlegten, war das dann auch der Anfang vom Ende.

Es ist anzunehmen, dass die Urkanarier zu der Erkenntnis gelangten, dass sie eine Invasion auf ihrer Insel nicht zu schätzen wüssten und infolgedessen Vermutungen darüber anstellten, dass auch ihre Invasion auf fremden Territorien nicht erwünscht sein würde. Sie erhoben also die Maxime ihres Nicht-Handelns zu einem Gesetz.

Das nimmt Kant voraus und geht zugleich über ihn hinaus, denn bei Kant ist es noch die Maxime des Handelns, die zum allgemeinen Gesetz werden soll, bei den Urkanariern reichte bereits das Nicht-Handeln, was sie mir besonders sympathisch macht.

Gegen ein paar frische und freundliche Gene und Ideen hätte man vermutlich nichts einzuwenden gehabt, aber Besucher, und seien sie auch noch so höflich, bargen immer die Gefahr, dass sie nach ihrer Abreise anderen von ihren Erlebnissen auf den glückseligen Inseln berichten würden, anderen, die dann nicht so höflich daherkämen.

11. Februar

Bluno und ich fahren an den Strand. Das Flüchtlingsboot ist weg, denke ich im ersten Moment, weil es nicht mehr an seinem Ort ist. Aber es wurde von den Wellen nur strandaufwärts gespült.

Hatte das Meer den Kahn zunächst so weit mit Sand gefüllt, dass er ganz im Strand zu versinken schien, dass es den Anschein hatte, er werde nie wieder auftauchen, so haben die Wellen in den letzten Tagen das Spiel umgekehrt, haben alles wieder weggespült, das Boot befreit und damit erneut schutzlos der Kraft des Ozeans ausgesetzt. Wenige Brecher genügten, um den Kahn gegen die Felsen zu schleudern. Nun ist er zerschmettert, der Länge nach geborsten. Über den Strand verteilt liegen seine Splitter.

Ich denke an Joseph Roth und das, was er einst über Ahnungslosigkeit, Sandkästen und Kinder sagte, über Kinder, die den Sand in ihre Eimer schaufeln, ihn in eine andere Ecke des Sandkastens schleppen und dort auskippen. Über andere Kinder, die dann kommen, diesen Sand in ihre Eimer schaufeln und zurücktragen. *„Und das ist das Leben“*, resümierte Joseph Roth. Was die Kinder im kleinen Sandkasten tun, das tut der Ozean im Großen.

26. Februar

Wir fahren in die Berge. Es ist gut zu sehen, dass sich die Kiefern, die vergangenen Sommer im Feuer standen, inmitten dieses Waldbrands, von dem es hieß, er sei außer Kontrolle und jenseits aller Löschkapazitäten, erholt haben und aus den verkohlten Stämmen frisches Grün sprießt. Aber es brennt schon wieder.

Gestern *El Clásico*. 78.357 Zuschauer scharten sich auf den Tribünen. Freude beim Virus, Jubel bei Madrid. Die Bilanz ist jetzt ausgeglichen. Seit 1902 siegten Real und Barcelona nun jeweils 96-mal. 2. März

Der Virus kommt näher. Gestern offiziell auf Gran Canaria eingetroffen. In einer Italienerin. Aufatmen bei Bluno. 6. März

Aber immer noch keine Auskunft über andere Lebewesen. Doch wenn er in Gürteltieren und Menschen existieren kann, warum nicht auch in Hunden und Meerschweinchen, oder im Papagei, der vielleicht hundert Jahre alt wird, nebenan wohnt und seinen Tag damit verbringt, Handyklingeln zu imitieren.

Doch kein Wort über uns von Stellen, die sich für zuständig halten sollten. Ist dieses Schweigen ein Desinteresse oder ein Schutz? Sind wir Hunde den Gesundheitsämtern egal, oder will man verhindern, dass es zu einem Massaker kommt?

Ausgangssperre für Menschen in Italien. 9. März

Estado de Alarma. Ausgangssperre für Menschen auch hier. Bluno ist nun besonders froh mich zu haben, denn ich darf vor 14. März

die Tür und er darf mich begleiten. Lob dem, der einen Hund an seiner Seite hat.

Ich zweifle, dass ein Virus die Menschen zu Verstand bringt. *Aus Schaden wird man klug,* heißt es, aber das kann nicht stimmen. Wäre es so, müssten Menschen bei all dem Schaden, den sie angerichtet haben, außergewöhnlich klug sein.

Sie haben ihre Nase eher zu Dekorationszwecken, wie man weiß. Wir aber können nicht nur Krebs und Diabetes, sondern auch Corona riechen.

17. März

Es wird über nichts anderes mehr geredet. Grenzen und Theater schließen, Konferenzen und Konzerte werden abgesagt. Sogar der Fußball fällt aus, da muss es dramatisch sein.

Corona könnte die Krönung des Lebenswerks von Bill Gates werden. Durch die von ihm mitfinanzierten Organisationen möchte er sechs Milliarden Menschen impfen lassen, so sagt er. (Vorausgesetzt es gibt etwas, das man spritzen kann.) Das ist eine imposante Vision, die allmächtig daherkommt. Es wird aber der Tag kommen, wo alle Menschen geimpft sind und dann wird man anfangen, dem Menschen Nahestehende zu impfen. Dann werden wir die Ersten sein. Gut dass die Menschen über alle Kontinente verstreut sind, da wird es noch etwas dauern, bis sie mit ihren Spritzen in die letzten Winkel vorgedrungen sind.

In Deutschland ist jetzt die Rede von ALAH-Regeln (Abstand, Lüften, Alltagsmaske, Hygiene). Dass das irgendwie religiös klingt, stört mich weniger, aber ich fühle mich mit meinem aLa-Club (auf Lorbeeren ausruhen) plagiiert.

Ich bin gerne zu Hause und erquicke mich mit Schlaf. Da jetzt aber auch mehr und mehr Menschen zu Hause sitzen und für ihre Verhältnisse zu viel Zeit haben, fangen sie nicht an zu schlafen, sondern zu glauben und zu phantasieren. Ihre Phantasie jedoch ist begrenzt und ihr Glaube einfältig, daher sind es am Ende doch immer dieselben Akteure, die sich gegen das Wohl der Menschheit verschwören: Hilary Clinton wurde durch eine Doppelgängerin ausgetauscht und betrieb fortan einen Kinderporno-Ring im Keller einer Pizzeria in Washington, mit dessen Einnahmen sie eine kontrollierte Sprengung des World Trade Centers durch den Mossad finanzierte, um Amerika zu schwächen und die Rothschilds an die Macht zu bringen, die dann gemeinsam mit den Illuminati und Elon Musk die 5G-Sendemasten errichteten und 42.000 Satelliten in die Umlaufbahn schicken, welche, weitaus wirkungsvoller als herkömmliche Chemtrails, für die Verbreitung des Corona-Virus verantwortlich sind, der nun eine Zwangsimpfung und ein Chip-Implantat von Microsoft notwendig macht, mit dem sich der Bevölkerungsaustausch durch Reptiloide nach Belieben durchführen lässt. Die einzig mögliche Rettung: Beizeiten alle Reptiloide über die Kante der Erdscheibe hinaus in den Abgrund treiben.

Es ist selbstverständlich universeller Quatsch zu glauben, die Erde sei eine Scheibe. Jeder sollte doch wissen, dass sie die Form eines Hutes hat.

Das Schöne: Hunde kommen im Verschwörungsglauben nicht vor, weil Hunde nicht glauben und nicht lügen, selbst wenn sie schielen, wie der Hund von Bill Gates.

20. März

Die kanarischen Ureinwohner hatten keine Boote, heißt es. Offenbar bestand nicht einmal Interesse, zu den gut sichtbaren Nachbarinseln überzusetzen, die einladend herüberwinkten. Wozu auch. Zu Hause war bei den Urkanariern alles aufs Beste bestellt. Vielleicht sagte man sich, wie man sich das in Berlin oder Buenos Aires sagt, wenn man abends zu Hause bleibt und nicht in die Oper oder in den Club geht: Man könnte, wenn man wollte.

Wir wollen ins Theater, das ist Ambition.
Wir könnten, das ist Freiheit.
Wir sollten, das ist Pflicht.
Wir müssen, das ist Sklaverei.

Ich will, weil ich kann, was ich nicht muss.

Das Können ist Befriedigung genug, ihm muss kein Handeln folgen. Je weniger gehandelt wird, desto besser ist es. Den wahren Könner zeichnet es aus, dass er das Wollen und Sollen selbst in der Hand hat und das Müssen auf ein Minimum reduziert.

Ich möchte behaupten, dass es für die Ureinwohner der Kanaren nicht notwendig war zu den Nachbarinseln zu fahren, gerade *weil* man sie in Sichtweite wusste. Das war ein wunderbares Gefühl. Ganz so wie eingeladen sein und doch zu Hause zu bleiben.

Ich liege im Sand, betrachte die Bewegungen der Schatten der Möwen und sehe zu, wie sie weiterziehen.

S. 16 Leonardo da Vinci: *Studie für eine kniende Leda,* Devonshire Collections, Chatsworth House

S. 110 Vittore Carpaccio: *Heiliger Augustinus,* Scuola di San Giorgio degli Schiavoni, Venedig

S. 119 Rembrandt: *Der gute Samariter,* Kupferstich

S. 173 Juan Sánchez Cotán: *Stillleben mit Quitte, Kohl, Melone und Gurke,* San Diego Museum of Art

Editorische Notiz

Die hier veröffentlichten Tagebucheintragungen entsprechen dem - teils handschriftlichen - Original. Sie wurden nicht durch den Diaristen nachträglich bearbeitet oder durch den Herausgeber redigiert. Um dem Persönlichkeitsschutz einiger erwähnter Personen Genüge zu tun, wurden lediglich einige Namen geändert.

Mein besonderer Dank gilt den menschlichen Hundeinspiratoren Hans Christian Andersen, Paul Auster, Gottfried Benn, Thomas Brasch, Carolyn Christov-Bakargiev, Peggy Guggenheim, Paul Gurk, ETA Hoffmann, Jonathan Swift, Thomas Mann, Oskar Panizza, Fritz J. Raddatz, Joseph Roth, Peter Scheitlin, Leonardo da Vinci und Virginia Woolf sowie meinen Brüdern Lanza und Hierro.

Ventura de Carrizal, geboren am 28. April 2014 auf Gran Canaria, lebt und wirkt seit 2015 in Berlin und Las Palmas.